兰州市政协2010年度重点调研课题

大兰州
文化圈建设研究

DALANZHOU WENHUAQUANJIANSHE YANJIU

主编 彭岚嘉

编写组成员 彭岚嘉 王万鹏 杨艳伶 王兴文

兰州大学出版社

图书在版编目(CIP)数据

大兰州文化圈建设研究/彭岚嘉主编. —兰州：
兰州大学出版社,2012.12
ISBN 978-7-311-04029-1

Ⅰ.①大… Ⅱ.①彭… Ⅲ.①文化事业—建设—研究
—兰州市 Ⅳ.①G127.421

中国版本图书馆 CIP 数据核字(2013)第 004825 号

责任编辑　张国梁　王淑燕
封面设计　苟妍婕

书　　名　大兰州文化圈建设研究
作　　者　彭岚嘉　主编
出版发行　兰州大学出版社　（地址:兰州市天水南路 222 号　730000）
电　　话　0931-8912613(总编办公室)　0931-8617156(营销中心)
　　　　　0931-8914298(读者服务部)
网　　址　http://www.onbook.com.cn
电子信箱　press@lzu.edu.cn
印　　刷　兰州德辉印刷有限责任公司
开　　本　710 mm×1020 mm　1/16
印　　张　17.5
字　　数　294 千
版　　次　2013 年 1 月第 1 版
印　　次　2013 年 1 月第 1 次印刷
书　　号　ISBN 978-7-311-04029-1
定　　价　32.00 元

序一　建设大兰州文化圈
推进率先跨越式发展

　　党的十七届五中全会通过的《中共中央关于制定国民经济和社会发展第十二个五年规划的建议》(以下简称《建议》)一个鲜明的亮点,就是突出强调"文化是一个民族的精神和灵魂,是国家发展和民族振兴的强大力量",提出了"推进文化创新"、"增强文化发展活力"等一系列重要论断,并对推动文化大发展大繁荣、提升国家文化软实力做出了全面部署。甘肃省省委十一届十次全委扩大会议提出了甘肃省跨越式发展的目标,进一步明确了创建"文化大省"的重大任务。中央和省委的部署,为兰州市"十二五"时期努力建设文化大市、文化强市,以文化发展促进"率先、带动、引领、示范"中心作用的发挥,指明了方向。兰州市政协为了更好地围绕中心、服务大局,今年通过调查研究和分析论证,提出了建设大兰州文化圈的设想。

　　文化圈与经济圈相生相伴、相互促进、共同发展。大兰州文化圈是顺应兰州都市经济圈建设而逐渐形成的新思考。我们认为,大兰州文化圈与兰州都市经济圈大致叠合,是以兰州为中心、包括周边100公里左右交通半径内的市州和部分县域、辐射全省和西北部分地区的大文化区域。其总体构型为:中心城市即核心圈层——兰州市域;外围圈层——白银、定西、临夏和天祝县,青海民和、化隆、循化三县;辐射区——通过东、西、南、北、西北五条交通干线和经济带向外延伸,可以辐射陇东及关中—天水经济区、陇南甘南地区、河西地区和青海、宁夏相邻地区。总体呈现"中心聚合、三圈外溢、五带扩散、辐射四方"的区域文化发展格局。

　　这一区域具有相似的自然特征,有着共同的深层文化积淀。兰州作为

1

区域性中心城市,对周边具有很强的聚合力和辐射力,周边各城市、县域、城镇、农村与兰州之间的经济文化关联、人员往来、信息交流、物产互通都十分紧密和频繁,地缘相近、方言相通、人缘相亲、风俗相近,这种全方位的关联关系是建设大兰州文化圈的依据。

建设大兰州文化圈,应当以兰白核心经济区和都市经济圈建设为契机,在区域内构建"文化事业共享,文化产业互补"的格局。全面梳理本区域文化资源,摸清家底,对资源的历史渊源、种类、数量、地区分布、资源特征、资源价值、开发现状、开发前景进行全面调查和系统分析。必须首先做大做强中心城市兰州的文化软实力,要把文化建设纳入我市经济社会发展全局来考虑、来安排,科学规划、大力投入、精心管理,推进教育、科技、文艺、体育、新闻出版、广播影视、文化会展、文化景观等公益性文化事业的全面发展。

突出地域特色、民族特色、时代特色和效益特色。对本区域独特的马家窑文化、古生物遗迹、非物质文化遗产、工业文化遗迹遗址、红色文化遗址等文化宝藏,对这里千百年来形成的汉、回、藏、东乡、保安、撒拉等丰富多彩的民族文化形态,要精心保护、充分挖掘和合理开发,不断注入新的内涵,使之与经济发展、社会进步相适应。

加强合作共享,对文化设施资源、文物资源、图书信息资源、文化人才资源、教育资源、旅游资源等,都应探索和逐步形成共享机制。加强政府之间的文化合作,鼓励企业和民间文化交流。整体开发区域文化品牌,打造出版、演艺、旅游、工艺品制作等区域性文化产业群。

统筹文化发展与经济发展,在建设兰白核心经济区和都市经济圈过程中,高度重视、积极推进文化圈建设。处理好保护与建设的关系,防止发生损害文化资源的现象。

按照中央《建议》和省、市"十二五"经济社会发展的目标任务,我们认为"十二五"大兰州文化圈建设的目标是:全面启动大兰州文化圈建设。对文化资源进行普查、抢救和保护,研究资源整合利用的途径。调整专业文化布局,深化文化管理体制和文化事业单位改革。繁荣文化事业,进一步满足人民群众的精神文化需求。发展文化产业,使之成为新的经济增长点。推进一批文化标志性工程建设。推进文化项目工程建设,创作1~2台舞台精品工程剧目,在中宣部"五个一工程奖"、文化部文华奖评选中获得好成绩,争取入选国家舞台精品工程;社会文化推出3~5个优秀节目,在文化部群星奖评选中获得好成绩;建成2~3个全国文化先进县区;加强哲学社会科学、艺术科学和教育科学研究,争取一批国家级资助项目。规范城乡建设规划、建筑风格,提高城乡居民思想道德素质和文化素质。在区域内初步形成信息互通、资源共享、人才流动、政策互惠的局面。我们初步梳理了"十二五"大兰州文化圈建设的重点项目。核心区的重点建设项目主要有:重点扶持现代传媒业、出版发行业、文娱演艺业、体育健身业等四类重点文化事业建设项目;重点扶持建设甘肃印刷科技产业、甘肃传统文化博览、兰州黄河文化产业、兰州现代传媒产业等四大产业集聚区;积极引导培育兰州敦煌舞艺术生产培训、兰州艺术品生产、大敦煌影视等三个文化产业基地;重点培育《读者》集团综合开发建设、西北民族歌舞艺术精品、兰州非物质文化遗产开发利用、黄河文化园建设与市场开发、大兰州文化旅游区开发与建设等五个文化品牌项目;重点开发兰州创意文化产业园等一批项目。同时外围区也有一批重点项目。

对于推进大兰州文化圈建设的对策建议,一是坚持规划先行。必须把文化发展规划纳入区域经济社会发展整体规划中,统筹安排,整体谋划,以科学、详尽、符合实际、具有可操作性的规划为先导,形成完整的规划体系。二是加强政策引导。完善文化产业政策,出台文化产业发展专项资金政策和采用贴息、补助、奖励等形式支持重点文化产业发展的政策措施。三是建立体制保障。深化改革,转变政府文化管理职能,把政府职能真正由主要办文化转到加强文化管理和提供公共服务上来,实现政府由直接管理向间接管理转变。四是强化人才支撑。努力打造一支优势明显、特色突出、实力雄厚的文化人才队伍,在丝绸之路和敦煌学研究、戏曲曲艺舞蹈创演、期刊出版等优势行业,打造精品、培养名家。在地方特色非物质文化遗产方面,开展传承人的抢救性保护。五是开展多方共建。加强交流合作,通过政府间正式接触,达成共识。按照兰白都市经济圈发展模式,在行政区划、管理体制、利益格局不变的前提下,率先在文化基础设施建设、文化产业布局规划、文化旅游合作、文化公共服务等方面实现突破。

序二　大兰州文化圈呼之欲出

孙若风*

黄河中上游,"大兰州"风帆猎猎,一个气象开阔的大兰州文化圈也呼之欲出。

在汹涌的区域发展大潮推动下,发挥兰州的龙头作用逐渐成为社会共识,省市领导倡导"大兰州"建设,在兰州和周边地区更是一石激起千层浪。中共兰州市委提出了"1355"战略,其中"一个中心带动"就是建设区域性现代化中心城市、增强省会中心城市的辐射带动功能;"五个加强"中则有加强文化建设,为全市经济社会发展提供精神动力和智力支持。这是一个完整的战略体系,贯穿着科学发展观的灵魂,焕发着开放创新的主体精神,体现了对兰州发展规律的准确把握和对时代要求的积极回应。文化工作者将从中体会冲决羁绊、率先发展的雄心和勇气,体会共产党人对脚下这片热土的自觉担当,并在这个战略框架中寻找新的定位和机遇。

1. 大兰州文化圈是"大兰州"的重要组成部分

有大视野方有大思维,有大胸怀方有大手笔,有大兰州文化圈方有"大兰州"。大兰州文化圈要为"大兰州"呐喊助威,要赋予"大兰州"新的精气神和新的文采风流,要让生活和工作在"大兰州"的人们充满自豪感和幸福感。

"大兰州"首先是"经济大兰州",与"经济大兰州"同时崛起的必然有"文化大兰州"。经济上的密切往来,是文化交融的催化剂。各地出现的大区域,都已经或正在从最初的经济现象,进而演化为文化现象乃至于社会现

---

* 孙若风:文化部文化政策法规司副司长。

象。经济活动中物流、人流、信息流在中心城市的汇聚与扩散,会带来文化的碰撞、融合进而创造出新的文化,这种文化不仅深刻影响它所覆盖的城市及周边,而且波浪式推进到更广阔的地区。

从科学发展观出发,"大兰州"建设也不应是经济力量的单兵突进,它需要文化力量的策应。没有大兰州文化圈,"大兰州"是不完整的,文化动力将是"大兰州"发展的重要引擎。"大兰州"理念下的兰州文化发展,要为区域经济合作创造必需的人文条件,即团结协作的文化环境和你中有我、我中有你的社会氛围。这种全新的"大兰州"文化,表现出开放开拓的进取姿态,雄视四方的宏阔视野,共存共荣的和谐精神,兼收并蓄的人文魅力。

2. 在西部大开发的方位中构建大兰州文化圈

大兰州文化圈是在历史中形成的,并非出于一厢情愿,现在我们只不过是顺势而为。距今 5000 年前后,兰州就是马家窑文化的中心区域,创造了灿烂的彩陶文化——这是当时的先进文化。千百年来,这个丝绸古道重镇,在长期的民族交流和中西方经济文化交汇中,始终是周边瞩目的大舞台。近现代以来,特别是在几次西部开发中,兰州一跃成为现代特大型城市,往日繁华的"茶马互市"和新亚欧大陆桥上的重要商埠,嬗变为现代商贸、物流、信息、研发中心,也成为主导本区域行进方向和行进节奏的文化高地。可见,大兰州文化圈作为一个理念和建设目标是崭新的,但实际上是中国文化地理上的客观存在。像千百年来流经身边的黄河,兰州汇聚起"黄河文化"、"丝路文化"、"民族文化"、"宗教文化"和"现代文化"的洪流,形成表里相应、八方辐辏的文化格局。

兰州要成为活力四射的区域轴心,"大兰州"要在成为经济体的同时成为生机勃勃的文化圈,在很大程度上是西部大开发的成功标尺。新中国成立后,党和政府致力于消除民族隔阂和不平等,各民族人民成为国家主人,在西部形成了和谐的民族社会和民族文化。改革开放后,国家经济社会持续健康发展,极大地增强了民族的自信心和自豪感,也增强了社会主义核心价值体系的凝聚力。如果说"大兰州"将带动区域融入全国大市场,带动这里的各族人民走上共同富裕之路,那么,大兰州文化圈则将通过培育各族人民对区域共同文化的认同、亲附,进而增强对中华文化的感情。兰州曾经是中原农耕文化与高原游牧文化交融的地方,是维系和加深各民族团结的纽带,大兰州文化圈建设,有利于传播现代文明和时代精神,深度吸收并融合各民族文化,丰富和发展中华民族文化以及这一文化大家庭中的各民族文化。在"大兰州"的建设中,本着平等共赢的原则,加强与周边及全省的文化合作,这种开放亲和的态度,团结合作的精神,唇齿相依的关系,将从新的角度创造和谐的民族文化。

3. 在文化体制改革的推进中构建大兰州文化圈

按照公益性文化事业和经营性文化产业"两手抓"的思路,文化体制改革将着力推动公共文化服务体系和文化产业体系的建设。这将是构建大兰州文化圈的两大平台。

兰州的公共文化服务体系应该成为"大兰州"乃至全省公共文化服务体系的枢纽。公共文化服务体系是由政府主导、社会参与的服务体系,是保障公民基本文化权益的重要依托,对社会的全面覆盖与对公民的平等服务,构成了这个服务体系的重要特征。这就是兰州公共文化服务面向本市、面向周边的理论依据。文化部门要主动联系、团结全省文化艺术工作者,市文化馆、图书馆、博物馆、美术馆以及即将在金城关启用的秦腔博物馆、非物质文化遗产馆、彩陶博物馆,使它们成为全省文化艺术的展示窗口和交流渠道。在目前公共文化服务远未配套的情况下,要采取资源共享、优势互补的模式,按照突出特点、功能对接的思路办好公共服务场所,在省上统筹下,沿着公共文化服务体系的走向,在"大兰州"区域内对设施和项目合理布点,并实行开放式服务,充分发挥其社会效益。

兰州的文化产业要成为"大兰州"乃至全省文化市场的大本营。在市场经济条件下,文化市场和文化产业将在服务社会中发挥越来越重要的作用,并且以新的生产形态和新的产业服务强化中心城市的功能。文化产业与其他任何产业一样,资金、人才等生产要素具有集聚、辐射的特征,在这些要素流动的过程中实现市场资源的再配置。这正是通过文化产业实现跨行政区域发展的基础。兰州的文化旅游业一方面要巩固和提升兰州作为旅游集散地的地位,一方面把更多的力量放在让兰州成为旅游目的地上,以集散地的便利,把游客留下来,以目的地的吸引力,让游客选择兰州作为集散地。兰州的旅游部门还将突破行政壁垒,主动寻求区域间和跨区域的合作,与周边城市形成鱼水相依的共同体。要彰显"百里黄河风情线"的品牌号召力,让这个被国内外学术界公认的城市设计"典范之作",成为甘肃及周边省份的"旅游大动脉"。

4. 在城乡一体化的格局中构建大兰州文化圈

农村是城市群之间的过渡带，没有城乡一体化，就没有兰州与周边城市的一体化，就没有"大兰州"。因此，无论是"大兰州"还是大兰州文化圈建设，都要做好城乡统筹的文章。

用优势互补的办法解决农村文化资源不足的问题，在更广阔的空间里调动文化资源服务农民，就必须创新文化管理机制。应突破行政区划的局限，本着互通有无、就近服务农民的原则，让邻近村、乡、镇、县、市、省区之间，共享设施、项目、活动等种种文化资源。农村文化建设要有社会化、公共化和均等化的思维，改变长期以来自给自足的封闭状态和家族式、庄园式的建设模式。

在城乡一体化进程中，还会有越来越多的本地或周边农民进入城区，进入不同行业。"大兰州"应是他们可堪依托的家园。兰州的公共文化服务要向他们敞开大门，体现他们作为公民的文化权益和文化尊严。兰州的文化产业和旅游产业将吸纳大量的进城务工人员，让他们在劳动中和生活上真正地融入城市。

"黄河远上白云间，一片孤城万仞山。羌笛何须怨杨柳，春风不度玉门关。"唐代诗人王之涣的这首《凉州词》传说写于兰州，如果这还需要进一步的学术佐证，那么，说它是对"大兰州"的吟唱应该没有什么问题吧？千百年过去了，山河依旧，羌笛犹在，只是在和煦的春风中，这里不再是一片孤城。

目　录

理　论　篇

大兰州文化圈的理论阐释

1

开 发 篇

大兰州文化圈的开发与建设

案 例 篇

兰州历史文化博览馆创意方案

4

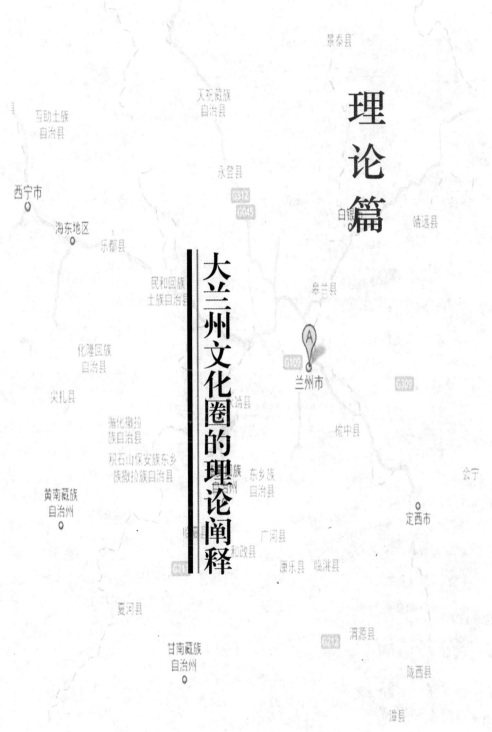

理论篇

大兰州文化圈的理论阐释

1. 文化圈与经济圈

1.1 文化与文化圈学说

1.1.1 文化的定义及划分方法

什么是文化？这是一个众说纷纭且难以有唯一答案的命题,王同亿主编的《高级汉语词典》是这样解释的:"①【culture】:考古学上指同一历史时期的遗迹、遗物的综合体。同样的工具、用具、制造技术等是同一种文化的特征,如仰韶文化。②【civilization】:人类所创造的财富的总和,特指精神财富,如文学、艺术、教育、科学 <中国文化>。③【literacy】:运用文字的能力及一般知识 <文化水平>"。目前为止,对文化的定义已经有 300 多种,人类学家、社会学家、文化学家都对其进行过自己的阐释。泰勒被誉为"英国最杰出的人类学家",他的文化概念就属于人类学的定义,在他看来,文化是社会发展过程中社会成员所创造的物质技术、信仰习俗、法律规范等的总称。美国社会学家戴维·波普诺在其代表作《社会学》中也分析了文化的内涵,他认为"社会学家与人类学家对文化的共同定义是:文化是人类群体或社会的共享成果,这些共有产物不仅仅包括价值观、语言、知识,而且包括物质对象。所有群体和社会的人们共享非物质文化——抽象和无形的人类创造,如'是'与'非'的定义,沟通的媒介,有关环境的知识和处世的方式。人们也共享物质文化——物质对象的主体,它折射了非物质文化的意义。物质文化包括工具、钱、衣服以及艺术品等。""从最为一般的意义上讲,文化是代代相传的人们的整体生活方式。虽然'文化'的概念时常可与'社会'互换,但这两者不应混淆。严格地说,社会指共享文化的人的相互交流,而文化指这种交流的产物。事实上,人类社会与文化不能相互独立存在。文化

3

是人们在交流中创造的,但人类互动的形式又来自于对文化的共享。"①即文化是作为社会主体的人对代代相传的创造成果的共享与传承。

其实,"文化"一词很早就出现在我国的语言系统中。"文"的本义为各色交错的纹理,《易·系辞下》中有"物相杂,故曰文",《礼记·乐记》有"五色成文而不乱",《说文解字》称"文,错画也,象交文",都指的是这个意思。在此义上又延伸出了很多引申义,如由包括语言文字在内的各种象征符号进一步具体为文物典籍和礼乐制度。《尚书·序》中记载伏羲画八卦、造书契等贡献,"由是文籍生焉";《论语·子罕》中孔子说"文王既没,文不在兹乎",其中的"文"所指的便是礼乐制度、文物典籍等;还有以伦理之说引申出装饰、彩画和人文修养等义。《尚书·舜典》中有"经纬天地曰文";《论语·雍也》称:"质胜文则野,文胜质则史,文质彬彬,然后君子",在这两层意义的基础上还引申出美、善和德行的意义。《礼记·乐记》中的"礼减而进,以进为文";《尚书·大禹谟》中的"文命敷于四海,祇承于帝"都指此义。"化"本义为改易、生成和造化等,《庄子·逍遥游》所谓"化而为鸟,其名曰鹏",《易·系辞下》所谓"男女构精,万物化生",《黄帝内经·素问》所谓"化不可代,时不可违"均为此义。"文"与"化"放在一起使用较早见于战国末年儒生所编辑的《易·贲卦·彖传》中有:"(刚柔交错),天文也。文明以止,人文也。关乎天文,以察时变;关乎人文,以化成天下。"日月往来交错文饰于天即"天文","人文"则指人与人之间纵横交织的人伦关系,此处已经有明确的"以文教化"思想。西汉以后,"文"与"化"合成一个词,如《说苑·指武》中有:"文化不改,然后加诛",《文选·补之诗》中也有"文化内辑,武功外悠"的说法。

在人类社会的发展过程中,"文化是人与自然、主体与客体在实践中的对立统一物","文化的实质含义是'人化'或'人类化',是人类主体通过实践活动,适应、利用、改造自然界客体而逐步实现自身价值观念的过程。这一过程的成果体现,既反映在自然面貌、形态、功能的不断改观,更反映在人类个体与群体素质(生理与心理的、工艺与道德的、自律与律人的)的不断提高和完善。""简言之,凡是超越本能的、人类有意识地作用于自然界和社会的一切活动及其结果,都属于文化;或者说,'自然的人化'即是文化。"②也

---

① 【美】戴维·波普诺著、李强等译:《社会学》,北京:中国人民大学出版社,1999年,第63页。

② 张岱年、方克立主编:《中国文化概论》,北京:北京师范大学出版社,2004年,第3页。

就是说,文化是"人化"、"人类化",也是"自然的人化",是人类有意识地对自然界和社会的改造过程,在这个过程中,人类也充分实现着自身的价值观念。

不同的学科和领域,如语言文学、历史学、哲学、政治学、经济学等有不同的关于文化的定义,这些定义之间既有共同之处又各有侧重点,这表明文化是一个相对开放的概念,多样化的定义方法为研究者提供了更为开阔的研究思路和研究视野。如何对文化进行划分也与其定义密切相关,最普遍的方法是将文化划分为广义文化和狭义文化,也有将文化划分为显形文化和隐形文化的观点。梁启超在《什么是文化》一文中说道:"文化者,人类心能所开释出来之有价值的共业也。"①这里的"文化"便指的是广义的文化,"共业"则包括道德、法律、信仰、科学、语言、哲学、教育、文学、美术、制度、风俗、生产工具及其制造技术等等,也就是说,所谓广义文化是指人类社会实践过程中所创造的物质财富和精神财富的总和。狭义文化则排除了广义文化即"大文化"概念中人类社会、历史生活中关于物质创造活动及其结果的部分,只专注于精神创造活动及其结果,因此也被称为"小文化",狭义文化指的是社会意识形态以及与之相适应的制度和组织机构。根据这样的区分,泰勒在《原始文化》中对文化的定义以及中国语言系统中对文化本义即"以文教化"的界定都属于狭义文化的范畴。同时,文化的内容可以分为三个层次:第一层次是文化事业,即文学、艺术、教育、科学、体育、新闻等通常所指的"小文化";第二层次则指社会心理,包括人们的世界观、价值观、人生观,反映为人们的理想、信念、爱憎、好恶、欲望乃至整个知识体系;第三层次指社会生活中的文化内涵,也是最复杂的文化现象,包括政治活动、日常生活、生产经营、思维活动等的文化内涵。②

本课题研究所涉及的文化属于大文化,既包括文学、艺术、教育、科学、体育、新闻等文化事业及其物质载体,也包括人们的精神风貌、价值观念、社会习俗等所有精神层面的内容,还包括物质成果中附着和升华为文化层面的成果,如工业文化、农业文化、饮食文化等;既包括文化事业,也包括文化产业。通俗地讲,我们所研究的文化建设是对应于经济建设、政治建设、社会建设的文化建设,是中国特色社会主义"四位一体"总体布局中的文化建设。

---

①梁启超:《什么是文化》,《学灯》,1922年12月9日。
②邓海弟、刘晓玲:《文化建设的困境与出路》,《甘肃理论学刊》,2005(5)。

1.1.2 文化圈的内涵、特征及重要文化圈概况

　　"文化圈"(culture circle)概念最初被用作研究民族学的方法论,是社会学和文化人类学描述文化分布的概念之一,文化圈学说和文化中心论是传播学派早期的理论代表。传播学派的先驱拉策尔提出地理环境对人类文化的决定作用,是人文地理学的开创者,与进化论不同的是,拉策尔将文化研究放在具体的历史环境或地理环境中进行个案分析。1904年在柏林召开的人类学、民族学、史前学术会议上,拉策尔的学生L·费洛贝尼乌斯(Leo Fro-benius)、R·F·格雷布纳和B·安卡曼分别就埃塞俄比亚和非洲文化圈与文化层发表了论文,他们的讲演被学界认为是文化圈理论研究诞生的标志。L·费洛贝尼乌斯将拉策尔的研究方法运用在非洲文化研究中,分出了"西非文化圈"和两种"亚细亚文化圈"。德国民族学家R·F·格雷布纳是传播学派的重要学者,除了代表作《民族学方法论》之外,还发表过《大西洋洲的文化圈和文化层》等,格雷布纳继承了文化圈理论的基础,他将具有相似物质文化和精神文化的民族划为一个文化圈,他还提出了文化层的概念。格雷布纳指出,每一种文化现象都是在某一个地方一次产生,产生后便向四周传播,从而形成了以该地的文化现象为中心的"文化圈",文化现象的传播过程是文化历史的基本内容,对这种传播过程的研究便是文化历史方法。他还认为,每个文化圈总是起源于一定的时间和空间,而在传播过程中部分文化圈会发生重叠,使得每个地区都存在着若干不同时段的文化圈,这便是文化层。

　　奥地利民族学家W·施密特和德国文化人类学家W·科佩斯对格雷布纳的学说做了进一步发展,以他们为首的学派被称为"维也纳学派"或"天主教学派"。施密特十分重视文化的接触与传播,主张将R·F·格雷布纳的文化圈理论和文化历史方法运用于民族文化、语言和宗教研究,也主张对各种文化的产生、发展及相互联系进行系统地调查研究。以教会为背景,他于1906年创办了《人类》杂志和"人类学研究所",目的是运用民族学的资料论证《圣经》中的原始神启和原始一神观念是宗教的发端形式、一夫一妻制是人类最古老的家庭形式、阶级压迫和剥削及私有财产制度自古以来就是社会的基础的世界观。同时,施密特还在格雷布纳理论的基础上提出了种种"文化圈",他认为,最早的文化圈是以使用木质工具、从事采集狩猎活动、实行一夫一妻制、财产私有和信仰上帝为特点的"一夫一妻外婚制文化圈",亚非两洲的矮小黑人是这一文化圈的代表,"父权图腾制高级狩猎者文化圈"、"母权制种植者文化圈"和"父权制畜牧者文化圈"三个基本文化圈都由"一

夫一妻外婚制文化圈"发展而来,这三个基本文化圈传播开来并相互结合便形成了后来的人类文化。同时,在施密特看来,文化圈在地理上并不一定是连成一片的,世界各地可以同属于一个文化圈,不同的部族和民族可以属于同一文化圈。在一个文化丛相关的不同地带,只要有一部分文化元素是相同的,就可以同属一个文化圈,例如东亚文化圈、北美文化圈等等。一个文化圈既保持其持久独立也会向外迁移,这种向外迁移不仅包括整体文化的个别部分,还可能包括整个文化模式。此外,文化圈还有多种划分方法,如按时代划分的原始、古代、近代等文化圈;按地区划分的塔斯马尼亚、美拉尼西亚等文化圈;按人种划分的尼格利陀、巴布亚等文化圈;按物质文化划分的澳大利亚飞去来器、东南亚吹箭筒等文化圈;按经济类型划分的热带丛林猎人、东非草原牧人等文化圈;按社会特征划分的图腾崇拜、母权制异族通婚文化圈等等。

　　拉策尔、R·F·格雷布纳等的学说也存在一定的缺陷,如拉策尔在对人类及其文化的地理分布进行研究后提出,各个民族的文化都难以独立地产生和发展,只有少数地区的几个优秀民族才能产生和发展文化。也就是说,他们认为各民族并不是自己创造了自己的文化,而是从到处传播的文化现象中"借用"了某些现成的东西,将文化的进步发展与各族人民的文化创造性割裂了开来,W·科佩斯在1931年时就指出过文化圈学说的危机,二战后,这一学派的继承人开始主张研究具体的社会和文化,并承认各民族及其文化的独立发展。文化圈理论也在文化人类学领域产生了一定的影响,美国学者A·L·克罗伯和K.科拉克洪均认为这一理论对研究民族学和文化传播都很有价值,人们可以从具有相同文化特质的民族中间发现其形成和发展的历史渊源。

　　根据以上的论述,我们可以对文化圈下一个基本的定义,即以文化为主要特色,具有类似特征或特点的文化或人所占据的地表空间,在各个文化圈内都有一个核心地区,以这个核心地区向四周扩展,使其周围的地区在文化上表现出共同的特质,从而形成的相对稳定的文化特征分布区域。在同一个文化圈内,人们的思想观念、语言文字、信仰以及生活习惯等都有一定的相似性或相近性。从世界范围看,主要有五大文化圈,即西方文化圈(拉丁文化圈)、东亚文化圈(中华文化圈)、伊斯兰文化圈(阿拉伯文化圈)、印度文化圈(南亚文化圈)和东欧文化圈(斯拉夫文化圈)。在中国,根据自然环境中地形、气候、物产等的差异,可将风俗文化划分为东北风俗文化圈、游牧风俗文化圈、黄河流域风俗文化圈、长江流域风俗文化圈、青藏风俗文化圈、云贵风俗文化圈和闽台风俗文化圈等七个文化圈。

表 1 - 1　世界五大文化圈一览表

文 化 圈	地域范围	特 点
西方文化圈(拉丁文化圈)(代表天主教以及新教各派文化,后来突出科技文化,包括英美等世界多数国家)	以白人居住地为主,包含欧、美、澳等地	议会政治(政治) 实行资本主义的市场机制(经济) 中产阶级为社会上的主要力量 物质文明发达、基督教的价值观仍为主流、重视消费与享受(文化)
东亚文化圈(中华文化圈)(代表儒学文化和后来的佛教文化,包括中国、日本、朝鲜以及以华语为民族语言之一的新加坡等)	以东亚为主,以中国为核心,包括韩国、日本、越南等国	汉字、儒家思想(这些地方都设有孔庙)、以中国律法为蓝本制定的法律制度、中国化的佛教
伊斯兰文化圈(阿拉伯文化圈)(代表伊斯兰教文化,包括埃及、沙特阿拉伯等阿拉伯国家和伊朗、巴基斯坦等信仰伊斯兰教的其他国家和地区)	印度半岛、阿拉伯半岛、东南亚及非洲	直到现在仍然虔诚地保持对伊斯兰教的信仰,使用阿拉伯文字
印度文化圈(南亚文化圈)(代表印度教和佛教文化,包括印度、孟加拉、缅甸、尼泊尔、斯里兰卡、泰国、老挝、柬埔寨等)	印度半岛及东南亚的一些地区	对梵文字母的使用以及对印度教的宗教信仰
东欧文化圈(斯拉夫文化圈)(代表东正教文化,包括俄罗斯、保加利亚、南斯拉夫等)	以俄罗斯、东欧以及巴尔干半岛等地为主	以东正教为其宗教信仰,使用斯拉夫字母 在苏联尚未解体之前,东欧及巴尔干半岛等地都受其控制,在政治上都倾向于极权专制,经济方面也实行共产主义,苏联解体后,政治经济方面逐渐向西方文化圈结合和靠拢

当前,如何充分挖掘自身文化资源、增强城市竞争软实力,已成为经济文化一体化背景下世界各地区都在考虑的重要问题。在中国,众多文化圈

或旅游文化圈的建设或规划都显示出文化、文化资源、文化产业对区域发展所发挥的重要作用。根据论者所掌握的材料,这些文化圈及旅游文化圈有长三角现代文化圈、环渤海城市文化圈、武汉城市文化圈、海西城市群文化圈、滇中旅游文化圈、广佛旅游文化圈、鄂西文化圈、安徽环巢湖文化圈、三峡文化圈、青海湖多元文化圈、武陵经济文化圈、大香格里拉文化圈、北碚合川文化圈、北京文化圈等。它们有的已经形成了一定的发展规模,有的尚处于规划论证或提出构想阶段,有的则主要是基于开发旅游文化资源而形成的旅游文化圈,总体上,这些文化圈的出现表明各地都逐渐认识到了文化建设以及开发文化资源对于促进地方经济社会发展的重要性和紧迫性。

表 1-2　国内重要文化圈和旅游文化圈一览表

文化圈	空间布局
长三角现代文化圈	以上海为龙头,包括浙江的杭州、嘉兴、绍兴、宁波、湖州、舟山、台州和江苏的苏州、无锡、常州、扬州、镇江、南京及盐城、连云港、南通、泰州等 18 个城市
环渤海城市文化圈	由环渤海湾的三个地域城市文化圈所共同构成的一个三角区域文化圈,包括京津地区城市文化圈、山东半岛城市文化圈和辽东半岛文化圈
海西城市群文化圈	以福州、厦门、泉州作为中心城市
滇中旅游文化圈	由昆明、玉溪、曲靖、楚雄等位于云南省中部的四州市,以昆明为客户终端及旅游聚散地,以"车程 4 小时"的经济时空为基础,以"昆玉一体化"为核心,以曲靖、楚雄为东西两翼,以旅游信息、商品、资本、人员无障碍流动为特征
鄂西生态文化旅游圈	"双核三区四带六轴"——双核即宜昌和襄樊两个省域副中心城市;三区即"一江两山"生态文化旅游板块、荆荆襄随文化旅游板块、清江土(家)苗民俗生态旅游板块;四带指由十襄随汽车产业带、宜荆(门)电力化工产业带、荆襄随现代农业产业带、宜恩神特色生态产业带形成的四大产业发展带;六轴是由"三纵三横"交通骨架,形成六条主轴线,三纵指随州—京山—潜江—监利—(岳阳)线、襄樊—荆门—荆州线、十堰—宜昌—恩施线,三横指(武汉)—随州—襄樊—十堰线、(武汉)—荆门—兴山—(重庆)线、(武汉)—荆州—宜昌—恩施线
安徽环巢湖文化圈	其地域范围,若按照自然水系划分,泛指整个巢湖流域;若按照行政区划,包括合肥市、巢湖市两个市和六安市一部(老市区及舒城县)

文 化 圈	空 间 布 局
武汉城市文化圈	以武汉为核心,包括黄石、鄂州、黄冈、孝感、咸宁、仙桃、天门、潜江8市
三峡文化圈	三峡文化的影响及辐射区域不仅包括著名的长江三峡,还包括当今的整个三峡库区在内,即东起宜昌,西迄重庆,南临川鄂山地,北靠大巴山的峡江流域
青海湖多元文化圈	核心区域为环湖4县,即海晏县、刚察县、天峻县、共和县,辐射区域包括乌兰县、湟中县、黄河河曲地区等
武陵经济文化圈	包括湖北的恩施土家族苗族自治州和宜昌市所辖部分县市,湖南张家界市、湘西土家族苗族自治州、怀化市和常德市的部分县市,贵州的铜仁地区和黔东南、遵义部分地区,重庆市黔江区以及秀山、酉阳、石柱、彭水四个自治县
大香格里拉文化圈	《中国国家地理杂志》划定的区域范围是:西至西藏林芝地区,东到泸定,包括岷江上游,北至四川最北部的若尔盖及石渠县最北端,包括青海果洛藏族自治州及甘肃最南端的一部分,南到云南丽江一线
北京文化圈	以北京为核心,以保定和承德为两翼的凤凰鸟型文化态势构建起文化圈

根据以上论述和重要文化圈实例列举,我们可以将文化圈的特征概括如下:

(1)具有共同的历史文化渊源。文化圈是具有类似特征或特点的文化或人所占据的地表空间,处于同一文化圈中的各个地区首先应该有共同的历史文化渊源,或者说,同一文化圈的文化要具有同质性或相似性。武汉城市文化圈是一个以武汉为中心,以楚汉文化为特质的文化圈,悠久的历史文化积淀和革命实践孕育了"勇立潮头、敢为人先、崇尚文明、兼收并蓄"的武汉城市精神,也在逐渐形成"江汉汇通、楚风汉韵、兼容并包"的汉派文化特色,尤其是文化圈中的中小城市深受汉派文化的影响。同时,武汉曾经又是大革命的中心,鄂东南革命根据地的建立、刘邓大军挺进大别山等革命活动都是武汉宝贵的现代革命文化资源。武汉城市文化圈的建立就致力于充分挖掘和利用这些文化资源,不仅努力恢复武汉作为荆楚文化中心的地位,还在传承江城武汉文化、发掘楚国历史文化、弘扬现代革命文化等方面做足了文章。再以北京文化圈为例,该文化圈是以北京为核心,以保定和承德为两翼的凤凰鸟型文化态势构建的,正是基于保定和承德两个文化带与北京文化文化特征的同一性以及文化发展的和谐性等优势,宫廷文化、民俗文化、民生文化、休闲文化等都成为开发利用的重要资源。

（2）处于特定区域、地理单元或行政区划单元。文化圈首先是一个具有地域性的地理概念，根据格雷布纳的观点，每一种文化现象都是在一个地方产生并向四周传播的，具有共同或相似文化特征的文化圈自然应该处于特定的地理区域或地理单元当中。如安徽环巢湖文化圈所涵盖的地域范围，若按照自然水系划分，泛指整个巢湖流域，如果按照行政区划，包括合肥市、巢湖市两个市和六安市一部（老市区及舒城县）；武汉城市文化圈则以武汉为核心，包括黄石、鄂州、黄冈、孝感、咸宁、仙桃、天门和潜江8市。

（3）具有中心区域或城市。每个文化圈内都有一个核心地区，并以该核心地区向四周扩展，使其周围的地区在文化上表现出共同的特质。这个核心地区应该是一个或多个经济文化都比较发达并且具有较强城市功能的中心城市，且能够在未来的文化发展中发挥辐射带动作用。比如武汉是东、西部地区资源、信息以及技术等交换和交流的重要节点，有着得天独厚的区位优势，它无可争议地成为了武汉城市文化圈的核心城市；上海则是长三角现代文化圈的龙头城市。

（4）圈层结构或辐射扩散功能。文化圈中的文化传播与发展是以核心区域或城市为中心并以圈层状结构向外发展的，核心区域或城市作为文化圈的核心层，其周边地区根据所受影响的强弱而被划分为外围层和辐射区等。以实例为证，青海湖多元文化圈的核心区域为环湖4县，即海晏县、刚察县、天峻县和共和县，辐射区域则包括乌兰县、湟中县、黄河河曲地区等；三峡文化圈的影响及辐射区域不仅包括著名的长江三峡，还包括当今的整个三峡库区在内，即东起宜昌，西迄重庆，南临川鄂山地，北靠大巴山的峡江流域。

（5）具有特定的文化特质、文化产品或品牌等。具有自身特色的文化产品或文化品牌是一个文化圈竞争实力的具体体现，也是该文化圈能够持续发挥其效应的可靠保证。以"双核三区四带六轴"为总体空间布局的鄂西生态文化旅游圈坚持品牌引领战略，致力于创建国家级和世界级的生态文化旅游示范区，打造"一江两山"等世界级、国家级的生态、文化和旅游品牌，从而实现资源品牌向产品品牌及个体品牌向品牌集约的过渡和转化。

（6）与经济社会发展的互动关系。深厚的文化底蕴是经济社会全面发展的重要支撑，未来经济的发展将更多地依赖于科技的创新和人才素质的提高，能够将文化资源优势转化为产业优势和市场竞争优势的国家和地区也会获得更多的社会财富和发展机遇。美国政治学家、全球战略问题研究专家约瑟夫·奈首先提出了"软实力"的概念，而文化软实力是国家软实力的重要组成部分。党的十七大报告中提出了"文化软实力"的概念,并将兴起社会主义文化建设新高潮、激发全民族创造活力和提高国家文化软实力作为重要的文化发展战略。文化圈的建设是充分实现文化价值、提高文化软实力的主要载体,也是促进区域经济协调发展和社会和谐的重要保证。

1.2 经济圈与文化圈的叠合

1.2.1 经济圈概述

经济圈又称大城市群、城市群集合、大经济区、大都会区或都会区集合,是一个从1990年代开始使用越来越频繁的地域经济用语,它是市场化和城市化发展的必然产物,城市空间规模的扩张、城市数量的增多以及城市经济规模的扩大都会推动都市经济圈的形成与发展。经济圈是一定区域范围内的经济组织实体,是生产布局的一种地域组合形式,是主要从地域的自然资源、经济技术条件和政府的宏观调控出发组成的某种具有内在联系的地域产业配置圈。通常情况下,经济圈指的是疆域极为广阔的国家内部的某一特定区域,常为城市群体的集合或在国家的经济总量中占有很大的比重,因此会对全球的经济产生影响。经济圈的特点是内部具有比较明显的同质性与群体性,与外部有着比较明确的组织和地域界限。经济圈的形成需要一定数量的人口、一定规模的城市体系,因此,经济圈在一定程度上也就成为衡量一个国家或地区社会和经济发展水平的重要标志,同时也有利于发挥中心城市对周边地区的辐射带动作用,有利于发挥区域综合优势,也有利于企业的跨地区以及跨行业的交流与合作。

1910年,美国首次提出了"大都市区"(Metropolitan District)的概念,标准是人口在10万以及10万以上的城市及其周围10英里范围内的郊区,或者是虽然超过10英里但是与中心城市连绵不断并且人口密度达到150人/平方英里的地区。美国联邦预算局在1949年提出一种统计区的概念,这一概念后来被称为"标准大都市统计区"(Standard Metropolitan Statistical Area,简称SMSA),之后又于1950年提出"标准大都市区"(Standard Metropolitan Areas,简称SMA),1960年时采用经过调整和修改的SMSA定义。日本在1960年提出了"大都市圈"概念,其标准与美国相比发生了较大变化,即中心城市是中央指定市,或者是人口在100万人以上且临近有人口规模在50万人以上的城市,外围地区到中心城市的通勤率不小于本身人口的15%,并且大都市圈之间的物资运输量不得超过总运输量的25%。

国内学者从20世纪90年代开始对都市经济圈理论进行深入研究和探讨,学者们普遍认为经济圈应该具备以下几条质素:①它是一个地域概念,是在特定范围内由若干基本单元构成的连续区域;②具有相当数量的不同性质、类型和等级规模的城市,或者是由若干个功能性质互补的城市所组成的城市网络群体,即要具有群体特征;③要以一个特大或大城市做地区经济的核心及依托,这个特大或大城市就是该经济圈的中心城市;④要有较高的城市化水平。这样一个定义得到了大多数学者的认可:都市经济圈是指以一个或多个经济发达且具有较强城市功能的中心城市作为核心,包括与该中心城市有内在经济联系的若干周边城镇,经济吸引及经济辐射能力能够达到并且能够促进相应地区经济发展的最大地域范围。由于各自的地理位置、城市规模、经济发展状况等因素的差别,对于经济圈概念以及范围的界定就存在着一定的差异,但是综观国内外的都市经济圈研究状况,有一个人口规模较大、经济发展水平较高的中心城市,与中心城市在经济、社会等方面有着密切联系的外围地区以及整合后能够促进经济快速发展都是其中恒定的要素。

　　经济全球化是当今世界经济发展的重要特征,单个城市在激烈的竞争中很难占得先机和取得绝对优势,城市经济群、都市经济圈的构建成为增加城市竞争力、发挥集群效应的最佳选择。世界各地都努力建设着适合当地特点的经济圈,日本有三大都市圈,即大东京(东京·横滨都市圈)、京阪神(京都·大阪·神户都市圈)和名古屋都市圈;北美有大纽约、大洛杉矶、大芝加哥和金马蹄地区(Golden Horseshoe,五大湖区)四大经济圈;当今国内已有三个具有相当规模并且取得了一定成效的经济圈,分别是环渤海经济圈、长江三角洲经济圈以及珠江三角洲经济圈,武汉都市圈、南京都市圈、成都都市圈、徐州都市圈、兰州都市圈、西宁都市圈、苏锡常都市圈、蒙中部都市圈、乌鲁木齐都市圈(乌昌一体化)等也都开展了相关的研究与规划。此外,全国还有许多经济规模、社会功能存在较大差异的城市群、城市带、城市圈、经济区等。它们有的已经形成规模,有的已上升为国家战略,有的尚处于研究论证阶段,但都在很大程度上反映出我国都市经济圈建设取得了一定的成就,这些都市经济圈有:东部——杭州都市经济圈、海西经济区、山东半岛城市群;东北——沈阳都市经济圈、辽中南部都市经济圈、哈长沈大城市群、哈大齐工业走廊;中部——合肥都市经济圈、太原经济圈、环鄱阳湖城市圈、长株潭城市群、中原城市群、皖江城市带;西部——大银川都市经济圈、成都平原经济圈、渝成城市群、呼包鄂城市群、关中—天水经济区和西咸一体化、南贵昆经济区、西三角经济区、北部湾经济区等等。

1.2.3 经济圈与文化圈的叠合

根据历史唯物主义的原理,在社会的政治、经济与文化三大系统中,经济是基础,政治是经济的集中体现,文化是建立在经济基础之上的上层建筑的一部分,经济决定着文化,有什么样的经济才会有什么样的文化,经济决定着文化的性质和发展方向,为文化的发展和进步提供物质基础、创作源泉及流通市场。文化则发挥着导向作用,是经济和政治的反映,是发展经济所需要的理性的精神支撑及正确的价值导向,为经济发展提供精神动力和现代人力资源。简言之,经济与文化是相互依存、相互促进、共同发展的。

经济圈是特定区域范围的经济组织实体,经济圈的建立有利于发挥该区域的综合优势,将极大地推动经济总量的增加;文化圈则是围绕中心地区而形成的具有文化一致性和相近性的文化地理圈,建设文化圈有利于社会文明程度和人口素质的提高。不论是经济圈的建设还是文化圈的构建都是为了促进一定地域综合实力的提升,是为了该地区经济的发展、社会的进步和文化的传承。从上述关于经济和文化辩证关系的分析中,我们可以说经济圈与文化圈的建设是相辅相成、不可分割的,特定的地域形成特定的文化,共同的文化则会促进共同的经济交流,经济交流同时也会促进文化的交流与发展。经济圈与文化圈的叠合也就成为区域发展的必然现象,其建设状况也成为衡量特定区域市场竞争力的重要指标。

经济圈不仅要具有一定规模的城市群以及便利的交通条件,还要有深厚的文化内涵,经济圈与文化圈的叠合既是历史演变过程中的积累和沉淀,也是经济社会发展的必然趋势,还是充分发挥文化增强民族凝聚力和创造力功能的重要选择。在我国,一些较大的经济圈都有自己的文化特色,如长江三角洲经济圈就以海派文化和江南文化为代表;环渤海经济圈则较多地受到齐文化的影响;武汉城市文化圈则不仅具有楚文化的底蕴,同时还融入了具有商业特色的江汉文化。以武汉城市文化圈为例,以武汉为中心,包括黄石、鄂州、黄冈、孝感、咸宁、仙桃、天门、潜江 8 市的"8 + 1"武汉城市圈本身就是一个完整的文化圈,只是随着历史的演进,这个文化圈的中心一直在发生着变化,武汉从明末清初即成为这个区域的中心。同样,安徽省于 2007年提出了建设以合肥为中心,六安、巢湖为两翼的"省会经济圈"战略构想,并于 2008 年 5 月正式出台《安徽省会经济圈发展规划纲要》,之后提出的"环巢湖文化圈"按照自然和人文地理区划,包括合肥市、巢湖市全部和六安市一部分(老市区及舒城县),约相当于清代安徽行省治下的庐州府、六安直隶州本州、和州直隶州的范围,与按照经济地理划分的省会经济圈区域是基本上重合的,因此有学者也提出建设安徽省环(泛)巢湖旅游经济文化圈,将安徽省会经济圈、环巢湖旅游圈和环巢湖文化圈进行整合而实施"三圈合一"发展战略。

15

2. 建设大兰州文化圈的背景和意义

2.1 文化兰州与兰州文化圈

"兰州文化"、"文化兰州"、"兰州文化圈"等概念的厘清是我们阐述大兰州文化圈建设的首要问题。"兰州文化"是对已经取得的文化成就的概括与总结,这是一个静态概念;"文化兰州"则是一个动态概念,注重的是对文化建设过程的规划和引导,是关于未来兰州文化发展的理念、过程以及目标等方面的决策与创新,"文化兰州"从提出到成为付诸实施的社会工程,体现出从政府部门到学术界对当今经济及社会发展趋势的准确把握。早在2002年6月,兰州市文化出版局就提出了"文化兰州"的概念,从7月15日到9月4日在《兰州日报》开辟的"回望兰州文化·展望文化兰州"征文专栏对其进行了专题讨论。首届"文化兰州"论坛于2002年9月21日召开,会议汇聚了北京和兰州的20位文化、历史、经济理论、城市规划等方面的专家和学者,用他们的智慧和学识为"文化兰州"的建设提供专业化的意见和建议,时任甘肃省副省长的李重庵也委托他人在会上代为宣读了数千字的书面意见。同时,《中共兰州市委兰州市人民政府关于发展先进文化建设"文化兰州"的意见》《兰州市人民政府关于支持"文化兰州"建设若干政策问题的通知》《"文化兰州"建设规划(2003—2015年)》三份文件也由专人进行起草。在中共兰州市第十届委员会第八次全体会议上,时任中共甘肃省委常委、兰州市委书记的王军在工作报告中讲,要"加快'文化兰州'建设,精心打造'文化兰州'",着力打造"文化兰州"被写进了2002年12月26日全会通过的《中共兰州市委关于认真学习贯彻党的十六大精神提前实现全面建设小康社会目标的意见》中。"文化兰州"建设的决策过程在2003年取得了更多

进展,《关于加强南北两山绿化工程管理和建设"文化兰州"两件议案的决
议》《兰州市人民政府关于支持"文化兰州"建设若干政策问题的通知》《中
共兰州市委兰州市人民政府关于发展先进文化建设"文化兰州"的意见》
《"文化兰州"建设规划(2003—2015年)》等文件或被审议通过或讨论通过
或印发会议代表征求意见。"文化兰州"的提出凸显了文化建设在兰州整体
发展中的重要作用,也有利于提升兰州的城市文化形象,有利于发挥它的创
造力、创新力、对外交流能力以及对周边地区的辐射带动作用。

  "文化兰州"也为"兰州文化圈"的提出做了相应的铺垫,建设"兰州文
化圈"是"文化兰州"继续深化的必然结果,也是发挥中心城市的集聚与辐射
功能、提高区域综合竞争力的必然选择。同时,"文化兰州"的规划范围仅限
于兰州市,而"兰州文化圈"则是地域范围更加宽广、规划视野更加开阔的文
化建设。中共兰州市十一届四次全委(扩大)会议暨全市经济工作会议审议
通过的"1355"战略,即"一中心三率先,五加快五加强"战略。一中心即建
设区域性现代化中心城市、增强省会中心城市的辐射带动力。三率先即根
据省委、省政府对兰州工作提出的新要求,努力在新型工业化、现代服务业
和城乡一体化方面在全省实现率先发展。五加快即加快推进新型工业化进
程,不断增强全市经济实力;加快推进服务业现代化进程,积极推动产业结
构优化升级;加快推进城市建设现代化进程,全力打造独具特色的山水城
市;加快推进城乡一体化进程,努力促进城乡经济社会协调发展;加快推进
非公有制经济发展进程,进一步增强经济发展活力。五加强即加强项目建
设,努力为全市经济社会又好又快发展提供基础支撑;加强文化建设,努力
为全市经济社会又好又快发展提供精神动力和智力支持;加强和谐社会建
设,努力为全市经济社会又好又快发展提供良好环境;加强制度建设,努力
为全市经济社会又好又快发展提供体制机制保障;加强党的建设,努力为全
市经济社会又好又快发展提供政治保证。由此可以看出兰州的总体发展思
路,不仅强调充分发挥省会城市的区域中心优势和辐射带动功能,而且在五
加强中提到要加强文化建设,使其为全市的经济社会发展提供精神动力和
智力支持。如果说"文化兰州"是一个时间性概念,重在以文化人、以文化事
和以文化市,"兰州文化圈"则是一个空间性概念,这个圈所涉及的地域范围
以及这个圈内的共同文化属性是对其进行界定和认识的关键。根据我们对
文化圈概念及特征的分析,兰州文化圈应该是指以省城兰州为核心地区,并
由其向周围扩散,与它有着共同文化特质的周边地区所组成的文化区域。
在这个圈内,可以将其原有的文化资源进行有效的挖掘、整合与开发,使文

化与旅游、历史文化与现代传媒、文化事业和文化产业有机结合,不断提高区域市场竞争力,从而促进中心城市兰州及辐射地区的经济发展和文化繁荣。

2.2 经济文化一体化背景下的兰州文化圈

2.2.1 经济文化一体化的发展及知识经济的兴起

  20世纪的两次世界大战不仅给人类带来了巨大的心理创伤,也使得高失业率、通货膨胀、资源枯竭、生态恶化等社会问题层出不穷,人们不得不深入思考人与自然、与社会的关系问题,并开始关注文化在经济增长中的重要作用,经济文化一体化逐渐成为当今时代发展的必然趋势。所谓经济文化一体化就是指文化与经济相互渗透、相互作用、相互促进的文化经济现象,其表现就是文化经济化、经济文化化和文化经济复合化,文化要素成为现代生产力的重要组成部分,经济生产的重心也从物质层面拓展到了精神领域。

  20世纪90年代以来特别是进入新世纪以后,伴随着经济的高速发展和科技的日新月异,经济文化共生互动、经济文化一体化的趋势日趋明显,经济活动中渗透进丰富的文化要素成为社会进步的必然现象,文化含量的高低成为衡量产品使用价值和交换价值的重要标尺。文化促进资源的合理开发和有效整合,使人口素质的提高成为事关国计民生的头等大事,决定着社会的进步程度和经济的发展速度,有效协调着经济增长和生态环境保护之间的关系。同时,文化进入市场的直接结果就是文化产业的勃兴,根据联合国教科文组织的观点,文化产业是指按照工业标准,生产、再生产、储存以及分配文化产品和服务的一系列活动。我们知道,除公益性的文化事业外,文化的生产及经营都以市场为主并遵循市场规律,公益性文化事业和经营性的文化产业都是文化建设的重要组成部分。伴随着经济全球化和市场经济的快速发展,文化市场日益走向国际化,文化产业在国民经济发展中发挥着越来越重要的作用,成为综合国力竞争中不可或缺的元素。文化产业充分肯定了文化的艺术价值和商业价值,经济生产为艺术价值的实现提供了物质基础和资金保障,艺术价值则成为文化的商业价值得以实现的重要保证。作为"朝阳产业"和"无烟工业",文化产业不仅使文化进入市场,以产业化的方式体现其经济属性和商品价值,而且改变了经济增长模式和人民的生活方式,缓解了一度恶化的经济发展与环境保护之间的矛盾,同时也为公益性文化事业的发展积累了资金和可资借鉴的宝贵经验。文化创意、影视制作、出版发行、印刷复制、广告、演艺娱乐、文化会展、数字内容和动漫等产业正在逐渐发展成为庞大的产业集群,也在逐渐成为都市经济结构中的主要元素和重要组成部分,一个大都市可以没有钢铁工业、没有汽车工业或造船工业,但却不能没有支撑其形象的文化产业。经济文化一体化的协调发展必然会使智力优势逐渐取代传统的自然资源优势,促使文化产业日益成为国民经济发展中的核心产业和重要支柱。

知识经济的兴起也是当今社会所发生的重要变革之一,这是一种以人才和智力要素为主的经济,世界经合组织(OECD)1996 年发表的题为《以知识为基础的经济》(Knowledge – based Economy)的报告中,知识经济被定义为建立在知识的生产、分配和使用(消费)之上的经济,该报告同时指出,经合组织各国的经济发展将越来越建筑在知识及信息的基础之上,知识被认为是提高生产率和实现经济增长的驱动器。这份报告预示着在未来的经济社会发展中知识和智能将扮演越来越重要的角色,工业经济逐渐被知识经济取代,知识经济将成为人类社会的主流。知识利用产业化、经济发展可持续化、资源利用智力化和资产投入无形化都是知识经济的重要特征,这种经济形态必将成为经济发展、社会进步的"引擎"和"助推器"。经济的崛起与经济文化一体化趋势是相互促进、并行不悖的,二者都彰显着文化质素、智力因素对经济增长的巨大推动作用,强调经济文化化与文化经济化的有机融合,注重无形的知识资源的开发、保护和共享。

2.2.2 宏观政策与文化圈建设

建设大兰州文化圈将促进兰州及周边地区的文化创新、文化繁荣和经济发展,也将更加有效地激活和利用文化资源并充分利用其产业价值。享有"黄河之都"、"水车之都"、"山水名城"和"丝路重镇"等殊荣的兰州及其周边地区具备建设文化圈的条件和优势,无论是国家发展战略和政策规划的支持,还是地方发展规划,都将发展文化事业、振兴文化产业作为国民经济和社会发展的头等大事来抓,作为实现经济跨越式发展、促进经济结构转变、提高经济发展人文含量、丰富人们的精神生活及提高人口素质的重要突破口。

党的十六大提出了全面建设小康社会的奋斗目标,要求再经过 20 年的努力,建设一个经济更加发展、民主更加健全、科教更加进步、文化更加繁荣、社会更加和谐、人民生活更加殷实的小康社会。完成这样一个艰巨而重大的历史任务,就需要有新的发展思路和发展举措,而落实科学发展观就是全面建设小康社会的必然要求。2003 年 10 月,中共十六届三中全会通过了

《中共中央关于完善社会主义市场经济体制若干问题的决定》,把科学发展观作为指导 21 世纪中国经济社会发展的重大战略思想,明确提出要按照统筹城乡发展、统筹区域发展、统筹经济社会发展、统筹人与自然和谐发展、统筹国内发展与对外开放的要求推进发展与改革。我们要保持改革、发展和稳定的良好局面,要保持国民经济的持续、快速和健康发展,都必须以科学发展观为指导。要促进经济社会的全面协调、可持续发展,文化建设是其中的重要方面,经济发展和社会进步都将更多地依赖于科技的进步和劳动者素质的提高,更多地依赖于良好人文环境的营造和构建。随着改革开放和现代化建设的进一步深化,整个社会对文化的发展有了更高的要求,有了新的发展思路、发展对策和发展方式。建设大兰州文化圈就是对文化重要性的认识进一步深化的必然结果,是进一步落实科学发展观,繁荣社会主义文化事业和促进经济社会全面、协调、可持续发展的必然要求。

改革开放初期至 20 世纪 90 年代中期,我国区域经济实施了沿海地区优先发展(1981—1985 年)和三大地带梯度转移(1986—1992 年)的非均衡发展战略,这一战略的实施在当时发挥了积极的作用,但也产生了不容忽视的负面影响。20 世纪 90 年代以来,国家对宏观区域经济发展战略的调整就开始酝酿,中共十五大报告中指出,要促进地区经济合理布局和协调发展。东部地区要充分利用有利条件,在推进改革开放中实现更高水平的发展,有条件的地方要率先基本实现现代化。中西部地区要加快改革开放和开发,发挥资源优势,发展优势产业。2000 年 1 月,国务院西部地区开发领导小组召开西部地区开发会议,研究加快西部地区发展的基本思路和战略任务,部署实施西部大开发的重点工作。同年 10 月举行的中共十五届五中全会通过了《中共中央关于制定国民经济和社会发展第十个五年规划的建议》(以下简称《建议》),《建议》中把实施西部大开发、促进地区协调发展作为一项战略任务,同时还强调:"实施西部大开发战略、加快中部地区发展,关系经济发展、民族团结、社会稳定,关系地区协调发展和最终实现共同富裕,是实现第三步战略目标的重大举措。"2003 年 10 月下发的《关于实施东北地区等老工业基地振兴战略的若干意见》,开始正式实施振兴东北等老工业基地的战略。《中共中央国务院关于促进中部地区崛起的若干意见》于 2006 年 4 月正式出台,促进中部地区崛起也成为统筹区域协调发展的战略内容。2007年 10 月的十七大报告提出要继续实施区域发展总体战略,深入推进西部大开发,全面振兴东北地区等老工业基地,大力促进中部地区崛起,积极支持东部地区率先发展。西部大开发涉及的范围包括:陕西、甘肃、青海、宁夏回族自治区、新疆维吾尔自治区、内蒙古自治区、广西壮族自治区、西藏自治区、重庆、四川、贵州、云南等12个省、自治区和直辖市。甘肃省也成为西部大开发战略所涵盖的重点省份之一,加快经济结构的战略性调整、促进本地区经济协调发展、改善生态环境都是西部大开发中甘肃战略部署中的应有之义。同时,西部大开发是一项长期而艰巨的历史任务,也是一项综合性的系统工程。西部大开发战略实施以来,不论是政府还是社会民众都将更多的注意力和目光投向了沉寂辽阔的西部土地,投向了这片经济发展相对落后却蕴藏着异常丰富的文化资源的朴野大地,这是国家对经济发展格局的一次重大调整,促进了西部欠发达地区经济状况的改变,也催生了西部人走向富裕的希望和融入到社会发展大潮中的信心与决心。

如今,十年的发展带来了西部政治经济文化等方面的巨大变革,城乡面貌发生了翻天覆地的变化,西部人民从政策的指引和支持中获得了相当大的实惠,西部对国家发展的支持与贡献也取得了丰硕的成果。2010年7月5日至6日,中共中央、国务院召开的西部大开发工作会议在北京举行,胡锦涛强调,深入实施西部大开发战略是实现全面建设小康社会宏伟目标的重要任务,事关各族群众福祉,事关我国改革开放和社会主义现代化建设全局,事关国家长治久安,事关中华民族伟大复兴。今后的十年,不仅是全面建设小康社会的关键时期,也是深入推进西部大开发承前启后的关键时期。会议进一步指出了西部在全国社会经济发展格局中的重要战略地位,西部的发展和稳定有利于维护民族团结和边疆稳定,也有利于为全国的发展开辟更为广阔的空间。未来十年,西部将被建成国家重要的能源基地、资源深加工基地、装备制造业基地和战略性新兴产业基地。十年新西部、十年的历史剧变、十年的奋斗历程,社会面貌的日新月异、人民生活的逐步改善都使得文化的重要意义日益凸显,加快文化体制改革、促进文化事业和文化产业发展成为各地发展的共识。从非均衡发展到东中西部协调发展以及西部大开发战略的实施都对西部、对甘肃省、对兰州市的发展提供了机遇,也提出了更高的发展要求,大兰州文化圈的建设就是在这一历史机遇中适应国家发展战略演变、促进区域经济协调发展的重要举措。

2009年7月22日,国务院总理温家宝主持召开国务院常务会议,讨论并原则通过《文化产业振兴规划》,文化产业成为第11个出台产业振兴规划的行业,这是国家从政策层面对文化产业发展的一次巨大推动,也凸显出文化产业在经济社会发展中的重要战略地位。在当前应对国际金融危机的新形势下,在重视发展公益性文化的同时,加快振兴文化产业,不论是对于满足人民群众多样化、多层次化的精神文化需求，还是对于扩大内需、推动经济结构调整，都具有重要的意义。

2010年5月，国务院《关于进一步支持甘肃经济社会发展的若干意见》（以下简称《意见》）强调，甘肃是西北地区重要的生态屏障和战略通道，是中原联系新疆、青海、宁夏和内蒙古的桥梁和纽带，在全国发展稳定大局中具有重要地位。同时，《意见》还强调要大力支持兰（州）白（银）核心经济区率先发展，建设兰（州）白（银）都市经济圈，积极推进兰州新区、白银工业集中区发展。《意见》也对甘肃文化事业及文化产业的发展提出了很多重要举措，如第30条强调要大力发展文化体育事业——加大公共文化设施建设投入，建立基层公共文化体育服务经费保障机制。重点建设地市级图书馆、文化馆，加强省市级博物馆、文物大县和重点遗址博物馆建设，继续实施全国文化信息资源共享工程、广播电视西新工程、村村通工程和农村数字电影放映工程。第41条则强调要扶持壮大文化产业和旅游产业——加大对文化产业发展的扶持力度，支持敦煌艺术、麦积山石窟艺术等历史文化遗产的挖掘开发，做大做强以《丝路花雨》、《大梦敦煌》等为代表的歌舞、影视、戏剧、动漫文化品牌，培育《读者》等一批具有较强竞争力的大型文化企业集团。支持建设兰州创意文化产业园、庆阳农耕和民俗文化产业园、临夏民族文化产业园和丝绸之路文化产业带。加大旅游产业投入，加强旅游基础设施建设，完善景区内外交通条件和公共服务设施，重点支持丝绸之路、敦煌莫高窟、甘南香巴拉、黄河风情、麦积山、崆峒山、黄河石林等精品旅游线路和一批精品旅游景区建设。可以说，科学发展观、党和国家统筹区域经济协调发展的战略思路及西部大开发为大兰州文化圈建设创造了良好的外部环境和经济基础，《文化产业振兴规划》和《国务院办公厅关于进一步支持甘肃经济社会发展的若干意见》则为建设文化圈提供了现实依据和具体思路。

2.3 大兰州文化圈建设的必要性和重要性

2.3.1 建设大兰州文化圈是促进区域经济发展的必然选择

兰州位于中国陆域版图的几何中心，是甘肃省省会，是全省的政治、经济、文化、金融、交通和科技教育中心。随着改革开放的深化和市场经济的进一步发展，兰州市的国民经济和社会发展都取得了很大的成就。据统计，2009年，全市实现生产总值925.98亿元，比上年增长了10.8%。其中，第一产业增加值30.55亿元，增长6.17%；第二产业增加值433.62亿元，增长

10.23%;第三产业增加值461.81亿元,增长11.64%。① 可以说,在兰州市委、市政府的正确领导下,全市上下齐心协力,积极应对国际金融危机的冲击,保持了经济社会的平稳较快发展。同时,我们也应该正视的问题是,由于地理环境的阻隔、自然条件的相对恶劣,兰州乃至甘肃在全国的经济发展中都处于相对落后的位置,无论是与发展水平较高的东南沿海城市相比,还是与周边的省会城市做比较,兰州与这些城市之间都存在着明显的差距。比如,西安市2009年全年实现生产总值(GDP)2 719.10亿元,比上年增长14.5%。第一产业增加值110.38亿元,增长6.3%;第二产业增加值1 148.77亿元,增长14.4%;第三产业增加值1 459.95亿元,增长15.1%。② 兰州市的经济发展速度在西北五个省会城市中都处于中下游的位置,加快经济发展的要求是极为迫切和刻不容缓的。经济决定着文化的性质和发展方向,并为文化的发展与进步提供物质基础,文化则为经济发展提供正确的价值导向、精神动力和智力支持。不断提高文化软实力、通过文化的发展促进经济社会的快速发展就成为各地制定发展战略的首要选择,大兰州文化圈的建立正是提升兰州市经济实力和对外形象的重要决策。

表2-1 西北五省区省会城市(首府)2009年国民生产总值(GDP)

城　　市	GDP(亿元)
西　安	2 719.10
兰　州	925.98
乌鲁木齐	1 095
银　川	578.15
西　宁	501.07

(资料来源:中国统计信息网)

国务院《关于进一步支持甘肃经济社会发展的若干意见》第六条——大力支持兰(州)白(银)核心经济区率先发展中强调:"建设兰(州)白(银)都市经济圈,积极推进兰州新区、白银工业集中区发展,做大做强石油化工、有

---

①《兰州市2009年国民经济和社会发展统计公报》,中国统计信息网,http://www.tjcn.org/tjgb/201004/10738.html

②《2009年西安市国民经济和社会发展统计公报》,陕西省人民政府网,http://knews.shaanxi.gov.cn/0/1/65/365/371/80386.htm

色冶金、装备制造、新材料、生物制药等主导产业,把兰白经济区建设成为西陇海兰新经济带重要支点,西北交通枢纽和物流中心,在全省乃至西北地区发挥'率先、带动、辐射、示范'的中心作用。"1990年出版的《兰州经济史》首次提出了"兰州经济圈"的概念,甘肃省在2002年底的"西陇海兰新线经济带"甘肃段的规划中就已经开始考虑建立兰州都市圈,并在2005年甘肃省"十一五"规划的制定过程中正式提出了"兰州都市圈专项规划"。甘肃省几年前就开始筹备和规划"兰州都市经济圈"研究,省发改委于2003年联合兰州大学资源环境学院,对以兰州为核心的经济圈课题进行研究。2008年,兰州市政协以兰州都市经济圈为题展开专题调查。同年,省发改委确定甘肃主体功能初步方案出台,其中兰州市的4区和白银市的白银区被列为优先开发区及甘肃经济的核心地带。市政协十二届十六次常委会议于2009年11月6日通过了《关于加快构建兰州都市经济圈的若干建议》(以下简称《建议》),《建议》中将兰州市、白银市、定西市、临夏州的8区9县作为雏形期的"兰州都市经济圈"。这个都市经济圈圈起了全省面积的12.3%和800多万人口,其涵盖的区域具体是:兰州市5区3县即城关区、七里河区、安宁区、西固区、红古区、榆中县、皋兰县和永登县,将其作为都市经济圈的中心城市,其中的4区为核心区;白银市2区即白银区、平川区作为都市经济圈的副中心;白银市2县即靖远县、会宁县,定西市的安定区、临洮县和陇西县在内的1区2县,以及临夏回族自治州的1市1县包括临夏市、永靖县作为兰州都市经济圈内的节点城市。《建议》同时提出,"一心两圈五带"是构建兰州都市经济圈的最佳模式。一心:即兰州都市经济圈核心区,为兰州市近郊4区——城关区、七里河区、安宁区和西固区。两圈:即兰州都市经济圈内围绕核心区的两层同心圈,主要以交通联系时间为划分依据。其中第一圈层为1小时经济圈,以兰州市的红古区、永登县、皋兰县、榆中县和临夏州的永靖县为节点城镇;第二圈层为2小时经济圈,以白银市、定西市、临洮县和临夏州的康乐县、广河县、和政县、临夏市、积石山县及武威市天祝县为节点城镇。五带:圈定了向外辐射的发展远景,以兰州中心城区为主体功能区,沿公路、铁路、河谷川地和城市(镇)为轴线向外辐射,具体划分为"西向"、"东向"、"北向"、"西北向"和"南向"五个经济带,包括:沿黄河、湟水、大通河、庄浪河谷地进入青海到达西宁,与青藏铁路相连的西向经济带;沿兰州至定西、天水和平凉和庆阳的东向经济带;沿兰州至白银出甘肃到达宁夏银川地区,与河套平原和"呼包鄂城市群"相连的北向经济带,沿兰州至河西走廊直通新疆的西北向经济带,沿兰州至临夏、甘南、陇南的南向经济带。

三步走战略和两个阶段性目标是《建议》对实现都市经济圈建设目标所提出的具体实施办法,三步走战略的第一步是实施好兰白一体化建设;第二步是在兰白一体化建设取得明显效果、发展到一定规模和基础后,可向白银、定西、临夏、武威等周边城市的其他县域扩张;在此基础上,可进一步向天水、平凉、甘南、陇南、河西走廊以及省外的西宁、银川拓展,与更远的城市或城市圈建立城市联盟,逐步向连绵城市群或城市带方向发展,为第三步战略。2010—2015年将完成第一阶段目标:基本完成兰州都市经济圈发展框架的搭建,初步形成功能定位清晰、发展导向明确、区域经济达到一定程度融合的都市经济圈发展模式。圈域内 GDP 和人均 GDP 增长速度高于西北平均水平 1 个百分点。兰州、白银在许多方面达到同城化水平。第二阶段目标计划在 2015—2020 年完成:实现全面构建兰州都市经济圈的发展格局,整体布局和分工全面优化,区域功能体系全面完善,城镇的网络化程度全面提高。力争到 2020 年左右,使兰州都市经济圈成为区域分工合理、资源节约、环境优美的"宜居"、"宜业"区域。① "三圈五区"、"一心两圈五带"、"三步走战略"、"两个阶段性目标"、"八大发展战略"、"六个一体化"等都是打造兰州都市经济圈、促进区域经济协调发展的重要探索和部署,不仅有利于推动圈内城市商贸、旅游、基础设施建设的振兴与繁荣,也有利于辐射地区与中心地区之间的经济协作和交流。由于文化发展与经济社会之间的相互影响、相互促进的互动关系,兰州都市圈的建设必然会对文化发展提出相应的要求,必须有文化的快速发展作为重要支撑,大兰州文化圈也就应运而生。

　　兰州作为省会城市和区域性中心城市,正在逐渐发展成为黄河上游重要的商贸中心和交通枢纽,在与周边城市的经济文化交流中具备了引领功能,无论是文化事业还是文化产业都取得了重要的成就,不仅有自己的文化产品、文化企业,还有自己独特的文化品牌,如书刊杂志品牌《读者》、戏剧品牌《丝路花雨》和《大梦敦煌》、旅游品牌"百里黄河风情线"等。甘肃省制定的"中心带动、两翼齐飞、组团发展、整体推进"的区域发展战略,也为兰州及其他地区的发展指明了思路和方向,建设"兰州都市经济圈"、"1355"战略、"再造兰州"战略的提出等都是兰州为建设区域性现代化中心城市、促进经济快速发展和推动社会进步所做出的重大努力。在此背景下,理论界和实际工作部门提出大兰州文化圈的命题,同时,近年来,兰州市的周边城市也

---

①兰州市政协《加快构建兰州都市经济圈》课题组:《加快构建兰州都市经济圈研究报告》,2009 年 11 月,第 100 - 101 页。

显示出了强劲的发展势头,白银市2009年全年实现地区生产总值(GDP)265.33亿元,增长率为11.1%;定西市为131.94亿元,增长率是10.3%;临夏州2009年GDP为93.17亿元,增长率为10.0%,各地区的国民生产总值和增长率都有了明显的增长。各市的党委和政府在致力于发展经济的同时,都高度重视公益性文化事业和经营性文化产业的发展,《兰州市"十一五"文化发展规划》中指出,"十一五"期间文化发展的主要任务是:以实施"文化兰州"建设为统领,以构建"兰州文化圈"为载体,着力增强兰州市文化创新能力和整体实力。《规划》中还提出,在全面实施《文化兰州建设规划》确定的十大工程的同时,要以兰州地区为中心,整合兰州及周边地区文化资源,构建起以兰州为中心的高层次文化圈。全面繁荣文化事业、加强文化遗产保护工作、大力发展文化产业等都是"十一五"期间的重点工作。白银市、定西市、临夏州、天祝藏族自治县也都出台了相应的支持文化发展的政策和措施,如白银市大力挖掘和开发黄河文化、丝路文化、红色文化、工业文化以及民俗文化资源,还确定了重点发展"七大文化产业"的文化发展战略;定西市委、市政府则下发了《关于建设陇中特色文化名市的意见》,确立了"以对马家窑文化为代表的历史文化的挖掘为突破口,开发陇中特色文化资源,大力繁荣文化艺术;强化文化产业的培育,以书画艺术、彩陶复制、洮砚加工、商业演艺等为主要载体,大力发展文化产业;建设舞台艺术有名流、文学创作有名家、书画艺术有流派、民间工艺有名师、文化产业有名牌、县区文化有名城的陇中特色文化名市"的总体思路。兰州及周边地区都有建设文化圈、提高文化整体竞争力的强烈愿望,一系列的政策措施和发展思路都为构建大兰州文化圈奠定了基础、做好了充分的准备工作。

总之,在知识经济方兴未艾、经济文化一体化发展的时代背景下,在贯彻落实科学发展观的进程中,在国家新的区域发展战略和宏观政策实施中,在兰州及周边区域加快发展、科学发展的实践中,提出"建设大兰州文化圈",将进一步实现"大兰州"的发展理念,是以更广阔的视野和更科学的方式谋划兰州和周边广大区域经济发展和文化进步的必然选择。

表 2 - 2 2009 年甘肃省各市州 GDP 及增长率

城 市	GDP(亿元)	增长率(±%)
兰州市	925.98	10.8
酒泉市	321.05	14.7
庆阳市	302.22	14.6
白银市	265.33	11.1
天水市	260.00	10.4
平凉市	195.66	10.8
金昌市	194.75	14.2
武威市	192.79	9.4
张掖市	192.02	11.5
嘉峪关市	160.05	10.0
陇南市	142.34	9.0
定西市	131.94	10.3
临夏州	93.17	10.0
甘南藏族自治州	57.65	12.5

(资料来源:中国统计信息网)

2.3.2 大兰州文化圈建设的战略意义

在新形势下,大力推动兰州文化发展,通过文化软实力的提升推动经济建设的拓展提速、促进"中心带动"作用的发挥,形成与经济圈相互协调、相互促进、共同发展的大文化圈,对促进兰州、甘肃乃至整个西北地区经济文化的协调发展,都具有重大的现实意义。

(1)建设大兰州文化圈是落实科学发展观的现实需要。

文化是一个国家和地区软实力与综合竞争力的重要组成部分,文化的发展能够为经济发展提供精神动力和智力支持,文化健康繁荣发展、满足人民群众日益丰富的精神文化需求,是社会主义现代化建设的根本目的之一。随着改革开放和现代化建设的日益推进,文化建设在促进经济社会全面协调发展中的作用越来越突出。未来的竞争,既是经济实力的竞争,更是文化实力的较量。随着科学发展观的贯彻落实,发展方式的转变,特别是党的十七大以来,国家把文化建设摆在空前重要的地位。党的十七届五中全会指

27

出:"文化是一个民族的精神和灵魂,是国家发展和民族振兴的强大力量。要推动文化大发展大繁荣、提升国家文化软实力,坚持社会主义先进文化前进方向,提高全民族文明素质,推进文化创新,深化文化体制改革,增强文化发展活力,繁荣发展文化事业和文化产业,满足人民群众不断增长的精神文化需求,基本建成公共文化服务体系,推动文化产业成为国民经济支柱性产业,充分发挥文化引导社会、教育人民、推动发展的功能,建设中华民族共有精神家园,增强民族凝聚力和创造力。"这一重要论述为当前和今后一段时期我国文化建设指明了方向,为进一步深化文化体制改革,推动社会主义文化大发展和大繁荣提供了强大动力和根本支撑。甘肃省委省政府、兰州市委市政府在深入贯彻落实科学发展观、推动经济社会转型和加快经济发展方式转变的关键时期,致力于建设文化大省和文化强市,体现了对中央精神的正确把握和实践科学发展观的新成效,对国际国内文化发展潮流和综合实力竞争态势的新认识,对社会主义现代化建设规律和文化建设的新思考,对甘肃、兰州现代化建设总体布局的新判断。已经推出的一系列卓有成效的举措,努力把文化建设工作的重点从单纯追求数量转到数量质量并重上,不但有规模,而且结构更加优化合理,更富于创新精神,更有利于全面提升文化发展的活力、实力和竞争力,也更加有利于更好地满足人民群众的基本文化需求。在这样的背景下,建设大兰州文化圈就显得尤为必要。

（2）建设大兰州文化圈是文化大省建设的有益探索。

兰州位于西北地区的中心地带,是中原与西北、西南乃至中亚、西亚地区战略通道上的重要枢纽。历史上兰州就是中外经济文化交流的重要节点,是古代中西方经济文化交流与融合的必经之路。目前,兰州已成为我国西北地区重要的铁路、公路枢纽和西气（油）东输的咽喉要道,陇海、兰新、包兰、兰青等铁路干线和312、212、109、310等10条国道主干线纵横交错,兰西乌、京呼银兰、兰西拉、兰成等4条国家主干光缆在此交会,国家4条输油管道和5条输气管道主干线通过甘肃境内,构成了联系全国并通向中亚、西亚的交通枢纽、邮电通信枢纽和能源运输大通道。加快兰州发展有利于发挥区位优势,增强区域经济加快发展的带动效应和辐射力。同时,兰州周边又是多民族交汇融合地区,是中原地区与民族地区连接的桥梁与纽带,兰州发展对促进西北地区的民族团结与繁荣发展及边疆的稳定,都具有极其重要的作用。并且,兰州既是甘肃和西北内陆腹地最大的工业城市、商业中心,又是这一广大区域的文化科技教育中心、文化事业和文化产业发展中心,对本区域经济文化发展具有重要的支撑作用。

国务院《关于进一步支持甘肃经济社会发展的若干意见》和甘肃省委区域发展战略对甘肃"文化资源宝库"的定位与建设文化大省的要求,对兰州"率先、带动、引领、示范"的"中心带动"的要求,都是从全局角度出发,对兰州在全省乃至全国发展中的重要地位和作用进行的科学定位,也是对兰州在甘肃建设文化大省战略中突出地位的科学定位。要适应这一新形势和新任务的需要,要充分发挥中心带动作用,就必须不断创新和完善发展思路,以更高的站位、更宽的视野和更大的手笔来科学谋划兰州未来的发展,积极探索符合兰州实际、有利于率先跨越发展的新路子。而从文化的角度探索中心带动的作用,则是符合国家和省委省政府新战略的有益探索。同时,国家发展战略、促进区域协调发展的西部大开发战略和东中西部协调发展战略不仅为大兰州文化圈的建立提供了政策支持,也为其建立提供了必要的社会条件和人文环境。建设大兰州文化圈将进一步实现经济社会协调发展,为经济发展和社会进步提供精神动力和智力支持,将进一步统筹经济文化发展、统筹城乡发展、统筹区域发展、统筹人与自然和谐发展,也将进一步推动兰州及周边地区文化事业与文化产业的跨越式发展。

(3)建设大兰州文化圈是抢抓发展机遇的迫切需要。

近年来,特别是去年以来,国家和甘肃省连续出台了一系列有利于文化发展、有利于兰州及周边区域加快发展的重大政策和举措。国家相继出台了一系列产业调整和振兴规划,批复了《文化产业振兴规划》《甘肃省循环经济总体规划》等与建设兰州文化圈相关的重要政策,中央又召开了西部大开发工作会议,出台了《深入实施西部大开发战略的实施意见》,特别是国务院《关于进一步支持甘肃经济社会发展的若干意见》,不仅有中心带动区域发展战略、基础设施建设战略、生态安全战略、社会发展战略、产业发展战略等一整套支持甘肃省发展的方针政策,还专门做出了支持兰州白银核心经济区率先发展的重大决策。可以说,当前兰州正面临着极为丰富和极其宝贵的发展机遇:国家区域战略向西部推移带来的政策、资金、产业、项目、人才西进的新机遇;建设以兰州为中心的西部开发重点都市圈、沟通西南西北交通新枢纽的新机遇;建设甘肃发展的核心增长极和战略突破口的新机遇;打造西陇海兰新经济带的重要支点、西北交通枢纽和物流中心的新机遇;建设西部大型石化原料集散地和国家重要的石油储备基地的新机遇;作为环境保护治理、城市地质灾害防治重点区域的新机遇;建设装备制造业产业集群地、国家级生物医药产业基地、加工贸易梯度转移重点承接地区的新机遇;国家"支持兰州高新技术产业开发区,经济技术开发区增容扩区"的新机遇;

建设科技转化平台、推进尖端科学技术和实用技术全面进入经济社会发展领域的新机遇；全面深化改革、调整经济结构和产业结构、优化发展方式的新机遇；发展战略性新兴产业、现代服务业、现代物流业、文化创意产业的新机遇；建立全省农村劳动力转移就业培训基地的新机遇等等。其中的每一个领域都蕴含着对文化大发展与大繁荣的迫切要求和重要机遇，特别是开发文化资源宝库、建设文化大省大市的新机遇，把兰州及周边区域文化建设的重要性提到了空前的高度，机遇难得，稍纵即逝，应当通过建设大兰州文化圈，挖掘文化资源，发挥区域文化优势，调整发展结构，改变发展方式，构建广阔发展平台，增强发展的精神文化动力，使文化发展成为强力增长极和动力源，才能真正使发展机遇成为跨越式发展的动力。

（4）建设大兰州文化圈是对接国家区域发展战略的有效途径。

新中国成立以来，特别是改革开放 30 多年来，我们党牢牢抓住发展这个第一要务，大力推进理论和实践的双重探索，成功开辟了中国特色社会主义道路，在中华大地上创造了震古烁今的人间奇迹。2009 年，我国国内生产总值达到 33.5 万亿元，成为世界第三大经济体，综合竞争力跃居世界第 27位，人民生活水平得到极大提高，实现了从温饱到小康的历史性跨越，并正向更高水平的小康迈进，社会文明程度显著提高，科学、教育、卫生等社会事业全面发展，全社会焕发出蓬勃向上的精神风貌。但在我国经济社会全面发展进步的同时，由于自然、历史、政策、体制等方面的原因，发展不平衡问题愈加凸显，东西部差距、城乡差距还在拉大，包括兰州在内的一些西部内陆城市和地区发展动力不足、发展方式粗放、瓶颈制约因素较多，严重影响了当地的前进步伐和全国的协调发展。为此，国家不断加大科学发展的力度，从实际出发出台并实施了一系列促进区域协调发展的政策和战略，全国区域协调发展、科学发展的格局正在形成。由于独特的区位优势，兰州在未来全国协调发展进程中具有重要作用，特别是在广大的西北内陆腹地发展中具有举足轻重的地位，但兰州现有的经济文化实力与其肩负的使命却很不相称，必须顺应全国发展的进程，探索欠发达地区经济文化协调发展的有效途径，从而为全国区域协调发展、科学发展做出应有的贡献。

由前所述，我国的总体发展布局和区域发展战略，经历了均衡发展—非均衡发展—区域协调发展这一过程。进入 21 世纪以来，缩小东、中、西部发展差距，实现全国区域协调发展，成为国内经济社会发展布局和区域发展战略的主要基调，开放开发由沿海经济带向内陆腹地推移已成为重要趋势，国家区域发展战略也随着这一发展进程而调整，东部率先发展、中部崛起、东北振兴、西部大开发四大板块区域发展政策正在得到有效实施。兰州及其所辐射的广大区域是我国重要的文化资源区,文化资源十分丰富,但文化实力并不强,教育文化科技等文化事业落后于东中部地区,文化产业发展的差距更大,丰富的文化资源并没有得到很好的开发与利用,资源优势尚未成为产业优势。因此,必须顺应国家新的区域发展战略,通过建设大兰州文化圈,形成本区域文化资源集团式开发、文化事业和文化产业组合式发展的全新格局,从而实现文化大发展与大繁荣,进而推动经济发展和社会振兴。

(5)建设大兰州文化圈是推进兰州白银经济区率先发展的迫切需要。

如同企业的发展必然要经过一个由小企业到大企业再到企业集团的过程一样,城市发展也必然呈现向集团化、规模化、一体化逐步发展的特征和趋势,而这种集团化、规模化、一体化不单体现在经济上,也必然体现在文化的进步与发展上。我国长三角、珠三角、京津冀等大的都市经济圈在经济发展崛起的同时,都伴随着文化的大发展和文化软实力的大幅度提升。各地区在发展都市经济圈的同时,都越来越重视文化资源的共享和文化的一体化开发,文化圈同时附着于经济圈,文化圈与经济圈叠合,显示出经济文化相互依存、相互促进、协调发展的势头,这是我们建设兰州白银都市经济圈可资借鉴的有益经验,也是兰白都市经济圈发展的方向。目前,兰州白银核心经济区、兰州白银都市经济圈已上升为国家战略,经济圈的发展已经全面破题,这一发展形势迫切需要多种发展因素的聚合,需要发展合力,也需要强劲的发展动力,文化圈的建设正是适应发展需要和发展趋势的理性选择。应该通过建设文化圈,为经济圈发展增添丰富的内容、提供必要的动力。同时,经济圈的建设也必将为文化圈的建设提供更为雄厚的物质基础和制度保障,经济圈与文化圈叠合、经济文化一体化、经济文化化、文化经济化是未来经济社会发展的重要趋势。

(6)建设大兰州文化圈是探索区域发展新模式的有益尝试。

我国幅员辽阔,地域差距较大,在改革开放初期采取了"区域开放、梯次推进、逐步扩大"的发展战略,实行了东部沿海地区率先发展的政策。与东部先发地区相比,当前和今后兰州及周边区域的开发有两点显著区别:一是先发地区一般处于沿海、沿江或东中部大中城市,区位条件和自然条件优越,资源环境容量大,经济和城乡发展基础良好,兰州区域则缺乏这些优势。二是由于开发早,得到的优惠倾斜政策、资金和项目支持都比较多,资源和内外部市场充裕,人才大量涌入,廉价劳动力丰富,社会矛盾没有大量出现,经济起飞过程中可以全力关注经济领域,对文化发展、管理体制、经济制度、社会和资源环境等方面的协调发展可以较少考虑,也可以全力关注数量增长和发展速度,对长远效益、统筹协调等方面的要求较少,所以发展成本相对比较低廉。

作为后发区域的兰州及西北欠发达地区,则遇到了严重的资源环境压力、市场竞争压力、经济社会转型压力等发展难题,如何借鉴已有经验,按照新的发展理念和发展要求,通过更加符合市场机制运行要求的政策,加快本区域的发展,特别是如何树立全新的资源观念、开发观念和发展观念,实现区域协调、经济发展与文化发展的协调,真正实现科学发展,都有待于进一步的探索和努力。建设大兰州文化圈的重要意义,就是在经济社会发展基础较为薄弱、自然条件较差、资源环境压力巨大的特定区域,在进入改革攻坚期和社会矛盾凸显期、发展方式转型的新时期,国际金融危机等外部挑战日趋强烈的背景下,深入挖掘本区域丰富的文化资源,寻找具有自身特色的发展优势,将欠发达地区深厚的文化积淀转化为坚实的发展基础,将这里独有的特色文化资源升华为经济社会发展的竞争优势,在文化创新、文化创造、文化创业中实现西北欠发达地区改革发展的重大突破,为甘肃、西北乃至全国的未来发展积累新的经验。这也是建设大兰州文化圈担负的重大责任和重要使命。

3. 大兰州文化圈的空间定位及功能

3.1 空间定位

    根据前面的论述,大兰州文化圈概念是在"大兰州"、"大兰州都市经济圈"概念的基础上提出的,是有关兰州及周边地区文化建设的新构想。兰州都市经济圈即兰州—白银都市经济圈,又称兰白都市经济圈,具体包括兰州市5区3县(城关区、七里河区、安宁区、西固区、红古区、榆中县、皋兰县和永登县),是兰州都市经济圈的中心城市,城关区、七里河区、安宁区、西固区是核心区;白银市白银区是兰州都市经济圈的副中心;白银市3县2区(靖远县、景泰县、会宁县、白银区、平川区)、定西市1区2县(安定区、临洮县、陇西县)、临夏回族自治州1市1县(临夏市、永靖县)是都市经济圈内的节点城市。结合区域内文化产业及文化事业发展的实际情况,我们把这一圈层扩充为8区20县,即在原有都市经济圈中融入了定西市渭源县,临夏州临夏县、积石山保安族东乡族撒拉族自治县、东乡族自治县、广河县、和政县、康乐县,武威天祝藏族自治县,青海省民和县、化隆县、循化县,从而构成结构严密、逻辑清晰的新的大兰州文化圈。大兰州文化圈总体构型如下页图3-1所示。

3.2 中心城市

    我们知道,每个文化圈内都有一个核心地区,并以这个核心地区为中心向四周扩展,使其周围的地区在文化上表现出共同的特质,从而形成相对稳定的文化特征分布区域。大兰州文化圈中的核心和中心城市只能是兰州

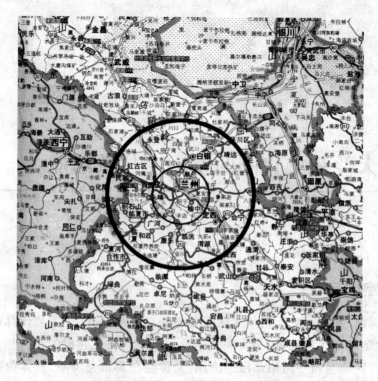

图 3-1　大兰州文化圈总体构型图

市,兰州是区域发展战略中的战略核心,是甘肃省的政治、经济和文化中心。虽然地处西北内陆,与东南沿海城市相比属于欠发达地区,但它历史悠久、文化积淀异常深厚。兰州,又名"金城",金城汤池,固若金汤,历来就是兵家必争之地和各种文化相互碰撞相互渗透的重要区域,是金戈铁马的古战场,也是丝绸之路的重镇。

　　首先,从地理位置来说,兰州地处黄河之滨,是黄河穿城而过的唯一的省会城市,"冬无严寒,夏无酷暑",属于典型的温带大陆性季风气候。自两汉以来,兰州就是军队、使节、商队、僧侣以及文人墨客东去西来的必经之地,汉武帝时代的霍去病,丝绸之路的开拓者张骞、班超,历经艰辛到印度拜佛求经的高僧玄奘,离开繁华的长安到吐蕃和亲的文成公主等都在这里留下了他们的踪迹。同时,在整个大兰州文化圈中,兰州也处于地理中心的位置,兰州市与白银市之间有兰白高速公路和包兰线铁路相联系,所需交通时间为 1 小时左右;兰州市与定西市之间有青兰高速和陇海铁路相联系,所需交通时间为 2 小时左右;兰州市与临夏回族自治州之间所需的交通时间也为 2 小时左右;兰州市与武威天祝藏族自治县之间则有连霍高速和兰新铁路相联系,所需交通时间仍为 2 小时左右。外围城市与中心城市之间的紧密联系是文化圈建设的必备要素。

其次,改革开放以来,兰州正在逐渐发展成为黄河上游重要的交通枢纽和商贸中心,经济文化化、文化经济化、经济文化一体化发展都将推动其充分发挥大兰州文化圈中心城市的带动辐射作用。《〈国务院办公厅关于进一步支持甘肃经济社会发展的若干意见〉(国办发【2010】29号)》中提出要大力支持兰(州)白(银)核心经济区率先发展,做大做强石油化工、有色冶金、装备制造、新材料、生物制药等主导产业,把兰白经济区建设成为西陇海兰心经济带重要支点,西北交通枢纽和物流中心,在全省乃至西北地区发挥"率先、带动、辐射、示范"的中心作用。国办"47条"进一步彰显了兰州在西北空间区域的核心经济区地位,建设区域性现代化中心城市的目标定位也将进一步勾画出兰州未来的发展蓝图。

第三,由于兰州特殊的地理位置和区位特点,决定了这里是多种文化汇集交融的中心。兰州是一座典型的移民城市,除了历史上驼铃声声的驼队,在现代至当代的历史演进中,兰州也出现过多次移民高潮,如抗战时期的大后方,20世纪50年代的支边,60年代如火如荼的三线建设以及90年代以来的西部大开发等,南来北往的人群不仅带动了兰州经济的发展,也推动了文化和思想的交流与融合,因此,兰州的文化具有兼容并蓄、杂合的特点。如今,兰州正在努力创造条件促进文化事业和文化产业发展迈上新台阶,2005年5月决定申报国家历史文化名城以打造文化兰州、和谐兰州,从而提高兰州的城市形象和知名度,2007年12月和2008年1月兰州市政府常务会分别通过了《兰州市历史文化遗产保护办法》、《兰州市历史文化遗产保护规划》,为兰州历史文化遗产的保护及利用提供法规保障。还拍摄完成了22集的电视专题片《历史兰州》,利用现代化传播媒介的优势为兰州城市形象的塑造营造良好氛围。《兰州历史文化丛书》《兰州历史文化名镇丛书》《兰州民间歌谣选》《兰州民间故事选》《兰州鼓子词选》等的编辑出版为外界全面、系统地了解兰州和认识兰州提供了平台。《读者》《丝路花雨》《大梦敦煌》等知名品牌的成功打造都为文化产业等的发展积累了宝贵经验。兰州拥有兴隆山、徐家山、吐鲁沟等国家级森林公园,滨河路沿线一带可以欣赏黄河风情、水车博览园、黄河母亲雕塑、中山桥,市区内还有五泉山、白塔山、白云观等名胜古迹。

2010年4月,兰州市四版城市规划进展情况也得到了各级领导的重视,省委常委、市委书记陆武成强调,四版规划在处理好老城区改造提升与新城区开发建设的关系、现有产业基础与新的产业布局的关系、城市与农村协调发展的关系、经济建设与社会事业发展的关系、当前与长远的关系、兰州自身发展与周边城市发展的关系的基础上,要按照"一河两岸,五城五带六片区"的构想考虑城市功能布局。其中,"一河两岸"即围绕黄河做好做足文章,打造独具特色的山水城市;"五城"即老城区(城关和七里河)、安宁新城区、西固石化城、定东城区和中川兰州新区;"五带"就是以兰州中心城区为主体功能区,沿公路、铁路、河谷川地和城市(镇)为轴线向外辐射,而划分的西向、东向、北向、西北向、及南向五个经济带;"六片区"指以有色冶金深加工、煤电资源开发利用为重点的连海片区,以文化教育、高新技术产业、休闲旅游为重点的榆中片区,以空港循环产业、先进装备制造业、新能源、生物医药为重点的秦王川片区,以现代物流为重点的沙中片区,以生态建设、特色农业等位重点的永登片区和皋兰片区。四版城市规划立足于兰州实际谋划兰州的发展远景,同时又将其发展放置在全省乃至全国的大格局中进行全局性规划,必将进一步巩固和突显其作为大兰州文化圈中心城市的重要战略地位。

　　总之,在漫长的历史演进过程中,兰州经历了疆土的开拓、政权的更迭、社会的变迁、经济的开发和文化的发展,完成了从金城汤池、军事重地、丝绸之路重镇、西北交通枢纽、现代化商贸中心、历史文化名城的对接与嬗变,也形成了集黄河文化、丝路文化、少数民族多元文化于一体的文化格局,兰州以其独一无二的城市文化和城市精神成为大兰州文化圈中的文化高地,并将充分发挥其作为中心城市的吸纳力和辐射效应。首先,兰州将利用其省会城市的便利条件,打破行政、区域之间的壁垒,以全局观念权衡自身及周边城市的公共文化服务体系和文化资源,制定合理的政策措施对其进行合理利用,尽快将资源优势转化为产业优势。其次,兰州在努力将自身建设成物流、人流、资金流、技术流、信息流"五流汇集"的集散地的同时,将在政策、资金、信息、人才培训等方面为其他城市提供帮助。再次,党的十六届三中全会通过的《中共中央关于完善社会主义市场经济体制若干问题的决定》中提出,在全面建设小康社会的进程中要贯彻"五个统筹",即统筹城乡发展、统筹区域发展、统筹经济社会发展、统筹人与自然和谐发展、统筹国内发展和对外开放,作为全省政治中心、经济中心、科教和文化中心,兰州文化的繁荣将有力地推动城乡一体化发展,实现城市文化对农村文化的带动和促进作用,强化城市基础文化设施和文化活动对农村社会的服务能力。最后,中心城市兰州也将提升整个文化圈的对外交流能力,实现与全国其他省份甚至国外文化机构的人员往来和经验同享。

3.3 大兰州文化圈的两个圈层

3.3.1 核心层

兰州市的5区3县即城关区、七里河区、安宁区、西固区、红古区、榆中县、皋兰县和永登县是大兰州文化圈的核心层。"十一五"期间,兰州市各地区在推动文化体制改革、发展文化产业、繁荣文化事业等发面都做了大量的工作,力争将丰富的文化资源优势转化为产业优势,从而充分发挥兰州的龙头作用,增强省会城市的辐射带动功能。

按照中央和国务院关于文化体制改革的重要部署和全省文化体制改革的意见精神,兰州市把文化体制改革工作纳入到了全市经济社会发展总体规划,成立了由市委、市政府分管领导担任正、副组长的文化体制改革工作领导小组,形成了党委统一领导、政府组织实施、宣传部门协调指导、行政主管部门具体落实及有关部门密切配合的领导体制。制定了《兰州市文化体制改革试点工作方案》和《关于深化文化体制改革有关问题和支持我市文化体制改革若干政策措施的意见》,确定在市文化、报社、广电系统进行改革试点工作,明确了财政投入、税收优惠、社会保障及收入分配等8个方面的32条政策,不论是宏观管理体制还是微观运行机制方面都做了大量的工作。同时,文化产业的发展也在一系列政策措施的支持下取得了一定的成就,《兰州市文化产业"十一五"发展规划纲要》的制定将文化产业纳入到了全市产业发展战略部署当中,从2008年开始,市财政每年预算安排600万元作为文化产业发展的专项资金,将其用于扶持重点项目、培育文化市场和打造文艺精品。大力发展文化旅游业、文化演艺业、现代传媒业和出版发行业等产业的同时,文化产业园区建设也被作为重要工作得以开展,如计划将"金城关文化风情区"打造成集民俗文化博览、演艺、餐饮和休闲文化经营于一体的"民俗文化博览中心",计划引进"西部文化产业中心"建设项目和扶持建设"兰州创意文化产业园"等。从2006年开始的文化产业统计也为指导产业发展提供了必要的依据。

(1)文化事业。

原兰州市文化出版局和兰州市广电局合并成立了现在的兰州市文化广播影视新闻出版局,"三定"方案处在报批过程中,文广系统坚持公益性文化事业和经营性文化产业"两手抓"的思路,文化事业和文化产业的发展都取得了一定的成就。首先,文化事业发展迅速。兰州市美术馆的设立填补了公共文化服务体系中的空白;各县区多方筹措资金用以新建或改善县区文化馆和图书馆的办馆条件;农村公共文化服务体系建设逐步完善,自 2006年开始,以文化资源信息共享工程农村服务网络建设及"农家书屋"建设为内容,对乡镇综合文化站进行充实提高,同时以"一网一屋"建设为内容大力发展村级多功能文化活动室,以新标准建成的乡镇综合文化站现在已经有41 个、村级文化活动室 54 个、农家书屋 611 个;根据市场经济发展的规律,对文化系统演艺资源进行整合和优化配置,组建了具有演艺集团性质的兰州大剧院。大剧院统一管理下的各院团实现了优势互补和资源共享,新编豫剧《山月》、秦腔《梁宫秘史》和秦腔版《曹操与杨修》等优秀剧目由兰州戏曲剧院推出,兰州歌舞剧院则致力于开拓《大梦敦煌》的海内外演出市场,兰州大剧院被文化部授予"全国文化系统先进集体"的荣誉称号,《大梦敦煌》在 2009 年再次成为文化部评选的新中国成立以来 18 台优秀保留剧目之一;以举办大型文化活动为契机,带动广大群众开展和参与各种文化活动,营造浓厚的文化氛围,春节文化庙会、黄河风情文化周、兰州合唱节、农民艺术节等都成为群众充分参与其中的重要文化活动;不断提高公益性文化事业单位的服务质量、拓展公益性文化事业的社会覆盖面,作为兰州市公共文化服务体系主体的图书馆、博物馆、美术馆、文化馆及纪念馆等都致力于拓展服务领域和服务内容,从而保障群众的基本文化权益,荣获"全民阅读先进集体"和"全国公共文化设施管理先进单位"的市图书馆年接待读者 50 多万人次、每年举办 50 多期"读者报告会"、已经举办了五届"兰州读书节",市博物馆年接待观众 23 万人次且每年自办和接待文化艺术展览 20 多个,"八办"纪念馆每年接待观众也在 20 万人次,还先后推出了纪念抗战胜利 60 周年以及纪念红军长征胜利 70 周年等多个大型展览,文化馆常年深入基层组织和指导群众文化活动,兰州画院和兰州美术馆打造的"大河魂"美术展览也获得了广泛关注和好评。

在文化遗产的保护方面,兰州市也做了大量的工作,积极开展文物普查工作并对重点文物保护单位加强维修和保护,如对西固下川水车、金天观、府城隍庙、鲁土司衙门等重点文物保护单位进行了维修,对已经消失的 60个文化遗存进行立碑标识。出台了《兰州市非物质文化遗产保护工程实施方案》,成立了专门的非物质文化遗产保护中心。已建成的兰州太平鼓、黄河大水车、兰州高高跷三个国家级非遗项目保护基地是兰州市在文化遗产保护上做出的重大努力,《兰州太平鼓》《兰州鼓子》《永登高高跷》《黄河大水车》四本丛书和《兰州市"非遗"保护项目名录集》《兰州市"非遗"保护项目分布地图集》两个分册的编辑出版都为人们了解兰州、认识兰州提供了便利条件,也为这些文化遗产的保护和传承做好了充分的准备。

2006年12月15日,中共兰州市十一届一次全委会胜利闭幕,会议审议通过了《中共兰州市委关于贯彻党的十六届六中全会精神加快"和谐兰州"建设的意见》(以下简称《意见》),《意见》中提出的构建"和谐兰州"的主要目标是:到2020年,社会主义民主法制更加完善,全市城乡群众的权益得到充分尊重和保障;城乡居民收入普遍提高,人民过上更加富足的生活;城乡社会保障"安全网"基本建成,社会就业比较充分;公共服务体系更加完备,行政管理体制改革取得突破;城乡群众素质明显提升,"文明兰州"建设步入全国"先进行列";全社会创造活力显著增强,创新型兰州建设取得明显成效;社会管理体系更加完善,"平安兰州"建设取得重大进展;生态环境治理成效显著,人与自然和谐相处。形成经济繁荣、城乡互赢、民主法制、公平正义、诚信友爱、充满活力、安定有序、人与自然和谐相处的"和谐兰州"。

"和谐兰州"建设是一项覆盖面广、长期的、综合性的系统工程,从近几年的发展状况来看,兰州市除了在繁荣社会事业、发展文化产业中取得了一定的成就,科技、教育、卫生等方面也是成就不俗,不仅社会保障体系不断完善,参加养老、失业、医疗、工伤等保险的人数持续增加,还进入了全国科技进步先进城市行列,通过了国家一类城市语言文字达标验收,建立了农村义务教育经费保障机制,基本普及了城市四区高中阶段教育,完成了标准化初中建设和农村中小学危房改造。全国文明城市、国家卫生城市、生态园林城市、双拥模范城市和历史文化名城"五城联创"活动全面推进,通过了全国"双拥模范城"六连冠省级验收。[1] 2009年以来,兰州市教育事业随着国家扩大内需政策的实施而加快了发展的步伐,全年财政包干市级教育事业费51 056万元,增长12.76%,教育事业费专项7 995万元。2009年,全市危房改造项目学校80所,规划建设面积330 599平方米,投资达到52 378万元。2009年上半年已完成全市中小学计算机配置3.1万台,接入兰州教育城域网学校447所,建成多媒体教室1 300多间,为900多所农村中小学配备了远程教育设备,为部分学校采购装备了价值95.44万元的仪器设备。同时,不断调整优化教育结构,使各类教育均衡发展,全省示范性高中增加到11所,职业教育发展的步伐加快,成人教育和民办教育也有序发展,新审批成

①李培生、邓海弟编著:《和谐兰州评价指标体系研究》,兰州:甘肃民族出版社,2008年,第39页。

立民办学校20所、7所社区学校即将成立,还实施了"一村一名大学生计划"。同时,也全面加强学前教育和特殊教育。①

（2）文化产业。

近年来,兰州市文化市场和文化产业持续繁荣。以旅游业为例,兰州市旅游业坚持"以文兴旅、以旅扬文"的思路,呈现出了蓬勃发展的良好势头,于2004年成功创建"中国优秀旅游城市"、2007年被评为"中国旅游品牌魅力城市"、2009年荣获"丝路夏宫"的美誉、2010年被评为"国际最佳观光旅游城市",还两度入选"中国十佳避暑旅游城市"。

经过多年的培育和开发,兰州旅游业已经基本形成了"行、游、购、食、宿、娱"配套完善的接待服务体系,全市现在拥有星级饭店53家、标准床位近3万张,旅行社157家,旅游车(船)公司、旅游商店、旅游餐馆30多家,开辟了多条国际国内旅游线路,其中:国际旅游线路4条,国内旅游线路20条,省内旅游线路12条。4条国际旅游线路分别是:港澳新马泰游、欧洲11国游、日韩游、俄罗斯游。20条国内旅游线路包括:①兰州/嘉峪关/敦煌/乌鲁木齐游;②兰州/西宁/塔尔寺/日月山/青海湖/格尔木/拉萨游;③兰州/拉卜楞寺/桑科草原/治力关/九寨沟/黄龙游;④兰州/华东五市/黄山/千岛湖/普陀游;⑤兰州/广州/深圳/珠海/海口/三亚游;⑥兰州/昆明/大理/丽江/西双版纳游;⑦兰州/厦门/鼓浪屿/集美/福州/武夷山游;⑧兰州/成都/乐山/峨眉山/都江堰/蜀南竹海游;⑨兰州/云台山/洛阳/龙门石窟/少林寺/开封游;⑩兰州/青岛/威海/蓬莱/烟台/大连游;⑪兰州/青岛/济南/曲阜/泰安游;⑫兰州/武汉/重庆/长江三峡/小三峡游;⑬兰州/庐山/井冈山/南昌/鄱阳湖/景德镇游;⑭兰州/少林寺/云台山/龙门石窟/洛阳/郑州/开封游;⑮兰州/太白山/法门寺/宝鸡/西安/华山/兵马俑游;⑯兰州/桂林/漓江/阳朔/南宁/北海游;⑰兰州/大连/沈阳/长春/哈尔滨/镜泊湖/满洲里游;⑱兰州/太原/平遥古城/五台山/大同/北京/天津游;⑲兰州/长沙/韶山/张家界游;⑳兰州/银川/沙湖/沙坡头/西部影视城游。开通的12条省内旅游线路中,市内旅游线路有6条,分别是:①都市黄河风情、白塔山、兰州碑林、水车博览园、黄河母亲、省博物馆一日游;②五泉山、兰山、八路军办事处、市博物馆一日游;③青城古镇、什川旅游区一日游;④和平牡丹园、兴隆山、官磨沟、官滩沟一日游;⑤石佛沟国家森林公园、云顶风景区一日游;

---

①李培生、邓海弟主编:《兰州市经济社会发展蓝皮书2009—2010》,兰州:甘肃人民出版社,2009年,第27-28页。

⑥引大入秦、鲁土司衙门、吐鲁沟国家森林公园二日游。市外旅游线路也有6条,即:①西线——兰州至敦煌丝绸之路大漠风情游;②南线——兰州至甘南民俗风情、草原风光游;③东线——兰州至天水丝路胜迹、寻根访祖游;④北线——兰州至白银黄河奇观、石林探险游;⑤东北线——兰州至平凉道教圣地、黄河风情游;⑥东南线——兰州至陇西自然风光天池溶洞游。兰州市现在已经开放的旅游景区(点)有64处,其中国家A级旅游景区达16家,旅游直接从业人员3万余人、间接从事旅游的人数达到15万多人。2009年,全市共接待游客703.2万人次,同比增长33.5%,实现旅游收入37.7亿元,同比增长22%,旅游收入占全市GDP的4.1%、占第三产业的8%。

　　文化是旅游的精髓和灵魂,旅游则是文化得以展现和传播的重要载体与最佳平台,一系列措施的实施也有效地促进了兰州市文化与旅游的完美结合,这些措施主要有:①充分利用现代传媒、加大对外宣传力度,从2007年开始,每年都通过央视国际频道的"大好河山"栏目、兰州电视台、《中国旅游报》、香港《大公报》、《城市周刊》、《财富周刊》、《西部之旅》等媒介,全方位宣传兰州优秀旅游城市的形象。②通过举办文化旅游项目推介洽谈会,推动文化旅游企业开展合作。黄河风情文化周、兰州水车节、安宁桃花旅游节、永登玫瑰旅游节、什川之春旅游节等文化旅游节会不仅吸引了大量游客,也为旅游业的发展提供了机遇和市场发展空间。③加大旅游商品的研发力度,开发具有兰州地方特点的文化旅游纪念品。2009年重点推荐3家企业的30多个品种参加全省、全国的旅游商品展销评选,"梦里敦煌"艺术品获得了国家金奖;逐渐形成了玫瑰系列的地方特色产品、塞纳河系列工艺品、三和彩陶系列工艺品、陇萃堂地方系列土特产品为主的旅游商品,以及以兰州牛肉面、甜醅子、灰豆子等为代表的旅游方便食品。④加强文化旅游产品的市场推广,打造高品质的旅游演艺产品。大力宣传《丝路花雨》《大梦敦煌》等享誉海内外的优秀剧目,通过广泛吸纳演艺团体和艺术表演参与旅游景区(点)的经营来提高景区(点)的文化内涵。⑤利用非物质文化遗产资源优势,为旅游业的发展注入新鲜元素。城隍庙、白云观、西关大清真寺、青城古镇、汉长城、明长城、西秦勇士城等历史遗迹,以它们丰厚的底蕴向人们显示着兰州厚重久远的历史;兰州太平鼓、兰州鼓子、永登苦水高高跷、剪纸等多项国家非物质文化遗产和民间艺术,是兰州人精神面貌的最好写照,他们豪爽、大气,用心体味着生活,也虔诚地祈盼着风调雨顺和国泰民安。这些非物质文化遗产的历史文化内涵都被充分挖掘和利用,许多富有兰州特色的人文景观得以开发,如在相关的景区增设了"兰州民俗展馆"、"水车文化展馆"、雕刻葫芦、剪纸、"红色纪念馆"等文化旅游内容。⑥重视文化旅游从业人员的培养和培训,为提高兰州旅游质量和提升城市形象打下坚实的基础。

在打造旅游精品、增加旅游业文化内涵的同时,兰州市进一步规范和加强对文化市场的管理,为文化产业的深入发展奠定基础。通过开展"扫黄打非"专项行动、"清理整顿娱乐市场专项行动"、"网吧专项治理行动"等专项整治活动,为文化产业发展营造良好的市场环境。根据统计,截至2009年年底,纳入文化系统管理的各类文化产业经营单位和摊点有3 800余家,其中文艺表演团体36家,歌舞娱乐厅870家,网吧520家,打字复印和音像制品出租、零售1 270余家,印刷业716家,书报刊经营网点451家,文物监管物品及工艺美术品经营点160个,文化类民办非企业50余家。全市文化产业从业人员达到4.22万人,占全市社会从业人员的2.47%,实现增加值11.2亿多元,占到了全市生产总值的1.75%。随着"村村通"工程建设任务的逐渐完成,全市的广播影视业发展的成绩也比较显著,兰州市的"村村通"工程建设始于1999年,目前新一轮建设任务圆满完成,其中,城关区11个村314户,七里河区69个村1 751户,榆中县390个村14 341户。近两年共申请、协调"返盲"改造经费70万元,分别在红古区、窑街、永登县、榆中县和皋兰县建设了农村数字多路微波电视站点(已建3个、在建4个),共计覆盖农户11.4万户。

3.3.2 外围层

大兰州文化圈的外围层包括白银市的2区3县,即白银区、平川区、靖远县、会宁县和景泰县,定西市的1区3县即安定区、临洮县、陇西县和渭源县,临夏回族自治州的1市7县包括临夏市、临夏县、永靖县、积石山保安族东乡族撒拉族自治县、东乡族自治县、广河县、和政县、康乐县,武威市的天祝藏族自治县,以及与甘肃接壤的青海省民和回族土族自治县、化隆回族自治县和循化撒拉族自治县。外围城市不仅可以享受兰州中心在政策、资金以及经验等方面的支持,同时它们也能以自身的文化发展提升兰州市的城市发展水平和能力。各地区都充分挖掘其所拥有的独特文化资源,为进入"大兰州"、大兰州文化圈做了充分的准备。

(1)白银市。

白银位于甘肃省中部,辖白银、平川2区和会宁、景泰和靖远3县,它不仅是国家重要的有色金属工业基地和甘肃省重要的能源化工基地,同时也有着悠久的历史和灿烂的文化。在漫长的历史进程中,黄河文化、西夏文化和中原文化等多种文化在这片土地上互相渗透、互相交融。1936年10月，中国工农红军一、二、四方面军在会宁胜利会师，使其具有光荣的革命传统。被誉为"中华自然奇观"的国家地质公园黄河石林、红军长征会宁会师旧址、国家级森林公园寿鹿山、西部影视城大敦煌影视城、"旱塬秀峰"铁木山、"陇上明珠"四龙度假村、千年名刹法泉寺、道教圣地北武当山、号称"中华之最"的景电高扬程提灌工程、白银公司露天矿、黄河大峡等众多的名胜古迹和工农业文明的标志，都显示着白银所具有的无限生机和活力。

白银市将其文化资源分成几大主题进行开发和利用，在文化发展方面做出了有益的探索和尝试，有古石窟、城堡文化主题，新石器文化主题，古代名人墓葬文化主题，革命历史文化主题和民俗风情主题等。同时，重视对旅游基础设施和旅游环境进行改善，旅游服务体系进一步完善。打造兰白都市经济圈是白银市加快发展和促进文化繁荣的重要历史机遇，与兰州在经济、文化等各方面的合作与交流都是其各项政策及措施的主要着力点。白银市逐渐探索出了一条适合自身发展的资源型城市转型之路，即专家学者和媒体所称的"白银模式"，而文化转型是白银资源型城市转型的重点之一，确定了大力开发和挖掘黄河文化、丝路文化、红色文化、工业文化以及民俗文化资源，重点发展"七大文化产业"的文化发展战略。具体的措施有：①着力发展文化旅游产业；②组建展演中介组织、转换文艺团体经营机制，通过"走出去"、"引进来"发展文化演艺业；③以文化娱乐、网络服务、音像制品等为主体发展娱乐服务业；④以现有文化企业为骨干，广泛招商引资，创建西部印刷产业园，发展包装业；⑤以剪纸、手工刺绣、仿古彩陶等民间工艺为龙头，大力发展民俗民间工艺，努力打造民间工艺品牌；⑥以承办和参与大型经贸洽谈会、文化博览会、文化艺术节为平台发展文化产业；⑦积极引导现有文化企业上规模、上水平，进行结构调整和资源整合，逐步形成几个支柱性的文化产业体系，不断提高规模总量，从而增强文化产业软实力，推动文化产业的繁荣和发展。

（2）定西市。

定西市距离兰州市仅有98公里，是兰州市的东大门，总面积2.03万平方公里，总人口298万多人。定西有着相当丰富的历史文化资源和民间民俗文化资源，有新石器时代著名的马家窑文化、齐家文化、寺洼文化和辛店文化；有战国秦长城遗址、汪氏元墓群等；还有榜罗红军长征纪念馆等红色遗址；定西境内风景名胜数不胜数，包括贵清山、遮阳山、莲峰山等在内的旅游景点有48处；独特的民间民俗文化资源则显示了定西人民的聪明才智和他们对美好生活的向往,如彩陶复制、洮河奇石、洮砚、民间剪纸、木偶、木雕、皮影、刺绣、编织、木板画、水陆画、洮岷花儿、陇中小曲等,包括二郎山花儿会、鸟鼠山渭河龙王祭奠等民俗活动,还包括拉扎节、迎西番女、祭秋神、巴当舞、五羊扇鼓、云阳板等民家舞蹈。

"十一五"期间,定西市公共文化设施建设得到了很大的改善,一些文化发展的重点领域也得到了较大的发展,使得丝绸之路重镇的区位优势得以充分发挥。在公共文化设施建设方面,定西完成了各县区文化馆、图书馆"两馆"建设,新建乡镇综合文化站 52 个(正在建设 18 个),农家书屋 703家,建成文化信息资源共享工程县级支中心 6 个,为 1 769 个行政村配备了村级文化信息资源共享设备。其他文化设施建设也在顺利进行,投资 130多万元的陇中画院于 2003 年正式建成使用,市秦剧团通过前后 3 期工程建成了新的办公楼、排练厅和库房,市博物馆建设项目也已列入计划,通渭县、临洮县等县区的重点文化建设项目或建成或正在开工建设中。其次,加大对非物质文化遗产的保护力度。从 2004 年开始开展非物质文化遗产保护工作,市委、市政府下发了《关于建设陇中特色文化名市的意见》,并在 2005年成立了非物质文化遗产保护领导小组,制定了两份文件,即《定西市民族民间文化资源保护工程实施方案》和《定西市民族民间文化资源保护工程部门联席会议制度》,推动了文化遗产保护工作顺利开展。挖掘整理了洮岷花儿、陇中小曲等民间音乐,巴当舞、秧歌、傩舞等民间舞蹈,剪纸、刺绣、洮砚、绘画等民间工艺美术,总共是 37 类 2 000 多种。第三,充分发挥书画、戏曲、花儿演唱和文学创作四大艺术优势,群众文化活动形式多样、内容丰富,不仅书画交流活动频繁,还广泛开展文化进社区、进校园和进军营的"三进"活动。第四,文化产业在各项政策措施的带动下,从无到有、从小到大,逐渐发展并取得了一定的成果,基本形成了以书画营销、彩陶复制、洮砚加工、商业演出、文化娱乐、剪纸艺术等为重点的产业格局,全市从业人员近 6 000 多人,年均文化产业增加值达到 3 000 多万元。

(3)临夏回族自治州。

临夏回族自治州位于甘肃省中部西南面,辖 7 县 1 市,总面积 8 169 平方公里,总人口 198.67 万人,境内共有 22 个少数民族,其中以信仰伊斯兰教的回族、东乡族、保安族和撒拉族为主的少数民族人口有 112 万,占总人口的一半以上。临夏州历史悠久,深厚的文化底蕴形成了丰富多彩的非物质文化遗产和独特的民族特色文化。独特的文化资源是临夏州文化事业和文化产业得以发展的重要基础,河州花儿闻名遐迩、彩陶艺术异彩纷呈、民族建筑独具特色,古动物化石群、恐龙足印更是世界罕见,临夏砖雕、雕刻葫芦、保安腰刀、河州贤孝、回族宴席曲、民族地毯、刺绣等民族民间艺术更是具有浓郁临夏地方特色的重要资源。

临夏州立足于打造特色城市、旅游城市、宜居城市和商贸城市的目标定位,充分挖掘其餐饮文化、民俗文化和民族特色文化,临夏州所具有的一张张名片如"甘肃中南部观光游览胜地"、"中国花儿之乡"、"中国彩陶之乡"、"古动物的伊甸园"、"伊斯兰建筑的博览园"、"大禹治水的源头"、"西部旱码头"等更是向世人讲述着这片土地的厚重与沧桑。第一,临夏州以项目建设为重点,以建设和谐文化为主题,文化事业和文化产业发展呈现出了在创新中发展、在促进中繁荣的良好势头,彩陶馆建设项目、乡镇综合文化站建设项目、农家书屋建设项目等都有不同程度的进展;第二,以花儿旋律为基调创作演出花儿剧,花儿剧也由此成为中国的新剧种。第三,不仅编排和演出具有民族特色的民族歌舞,还选送地方特色浓厚的河州贤孝等参加专业比赛和交流演出,如在 2009 年,创作排演的主题歌舞晚会《山风·古韵·民族情》获得全省新创剧目调演一等奖和 30 个单项奖,创作的河州贤孝《唱不尽的古河州》参加"向祖国致敬"——全省庆祝新中国成立 60 周年少数民族文艺汇演活动,获得优秀创作一等奖和优秀表演三等奖。第四,深入挖掘整理,加强文物保护和非物质文化遗产保护力度,全州已经发现 687 条非遗普查线索,并整理完成了 214 个普查项目,莲花山花儿等 8 项已进入国家非物质文化遗产名录,雕刻葫芦等 18 项进入了甘肃省非物质文化遗产名录。第五,创新发展思路和发展理念,促进文化产业发展迈上新台阶。临夏州大夏文化发展有限责任公司、临夏州大禹民间文化艺术有限责任公司、临夏能成古典建筑装饰公司、临夏神韵砖雕有限公司等文化产品经营企业的筹建将对产业规模的进一步扩大做好充分的准备。此外,在临夏县双城开发区建设的占地约 53 亩的"临夏砖雕产业园区"申报首批甘肃省文化产业园区。

(4)武威天祝藏族自治县。

天祝藏族自治县位于武威市东南部,是一个以藏族为主体的多民族聚居区,居住着藏、土、汉等 16 个民族,也是新中国成立后成立的第一个少数民族自治县。天祝县风光优美、资源丰富,有广阔的高山草原和牧场,境内有雪豹、雪鸡、马鹿。猞猁等珍贵野生动物,有东坪等地马家窑文化的马厂类型遗址,有乌鞘岭长城、天堂寺、东大寺、松山古城、东坪罗家湾遗址等省级文物保护单位 5 处。天祝县已经成功举办了七届天祝三峡风光暨民俗风情旅游节,并于 2009 年完成了对石门沟、马牙雪山天池和天堂镇本康丹霞地貌三大景区修建详细规划的编制及终期评审。加快藏区的经济社会发展,致力于生态环境保护和建设,并充分利用富有当地特色的文化资源优势,打造高原生态旅游县城、兰州绿色生态屏障和装备制造的扩散地、藏医药研制开发后方基地、兰州的"后花园"等是天祝藏族自治县的发展定位。

(5)青海三县。

民和回族土族自治县位于青海省东部,素有"青海东大门"之称,该县东北部与兰州市红古区隔河相望,东部及东南部分别与甘肃省永靖县和积石县相邻,西南部则与青海省化隆回族自治县和循化撒拉族自治县相连,西北部与乐都县接壤。民和县地处湟水谷地和黄河谷地,是黄河和湟水河南北穿流的区域,境内资源丰富、景色秀丽、山清水秀,具有深厚的历史文化内涵和优美的自然景观,有被誉为"黄河上游第一岛"的寨子岛及大旱之年也不会干涸的娘娘天池等。

化隆回族自治县位于青海省东部,东西长98.5公里,南北宽48.5公里,总面积2 740平方公里,东与民和县接壤,南临黄河并与循化县和黄南藏族自治州尖扎县隔河相望,西则与湟中县和贵德县毗邻,北与平安县和乐都县相连。有回族、汉族、藏族、撒拉族等12个民族。化隆县的优势产业是畜牧业,该县境内旅游资源也比较丰富,主要景点有夏琼寺、马阴山、旦斗寺、李家峡北岸生态园等,黄河上游青海段已建成或正在规划建设的13座大中型电站中,化隆县境内就有7座。该县在2009年时提出了"一个中心"、"两条景观带"、"两条旅游通道"和"六大旅游景区"的旅游业发展思路,即以群科新区为中心,以完善服务接待设施、提高旅游管理和服务水平为重点,加快景点建设,改善周边环境,打造雄先—塔加景观带、沿黄河景观带和马阴山—甘都旅游通道、扎巴—牙什尕旅游通道,建成巴燕景区、公伯峡景区、昂思多景区、雄先景区、塔加景区和李家峡—夏琼寺景区。[①]

循化县位于青海省东南部,是全国唯一的撒拉族自治县,也是撒拉族最大的聚居地区。该县自古以来就是多民族杂居地,西汉时期为金城郡河关县地,东汉时期废金城郡,归陇西郡河关县管辖,1929年青海正式建省,循化县也归青海省直辖,并在1954年由国务院批准成立青海省循化撒拉族自治县。由于循化县海拔低、气候适宜,因此又有青海"小江南"的美誉,而且是国家旅游局确定的全国农业旅游示范点,孟达天池、骆驼泉和文都大寺三大

①《化隆回族自治县采取措施助推特色旅游业发展》,青海新闻网,http://www.qhnews. com/index/system/2009/09/07/002803088.shtml

景区入围"青海十大景观",国家级孟达自然保护区被誉为"青藏高原上的西双版纳",有全省第二大清真寺——街子清真寺,有藏传佛教领袖十世班禅大师的故居和纪念塔,还有著名藏传佛教大师、原中国佛教协会会长、爱国老人喜饶嘉措的故居和纪念馆等。

3.4　大兰州文化圈的辐射区

兰州都市经济圈的发展模式是"一心两圈五带","五带"圈定了向外辐射的发展远景,即以兰州中心城区为主体功能区,沿公路、铁路、河谷川地和城市(镇)为轴线向外辐射,包括"西向"、"东向"、"北向"、"西北向"和"南向"五个经济带。大兰州文化圈包括 8 区 20 县,在此基础上,我们可以参照都市经济圈的模式确定文化圈的辐射区域,向东由兰州沿陇海线向东,经过定西至天水与"关中——天水"经济区相连,沿国道 309 和 312 延伸到平凉和庆阳,覆盖甘肃省东部即整个陇右地区,伏羲文化、麦积山石窟文化、大地湾文化、先秦文化、三国文化、崆峒文化、西王母文化、皇甫谧文化、岐黄文化、农耕文化等都将展现各自的特点与风采;向西则沿黄河、湟水、大通河、庄浪河谷地进入青海到达西宁,与青藏铁路相连,充分利用西宁与兰州地理上的便利和文化上的相互交流,将同样作为省会城市的西宁纳入到大兰州文化圈的辐射范围;西北向由兰州沿兰新线经武威、金昌、张掖和嘉峪关直通新疆,将整个河西走廊涵盖其中,吸取丝绸之路文化的精华,促进兰州和周边地区以及河西走廊文化的共同发展;沿着212 和213 国道向南及东南方向延伸,甘南、陇南也可以成为文化圈的辐射区域,陇南山地文化、甘南草原文化也将不断充实文化圈的内涵;往北沿包兰铁路经过白银出甘肃到达宁夏银川,与河套平原及"呼包鄂城市群"相连,这条线上除已经划入大兰州文化圈的白银以外,宁夏也和甘肃连为一体,宁夏不仅在历史上曾经隶属甘肃省,加之拥有共同的黄河文化,这种文化上的趋同性和相似性正是建立文化圈的必备要素。

图 3－2 甘肃及周边省份地理位置示意图

3.5 大兰州文化圈的主要功能

大兰州文化圈不仅是一个文化概念,更是一个与经济紧密相连而形成的文化区域,这个文化区域以甘肃省省会兰州市为中心城市,以兰州市所辖的3县5区为核心区域,以白银市全境(2区3县),临夏州全境(1市7县),定西市1区3县,武威市天祝藏族自治县,青海省民和县、化隆县、循化县为外围层,辐射区域包括河西、陇右、甘南、陇南即甘肃省全境以及青海西宁和宁夏银川。大兰州文化圈最明显的特征就是涵盖的地域范围广、涉及多个民族、包含文化类型多样,不仅有利于甘肃省这个文化资源大省文化的协调发展,还打破了行政区划,实现了跨区域的联合、交流与互动,从而促进甘肃及周边省市的共同发展。因此,大兰州文化圈将在未来的经济社会发展中发挥以下作用。

3.5.1 充分发挥文化在经济发展中的重要作用

区域经济的发展不仅仅是经济资源的合理配置和优化组合,也是文化事业、文化产业、文化市场的交流、碰撞与融合,只有重视文化资源的重要价值、重视文化资源的整合与开发,才有利于提升区域内人的综合素质、提高人们的生活质量、丰富人们的精神生活,才有利于为经济发展提供良好的社会环境,也有利于实现经济效益与社会效益的完美结合。从当今世界的发展趋势来看,许多大都市都出台了文化发展规划或城市文化战略,如《新加坡城市文艺复兴报告》《东京文化发展政策及举措》《伦敦市长文化战略》《大阪振兴文化行动计划》等都是将文化发展放置在提高城市核心竞争力、提升城市形象的重要地位。大兰州文化圈圈起的不仅是 8 区 20 县的行政区域,还是一个文化交融的文化地理圈,它包括这些地域所拥有的优秀文化传统和丰富的文化资源,如各种名胜古迹、历史典籍和各民族所拥有的珍贵文化遗产,它们都将是文化圈的有机组成部分,对这些文化资源的充分挖掘和利用,将使兰州都市经济圈乃至整个甘肃省经济获得持久的发展动力和不竭的发展源泉。

3.5.3　有利于特色文化资源的整合和共享

大兰州文化圈所包含的文化类型比较多,除了黄河文化、丝路文化,还有民族文化、革命文化和宗教文化等,如临夏回族自治州的伊斯兰文化、白银市的红色文化、武威天祝藏族自治县的藏传佛教文化、青海循化撒拉族民族文化等。同时,彩陶文化在其向西北的发展进程中形成了不同的地域风格,甘肃彩陶文化在甘、青、宁三省中是最具特色和代表性的,尤其是马家窑的彩陶文化。彩陶文化也是大兰州文化圈中极具特色的文化资源,同样是构建文化圈能够整合并利用的重要文化资源,充分发挥这些资源的价值将使大兰州文化圈成为全省乃至全国具有自身优势和重要特色的文化区域。

3.5.3　保护文化资源、传承文化精神

文化资源是可以用于创造财富的、人类在长期的生产生活中所形成的物质财富和精神财富及其成果,有着人类活动的深刻印记,而且形成后将对社会生活的诸多方面产生深刻影响,保护这些文化资源便成为每个地区、国家乃至全人类的重要责任。大兰州文化圈的建设将有力地保护圈内区域的文化资源,而且能够促进文化精神的传承和弘扬。兰州积极申报历史文化名城,定西、白银、临夏州都致力于非物质文化遗产的普查、保护和申报工作,各地区都将文化资源的保护和挖掘整理放在与经济发展同等重要的地位,有了文化的支撑与推动,圈内各区域才会具有强大的市场竞争力和广阔的发展空间。

3.5.4　对劳动者的精神鼓舞和激励作用

人类社会与动物界的显著标识就是经济和文化共同构成人类社会进步与

发展的支撑和动力,人类不但有物质需求,还有更高层次的精神需求。经济的主要功能是满足人们的物质需求,文化则主要满足人们增长智慧、陶冶情操等精神需求,并为经济发展和人类社会的进步提供正确的精神导向和价值标准。文化是一种无形资本,它与生产者和生产对象结合起来后就会生产和释放出非常巨大的生产力,并对劳动者产生激励作用。建设大兰州文化圈就是对文化、文化资源的充分保护和利用,同时,身处其中的劳动者的精神生活也不再单调和贫乏,图书馆、博物馆、文化馆、美术馆等的逐渐开放,广播电视村村通工程、文化信息资源共享工程、百县千乡宣传文化工程、农村电影放映工程、农家书屋工程的逐步实施,文化圈内各城市之间文化信息资源的互通有无,都将使他们获得更多充实自身、提高自身素质和人文修养的条件与机会。

3.5.5 有利于加强民族团结、维护社会稳定和构建和谐社会

实现社会和谐、构建和谐社会是人类追求的重要目标之一,也是保证人类能够在地球这个家园世代繁衍的前提条件。中国共产党第十六次代表大会将社会和谐作为全面建设小康社会的重要目标提出,更加彰显了其独特价值和重要意义,《中共中央关于构建社会主义和谐社会若干重大问题的决定》中指出:"社会和谐是中国特色社会主义的本质属性,是国家富强、民族振兴、人民幸福的重要保证。"就是要建立一个以"民主法治、公平正义、诚信友爱、充满活力、安定有序、人与自然和谐相处"为特征的和谐社会,要建立起人与人互相尊重、互相信任的社会关系,让全体人民各尽所能、各得其所、平等友爱、和谐相处,要使得生产发展、生活富裕和生态良好达到和谐统一。简言之,和谐社会就是要实现人与社会、人与自然、人与人以及人与自身之间的和谐。经济的进步自然是建立和谐社会的基础,而要达到真正的和谐,就需要提高全体人民的精神状态和人文素养,以"以文教化"为本义、与未经教化的野蛮和质朴相对的文化就成为人民文化素质和精神追求得以提升的重要保证。建设文化圈就是要完善圈内城市的公共文化服务体系、充分挖掘和利用其文化资源、促进资源优势尽快转化为产业优势、建立起完备的文化产业发展体系,从而实现地区间文化资源、信息技术的共享及城市文化对农村文化的反哺和带动,实现以文化人、以文化事的目标,最终实现社会的和谐与共同发展、共同进步。大兰州文化圈内有汉族、回族、藏族、土族、撒拉族、东乡族、保安族等多个民族,不同民族文化和宗教信仰的民族在一个文化圈内互相包容、互相往来及和睦相处,本身就是对民族团结和社会稳定的极大促进,同时也有利于构建安定有序、充满活力的和谐社会。

4. 大兰州文化圈建设的依据及其竞争力

4.1 跨区域文化圈的有机联系

4.1.1 兰州与周边地区的历史和地理联系

    大兰州文化圈不是一个单纯的地理概念,而是一个在历史发展过程中逐渐形成的文化地理圈。甘肃省位于中国西部、黄河上游,东接陕西,南邻四川,西连青海和新疆,北部靠内蒙古、宁夏并与蒙古人民共和国接壤,地形狭长呈两头大中间细的哑铃形状。而兰州市地处甘肃省中部,位于北纬35°34′20″～37°07′07″,东经102°35′58″～104°34′29″之间,北部和东北部毗邻白银市的白银区和景泰县、靖远县;东部和南部与白银市的会宁县和定西市的安定区、临洮县及临夏回族自治州的永靖县相邻;西南部和西部与青海省民和县相连;西北部与武威市的天祝藏族自治县接壤。

    首先,从行政建制和历史沿革来看,秦始皇三十三年(前214年)在今兰州市东岗镇一带设置陇西郡榆中县,为兰州市最早的行政建制。汉武帝元狩二年(前121年)置金城县。汉武帝元鼎六年(前111年)置令居县(今永登县),在河桥镇置浩亹县。汉宣帝神爵二年(前60年),在今红古区花庄一带置允街县。西汉在今永登县苦水镇置枝阳县。汉昭帝始元六年(前81年),置金城郡,领13县,今兰州市境有允街、浩亹、令居、枝阳、金城、榆中6县。十六国时期,前赵、后赵、前凉、前秦、后秦、西秦、后凉、南凉、北凉等占领过金城郡。隋文帝开皇元年(581年),置兰州,领金城郡。置兰州总管府,为军事建制。唐代,兰州领五泉、光武、狄道三县。唐代宗广德元年(763年)吐蕃占领兰州,一直到北宋仁宗。宋仁宗景祐三年(1036年),西夏在今永登县红城镇置卓罗和南监军司,并占领兰州。宋神宗元丰四年(1081年)

收复兰州,宋与西夏隔黄河对峙。宋高宗绍兴元年(1131 年),金占领兰州。元太宗六年(1234 年),蒙古占领兰州、金州。明太祖洪武二年(1369 年),徐达攻取兰州,降兰州为兰县、金州为金县,属临洮府。洪武五年(1372 年),改庄浪州为庄浪卫。明惠帝建文元年(1399 年),肃王移蕃兰县,加强了明朝的统治。明宪宗成化十三年(1479 年),升兰县为兰州。清圣祖康熙五年(1666 年)陕甘分省,兰州为甘肃省会。清高宗乾隆三年(1738 年),临洮府移兰州,改称兰州府,兰州改为皋兰县。兰州府领狄道州、河州、皋兰县、渭源县、靖远县、金县。乾隆二十九年(1764 年),陕甘总督移驻兰州,管辖今陕西、甘肃、宁夏、青海、新疆。清世宗雍正三年(1725 年),改庄浪卫为平番县,属凉州府。1913 年,并兰州府、巩昌府为兰山道,领皋兰等 15 县;平番县属甘凉道。1919 年,改金县为榆中县。1928 年,改平番县为永登县。1941年 7 月 1 日,成立兰州市。此后不断扩大市区面积。1949 年 8 月 26 日,兰州市解放。新中国成立后,兰州市由县级市升为地级市。1950 年,兰州市辖九个区和皋兰县,榆中县属定西专区,永登县属武威专区。1953 年,国家将兰州列为全国重点建设城市,市区面积为 450 平方公里。1958 年,市区由1955 年的 540 平方公里扩大为 9 688 平方公里,辖城关等七个区,永登县划入兰州市,改为永登区。1963 年,永登县划归武威专区。1970 年 4 月,永登县、榆中县、皋兰县划入兰州市。1985 年 10 月,白银区划归白银市。迄今为止,兰州市辖城关、七里河、安宁、西固、红古 5 区及永登、榆中、皋兰 3 县。从建制沿革来看,兰州在历史上不仅包括现在的 5 区 3 县,还包括定西、白银、临夏回族自治州以及河湟的部分地区。

其次,从地形地貌的角度来看,兰州的地理形态呈现出复杂多样的特点,它位于陇西黄土高原的西部,是青藏高原向黄土高原的过渡地区,处在黄土高原、青藏高原与内蒙古高原的结合部,境内大部分地区为海拔 1500～2500 米的黄土覆盖的丘陵和盆地,地势则是西部和南部高、东北低,黄河自西南流向东北,横穿全境,切穿山岭,形成了峡谷和盆地相间的串珠形河谷,峡谷有八盘峡、柴家峡、桑园峡、大峡和乌金峡等;盆地则有新城盆地、兰州盆地、泥湾—什川盆地以及青城—水川盆地等,此外,还有湟水谷地、庄浪河谷地、苑川河谷地及大通河谷地等。如果按照地理形态的划分方法区分地域文化,甘肃省可以被划分为六大文化圈,分别是陇东高原文化圈、陇中丘陵文化圈、兰州河谷文化圈、陇南山地文化圈、甘南草原文化圈和河西走廊文化圈。兰州河谷文化圈也就是大兰州文化圈,它正好处在甘肃其他五大文化圈环绕的中间地带,它包括兰州市 5 区 3 县,即城关区、七里河区、安宁区、西固区、红古区、榆中县、皋兰县和永登县,这些区域将作为文化圈的核心层;白银市的 2 区 3 县即白银区、平川区、靖远县、会宁县和景泰县,定西市的 1 区 3 县即安定区、临洮县、陇西县和渭源县,临夏回族自治州的 1 市 7 县包括临夏市、临夏县、永靖县、积石山保安族东乡族撒拉族自治县、东乡族自治县、广河县、和政县、康乐县,武威天祝藏族自治县,以及与甘肃接壤的青海省民和回族土族自治县、化隆回族自治县和循化撒拉族自治县,总共 8 区 20 县作为大兰州文化圈的外围城市。根据建制沿革,白银市建市之前曾是兰州市的一个区,武威天祝藏族自治县历史上就属于兰州市的永登县管辖,青海的民和等地区 70 多年前曾经属于兰州府所管辖的地域范围,循化历史上曾是金城郡及陇西郡的管辖地。

图 4-1　兰州及周边地区交通图

4.1.2　文化的深层积淀

　　文化上的融合与交流是建设文化圈的首要条件,文化的趋同性、相似性和一致性是能够建立大兰州文化圈的根本保证。处在青藏、内蒙古和黄土三大高原交汇地带的兰州及周边地区兼具农耕经济和游牧经济的双重特点,并将两种形态的经济完美地统一于漫长的生产生活中。同时,兰州及文化圈所涵盖的其他区域都处在丝绸之路沿线,是黄河文化、丝路文化和少数

53

民族文化交流融合的大舞台。

　　兰州的特殊地理位置决定了它是黄河上游文化的集聚区,也是丝绸文化广布的地区,同时也是少数民族多元文化的交汇之地。黄河是中华民族的母亲河,黄河流域是中华文化的发祥地,黄河在兰州穿城而过。黄河流域在相当长的历史时期内都是中国政治、经济和文化的中心,而在几十万年以前,黄河流域就有了人类活动的踪迹,"黄河之都"兰州自然也就被打上了黄河文化的深刻烙印。仰韶文化在距今约 5 300 年左右时进入兰州,留下了榆中县甘草店的西队村遗址、郭家湾遗址和高崖的常家庄遗址,并且在西渐过程中与甘、青、宁一带的土著文化相融合而形成了新石器时代至铜石并用时代的马家窑文化。马家窑文化辐射范围相当广泛,东起泾渭上游、西至黄河上游龙羊峡附近、北到宁夏清水河流域、南达四川岷江之滨,而兰州则处于马家窑文化的中心区域,兰州的黄河谷地、黄河支流的湟水谷地、庄浪河谷地、阿干河谷地、苑川河谷地、黄河二级支流大通河谷地以及黄河支流大夏河和洮河一带都遍布着马家窑古人的村落。马家窑文化最鲜明的特征就是彩陶文化,马家窑类型、半山类型和马厂类型是马家窑文化所经历的三个阶段。大兰州文化圈中的城市以其久远的历史文化体现着黄河文化的精髓,一千多年以来的黄河皮筏、五百多年前的串舟浮桥、四百多年前的黄河大水车以及一百年前的黄河铁桥是兰州的象征,更是黄河文化的直接体现;黄河流经白银 258 公里,会宁牛门洞新石器彩陶文化、靖远吴家川岩画、景泰永泰龟城、平川汉墓群都是黄河文明的历史见证;素有"中国彩陶之乡"美誉的临夏回族自治州境内遗存有新石器时代至青铜器时代的马家窑、齐家、辛店、寺洼四种陶器文物,1950 年在积石山县三坪发现了马家窑文化类型的代表——"彩陶王",并被列为国家一级保护文物;黄河文明的重要发祥地定西市也拥有新石器时代著名的马家窑文化、齐家文化、寺洼文化和辛店文化;天祝藏族自治县东坪等地马家窑文化马场类型遗址出土文物表明了 4 000 年前这里就有人类活动的事实;与甘肃接壤的青海循化等县行政区划上与甘肃有着深厚的关联,文化上自然也就难以割裂。

　　作为丝绸之路重镇的兰州也具有丝路文化的重要特征,丝绸之路东起长安(今西安),经陕西、甘肃、宁夏、青海和新疆,跨越葱岭(今帕米尔高原),经中亚部分的独联体、阿富汗、伊朗、伊拉克及叙利亚到达地中海东岸(今罗马),全长 7 000 多公里,中国境内的丝绸之路总长有 4 000 多公里,是横贯亚洲、连接欧亚大陆的古代陆上商贸通道。隋唐时期,经过兰州的丝绸之路东线中段就已经贯通。从长安出发沿丝绸之路西行,有三条线路可以到达兰州,一条是从长安出发,经过陇县、略阳(今甘肃秦安北)、平襄(今甘肃通渭西)、安定(今甘肃定西)、金县(今兰州市榆中县)到兰州,另一条是顺渭河向上游西行,越过陇关(今甘肃清水东陇山东麓),经天水、临洮,沿阿干河谷北上到达兰州,还有一条基本上沿明清陕甘驿道、民国以来的西兰公路西行,经咸阳、礼泉、永寿、邠州(今陕西彬县)、泾州(今甘肃泾川)、平凉、静宁、祖厉(今甘肃会宁)、安定、金县(今兰州市榆中县)到达兰州。商人、文士和僧人在丝绸之路上印下了他们的足迹,也为沿线留下了众多的历史古迹和内蕴深厚的丝路文化。在这些线路中包含了白银市和定西市的不少地方,如会宁、临洮、通渭、安定等,定西不仅是丝绸之路重镇,也是新欧亚大陆桥的必经之地;丝路文化也是白银文化的一朵奇葩,白银有"秦陇锁阴"的美誉,靖远县历史上则有"旱码头"之称,会宁——靖远——景泰西出河西是丝绸之路的重要地段,靖远的寺儿湾石窟、法泉寺石窟和在这里出土的古罗马镏金银盘,景泰的五佛沿寺石窟、索桥古渡及长城驿站等都展现了丝绸之路的繁盛和丝路文明的辉煌;临夏州则是古丝绸之路南道之要冲,是唐蕃古道和甘川要道的重要驿站,有"河湟雄镇"、"茶马互市"之称,临夏境内的炳灵寺石窟(位于丝绸之路陇西段的一条支线上)也是沿古丝绸之路寻胜访古的旅游热点。

兰州同时又是一个居住着多个民族的城市,除阿昌族、基诺族、珞巴族、布朗族外,全市可识别的少数民族成分有51个。根据2008年的统计数据,全市少数民族人口12.7万人,其中信仰伊斯兰教的10个少数民族的人口约11万人,超过500人的少数民族有8个,分别是回族、满族、藏族、东乡族、蒙古族、土族、维吾尔族和土家族。兰州市还有城关区伏龙坪街道皋兰山回民村、红古区海石湾镇虎头崖回民村及榆中县连搭乡朱家沟回民村3个少数民族聚居村。多民族聚居自然催生这一地区民族文化的多元融合,这种文化自然也就具有兼收并蓄的特点,回、藏、裕固、东乡等少数民族的具有浓郁民族风情的旅游资源成为兰州旅游文化的亮点之一;临夏州自古就是一个多民族聚居的地方,富有特色的民族建筑和清真饮食文化都是展示临夏文化的最佳载体,临夏又有"民族建筑的博览园"之称,东公馆、蝴蝶楼两座保存完好的民族建筑堪称中国建筑史上的奇迹,古老的清真寺和拱北建筑也是风格各异,源远流长的清真美食彰显着临夏人的智慧和热情;天祝县夏商周时为羌戎游牧之地,秦时为月氏地,汉初被匈奴所占据,汉武帝设河西四郡将其纳入西汉版图,唐代以后,逐渐发展成了以吐蕃为主体民族的少数民族聚居地,藏传佛教也因此在天祝宗教中占据着重要地位。

4.2 兰州及周边地区的现实关联

山水同源、文化同根是建设大兰州文化圈的历史依据,兰州与周边地区的经济同体则是文化圈能够建立的现实基础和重要保障,往日的"丝绸西去、天马东来"的空前繁荣奠定了兰州作为欧亚大陆桥上重要商埠的地位,西部大开发中兰州依然是现代化的商贸、物流和信息中心,它与周边地区间便捷的交通、频繁的商业贸易都是建设文化圈的根本保证。

虽然地处西北内陆,兰州却是中国内地的地理中心,交通四通八达,是西北地区铁路、公路以及航空的重要枢纽。无论是北上前往新疆、宁夏和内蒙古,西去到达青藏,还是南下四川,东到陕西,兰州都是重要的中转站。铁路方面,兰州市境内现有四条铁路干线,东为陇海线、西为兰新和兰青线、北为包兰线,铁路营运里程356公里,其中电气化里程222.8公里。兰州还将建成10个方向的铁路交通枢纽,兰渝线、兰新第二双线、包兰复线、兰合铁路、兰州经中川至张掖城际等铁路将相继建设,加之既有线,新的兰州铁路枢纽建成后,将有10个方向的铁路在兰州交汇。新建兰州西客站为13台25线,新西站规模等同于广州南站,年发旅客可达3 500万人次。依据规划,在原有铁路线的基础上,将引入宝兰客运专线、兰渝铁路、兰新第二双线、兰州至天水、张掖、合作的动车组高速线路也将开通。公路方面,兰州目前有多条国家级高速公路、过道干线和县乡公路,其中国道有6条,即G109(丹东—拉萨)、G212(兰州—重庆)、G213(兰州—云南磨憨)、G309(山东荣成—兰州)、G312(上海—霍尔果斯)和G316(福州—兰州),总长为604.51公里,兰州到西宁、银川等周边城市的五条高速公路也已建成通车。航空方面,现在已经开通了兰州至北京、上海、广州、武汉、厦门、深圳、成都、西安、南京、杭州、桂林、重庆、福州、拉萨、敦煌、嘉峪关等地的近四十条航线,每周还开通有飞往香港和新加坡等地的定期旅游包机航线。①

白银市和省会兰州之间无论是交通还是市场联系都异常紧密。首先,包(头)兰(州)铁路纵贯南北,过境321公里;白(银)宝(积山)铁路横穿东西,白银市境内有车站和停靠点29个。公路交通更是非常便捷,主要干线公路有国道109线、312线、309线以及省道靖天公路、营兰公路、海古公路

---

①此处材料来自百度百科,http://baike.baidu.com/view/5140.htm

等。① 白银与兰州共用一个机场，正在规划设计的白银至中川机场高速建成通车后，行车时间将缩短到半小时以内，兰白高速公路已经全线贯通并正式通车，两地之间的联系将更加畅通和便利。其次，兰州和白银之间的商业联系加快了资金、技术、文化的交流和共享。白银市大部分人流、物流和资金都面向兰州，而兰州企业以及投资商的首选区域又是白银。白银可以解决兰州因条件限制在城市空间扩展中遇到的难题，兰州也可以在经济转型和产业结构升级方面为白银提供支持和帮助。

定西市距离兰州仅有98公里，良好的交通状况成为连接定西与外界的重要桥梁，陇海铁路和310、312、212、316国道穿境而过，兰定、兰临高速公路已经建成通车，宝成铁路复线也已经建成，这些都使定西能更好地发挥其作为兰州东大门的区位优势，有利于发挥定西的马铃薯产业、中药材产业、畜牧产业和铝冶炼加工产业四大产业优势，更有利于拥有马家窑文化、齐家文化、寺洼文化和辛店文化的丝绸之路"重镇"发挥其文化优势。

临夏回族自治州州府所在地临夏市距离兰州130公里，永靖县距兰州西固区44公里。临夏这个西部旱码头自改革开放以来逐渐向集散、仓储、中转、加工等综合物流功能为一体的方向发展，并计划以兰州为中心建立和培育一体化的消费品市场、资本金融市场、信息技术市场及人力资源和产权交易市场等。关于文化圈建设，提出了兰州与周边城市之间通过举办艺术交流展览、文艺汇演、文化产品博览会等开展义化交流和艺术人才交流的发展构想。

同样是少数民族聚居区的武威天祝藏族自治县位于甘肃省中部、祁连山东端，青藏高原、黄土高原和内蒙古三大高原交会处，境内兰新铁路和312国道纵贯南北。天祝物产丰饶、旅游资源丰富，"天祝白牦牛"是世界稀有畜种，国家保护的一、二类野生动物达40种，天祝三峡、马牙雪山、抓西秀龙草原等自然景观和民俗风情旅游等都是天祝县重要的文化资源，得天独厚的地理优势和文化优势都是其融入大兰州文化圈的重要条件。

4.3 大兰州文化圈的文化竞争力

根据贾旭东在其《提高中华文化竞争力》一文中的观点，文化竞争力主要包括四个方面的内涵：①文化产品的竞争力，指的是文化产品能够引起消费者注意、唤起消费者共鸣和促使消费者购买的能力；②文化企业的竞

---

①此处材料来自中国甘肃网，http://biz.gscn.com.cn/html/yzby/103510185.html

力,指文化企业的原创能力、整合资源的能力及抓住消费者的营销能力等;③文化品牌的竞争力,即通过品牌的影响力和号召力,从而有效提升该品牌文化产品和文化企业竞争力的能力;④文化形象的竞争力,指的是文化整体的吸引力、凝聚力及感召力。① 可以说,文化竞争力的四个方面是相互联系、相互影响、不可分割的统一整体,全面把握消费者的心理和需求,增强文化创新能力,树立品牌意识,坚持引进来和走出去相结合的文化发展战略,才能提高文化产品和文化企业的竞争力,进而提升文化的整体形象。

拟建立的大兰州文化圈囊括了兰州市、白银市、定西市、临夏回族自治州、武威和青海省的8区20县,无论是地理面积、人口数量,还是经济水平和文化实力,都是一个极具文化竞争力和发展潜力的建设目标,该文化圈将在未来的区域发展中发挥重要作用。其文化竞争力体现在以下几个方面:

4.3.1　文化圈内以特色文化资源为基础的文化产品的竞争力

文化产品是文化得以体现的载体,一定的文化总要通过特定的产品或服务表现出来。大兰州文化圈中的城市都致力于发掘自己的特色文化资源,并将其文化价值和意义附着在特定的文化产品上,从而提高文化的竞争力。临夏州有着深厚的古文化底蕴,其境内遗存有新石器时代至青铜器时代的马家窑、齐家、辛店和寺洼四种陶器文物,又被誉为是中国的"彩陶之乡"。如今,临夏彩陶复制品已经成为游客首选的旅游纪念品,临夏州彩陶博物馆建设项目也已经省发改委批复立项,用地范围的确定、方案设计、拆迁等工作都在有序进行。砖雕、木雕、彩绘被称为临夏建筑艺术中的"三绝",尤其是临夏砖雕,又被称作河州砖雕,是一种与建筑物紧密结合的传统建筑雕刻艺术,并在其发展过程中逐渐形成了以回族伊斯兰文化特征为主体又融合其他民族传统的独特风格,砖雕产业也是临夏州重点扶持的新兴特色文化产业,从砖雕艺人技艺的传承和保护入手,深入挖掘传统民间艺术的文化内涵,逐渐将其打造成了临夏的名片和拳头产品,砖雕产品远销省内外,深受顾客青睐并有着良好的市场前景。

4.3.2　大力发展文化产业、培育产业主体所形成的文化企业的竞争力

文化产业是以文化内容的创造为核心,通过市场化和产业化的运作,大规模提供文化产品及文化服务的经济形态。文化产业具有三大特征,即:①它是提供文化产品和文化服务的大规模商业运作;②以追求利润最大化的

①贾旭东:《提高中华文化竞争力》,南方网,http://www.southcn.com/nflr/llzm/200502180773.htm

企业为核心;③其主体是一条以企业为主的协作链条。① 也就是说,文化产业是以追求利润最大化的企业为核心,提供文化产品及服务的大规模商业运作,文化企业的创新能力、市场拓展能力以及可持续发展能力都将决定文化产业的发展速度与规模。在原甘肃人民出版社基础上改制组建的读者出版集团有限公司是甘肃乃至全国都具有重要影响力的文化企业,它于2009年被中宣部等国家四部委评为"全国文化体制改革优秀企业",其主营产品《读者》被誉为"中国人的心灵读本",位居中国和亚洲第一、世界综合类期刊第一位,内容创新和产业发展的有机结合将有力地推动读者集团取得经济效益和社会效益的双丰收。临夏州大夏文化发展有限责任公司、临夏州大禹民间文化艺术有限责任公司、临夏能成古典建筑装饰公司、临夏神韵砖雕有限公司等都是临夏州筹建的具有一定产业规模的文化产品生产经营企业,这些文化企业所创造的产值和带来的市场效应都是其竞争力和发展潜力的最好体现。

4.3.3 具有重要示范和带动作用的文化名品及文化品牌的竞争力

大兰州文化圈圈内城市都已经形成或正在形成属于自己的文化品牌。兰州有书刊杂志品牌——《读者》,戏剧品牌——《丝路花雨》《大梦敦煌》,旅游品牌——百里黄河风情线;白银文化中有工业文化、丝路文化、红色文化、黄河文化等独特元素;定西则有以马家窑彩陶文化为代表的历史文化、以民间民俗音乐舞蹈为代表的舞台艺术、以陇西堂为标志的李氏文化、以洮砚艺术为代表的民间工艺及以通渭农民书画为基础的书画艺术等五大文化品牌;临夏州的民族建筑及清真饮食文化是其独特性所在;作为华锐藏区主要组成部分的天祝藏族自治县有着深厚的藏文化底蕴;青海民和县、循化县和化隆县的回族、土族、撒拉族等民族文化也都是大文化圈的有机组成部分。充分利用文化名品的品牌效应将带来巨大的经济效益,作为甘肃乃至全国的一个著名品牌,《读者》杂志获得了社会各界和广大读者的认可和赞誉,不论是发行量还是广告收益额都取得了不俗的成绩。2009年,读者被世界品牌实验室评为文摘类"中国标杆品牌",其品牌价值达44.85亿元;大型舞剧《丝路花雨》和《大梦敦煌》是甘肃建设文化大省的两块重要基石,《丝路花雨》从1979年首演至今,其演出已经超过1 600场,并于2004年10月被上海大世界吉尼斯总部认定为"中国舞剧之最",先后访问法国、意大利、

---

① 花建等著:《文化产业竞争力》,广州:广东人民出版社,2005年版,第1页。

日本等20多个国家和地区,无论是在中国还是世界舞台上,都具有无可替代的品牌价值。由兰州歌舞剧院创排的舞剧《大梦敦煌》是中国国家舞台艺术的精品剧目,这个用音乐和舞蹈讲述凄美婉转爱情故事的舞剧不仅被商务部、文化部列入《国家文化出口重点项目目录》,而且荣获文化部优秀出口文化产品和服务项目第一名,是以市场方式让"中国文化产品走出去"的成功范例,不仅获得了巨大的经济效益,也产生了良好的社会效益。

4.3.4 大兰州文化圈整体文化形象的竞争力

文化圈的整体形象好坏是衡量文化圈综合实力和竞争力强弱的重要标尺,不断提升文化圈的整体文化形象,将有力地提高文化产品、文化企业和文化品牌的竞争力。《国务院办公厅关于进一步支持甘肃经济社会发展的若干意见》(国办发【2010】29号)对甘肃省发展的战略定位是:连接欧亚大陆桥的战略通道和沟通西南、西北的交通枢纽,西北乃至全国的重要生态安全屏障,全国重要的新能源基地、有色金属材料基地和特色农产品生产与加工基地,中华民族重要的文化资源宝库,促进各民族共同团结奋斗、共同繁荣发展的示范区。即将建设的大兰州文化圈正处在甘肃这个"文化资源宝库"五大文化圈的最佳着力点上,多种文化的杂合、碰撞和交融是其显著特征,多民族聚居、文化积淀和底蕴深厚是其竞争力得以体现的重要基础,文化产品众多、文化企业实力较为雄厚、文化名品品牌效应显著都提升着文化圈的整体竞争力。同时,圈内城市都在加大力度树立城市形象、培育城市文化和城市精神。十六大以来,兰州市委市政府在构建社会主义和谐社会方面做出了积极的探索和努力,先后审议通过了兰州市全面建设小康社会的基本思路和目标框架及"十一五"时期经济社会发展规划,并做出了加快和谐社会建设、构建和谐兰州的重要部署。兰州市正在致力于建设宜居生态城市,通过一系列的实践活动打造着山川秀美的生态城市,如植树造林、整体改善城市周边环境,绿化美化、全力改造市区环境,加大污染治理力度,采取有效措施、全面推进降耗节能减排工作,加强城市规划建设等等。定西市委、市政府紧紧抓住西部大开发的重要战略机遇,全面落实甘肃省委、省政府建设特色文化大省的决定,提出了建设陇中特色文化名市的决策,努力实现推出五大品牌、完成三个促进、搞好三个建设、实现两个走向的"5332"奋斗目标。临夏州按照"东建新区、西建园区"和"商贸领先、产业支撑"的战略布局,将城市建设同产业培育有机结合起来。通过政府部门的重视和社会各界的共同努力,大兰州文化圈整体文化形象竞争力会在未来的经济社会发展中不断得到提升与加强。

5. 大兰州文化圈在全国战略格局中的地位

5.1 国内重要城市文化圈发展现状

进入 21 世纪,中国的各大城市都加快了向国际化大都市迈进的步伐,城市文化建设也是高潮迭起,各个城市都致力于整合区域城市文化资源、挖掘区域城市文化内涵、提升区域城市文化竞争力,进而形成良好的城市发展文化空间、实现城市文化资源的有效配置和合理消费。北京、上海等城市借助得天独厚的地缘优势和经济实力成为引领国内城市发展的国际都市;与长江三角洲经济圈、环渤海经济圈、珠江三角洲经济圈相伴而生的长三角城市文化圈、环渤海城市文化圈及珠三角城市文化圈,圈内城市的经济实力和文化发展都取得了令世界瞩目的成就;武汉城市文化圈、西南城市文化圈、西北城市文化圈等都正在或即将在塑造城市整体形象、夯实城市文化软实力和提高城市创新能力等方面发挥各自的重要作用。

衡量一个地区、一个城市人们的幸福指数与满意度,并不仅仅依靠人均GDP、经济增长率等这些客观的数字指标,还应该考虑人们对民生(就业、社会保障、体制机制等)、健康(生理健康和心理健康)、安全感、归属感、主人翁意识等的追求,这就需要一个地区或城市提高其文化品位和公众认可度,文化圈的建立就成为提升人们幸福指数的有效途径。一个地区文化资源的开发利用会有效提高该地区对外界的注意力资源,因为"在新的经济下,注意力本身就是财产。"①2010 年的上海世博会是中国首次举办的综合性世博

---

①Michaelh Goahber:《注意力经济》,转引自顾江主编《文化产业规划案例精析》,南京:东南大学出版社,2008 年版,第 185 页。

会,也是第一次在发展中国家举行的注册类世界博览会,"城市,让生活更美好(Better City,Better Life)"的主题彰显了城市在促进经济发展、改善人民生活质量中的重要作用,也是上海及其他长三角城市获取更多注意力资源、积累发展资本的最佳机遇。世博会为上海全面展示其政治、经济以及文化提供了契机,不仅提升了上海的文化实力,也提高了长三角文化圈内城市的综合竞争力,参加上海世博会的国家和组织达246个,参观人数达到7 308万人,举办活动22 900余场①。长三角城市"友谊日"活动使圈内城市有了充分展示发展与进步成果的机会和平台,充分贯彻了"机遇共抓、资源共享、主题共绎、活动共办、声势共造"的办博思路。长三角圈内城市邀请上海世博会参展方的有关人员在世博会举行期间到本市进行参观访问、交流洽谈、观光旅游和文化艺术交流等活动。杭州、宁波、湖州、嘉兴、绍兴、舟山、台州、南京、苏州、无锡、常州、扬州、镇江、泰州、南通、昆山以及盐城等17个长三角城市承办"友谊日"活动,杭州、宁波、绍兴、南京、苏州和无锡这六个城市的"友谊日"活动与世博会主题论坛活动相结合,在主题论坛举行期间举办。② 可以说,以上海为龙头,南京、苏州、无锡、杭州和宁波等大城市或较大城市为骨干,南通及嘉兴等中等城市为主体,常熟、昆山等市县为补充而形成的长三角都市圈,不仅在发展中充分发挥其地域和品牌优势,取得了不俗的发展成就,而且逐渐培育了开拓创新、追求卓越和海纳百川等文化品格,不断吸取圈内城市文化的精髓,提高其文化影响力和创新能力。同时,借助经济文化一体化发展的东风,长三角城市的文化底蕴和文化遗产也得到了更好的传承和保护,如上海的老城隍庙等古老建筑、苏州园林建筑、杭州西湖旅游景观、苏杭的丝绸业以及沪剧和扬剧等戏剧文化等等。

　　既秉承古老、深厚的汉文化传统,又具有冒险好斗、勇于挑战的海洋精神的珠三角经济圈(又称珠三角都市经济圈、珠三角经济区)是中国重要的经济中心区域之一,在全国经济发展格局中具有举足轻重的地位。它由位于广东省珠江三角洲区域的广州市、深圳市、珠海市、佛山市、惠州市、肇庆市、江门市、中山市和东莞市等地级市组成,其经济发展速度、人民生活水平提高程度、工业化和文化交流水平都具有极其明显的优势,因此也被广东省列为率先实现现代化的先行地区及示范区。外向型经济的快速发展是珠三角加快城市化进程的重要动力之一,充分利用广州、佛山等自古至今的对外

---

①数字信息来自世博网,http://www.expo2010.cn/

②世博网,http://www.expo2010.cn/zlzx/ct/gfcbw.htm#csjcs

贸易重镇的先天优势,加上毗邻香港、澳门的地缘条件,使得大量引进外资成为其促进经济腾飞、加快现代化脚步的"引擎"和"助推器"。"三资企业"和"三资一补"企业不仅创造了大量的就业机会、吸收了大批的劳动力,而且促进了劳动者素养和技能的提高、加速了劳动力的城市化进程。经过多年的探索与发展,"珠江三角洲已成为以电子、电气为主导的世界制造业中心之一,汽车、石化等重化工业也得到较大的发展,并基本形成以广州、深圳为龙头,以九大高新技术产业开发区为核心,以电子信息、新材料、生物技术、光机电一体化等产业为支柱的珠江三角洲高新技术产业带,成为全球性信息技术产业高度集中的地区之一。"①开放型的经济发展模式相应地会促进文化发展的多元性和开放性,开拓创新、易于接受新鲜事物、实效性和休闲娱乐性并重等都是珠三角城市文化圈的文化特质,如全国第一家播出电视广告的电视台是广东电视台,广东报刊也率先在全国恢复稿酬制度,《南方周末》则是全国省市级大报刊发行的第一份周末报等,无数个第一彰显的是这片区域中人们思维的活跃和敢为风气之先的勇气与魄力。同时,经济文化一体化、经济文化化、文化经济化是当今世界发展的重要趋势,促进经济与文化的同生共长是各地提高发展水平和发展速度的不二选择,珠三角城市文化圈内城市自然不会甘于人后,如深圳市就立足该市经济文化发展的实际状况,制定出《深圳市文化产业发展"十一五"规划(2006—2010)》,实施"文化立市"战略,努力实现从"速度深圳"向"和谐深圳、效益深圳"的历史性跨越,并将文化产业作为第四大支柱产业进行培育和扶持。

以京津冀、山东半岛和辽东半岛为主的环渤海经济圈与长三角经济圈、珠三角经济圈并称为中国三大经济圈。环渤海经济圈还可以延伸到山西、内蒙古,以其雄厚的工业基础与科技教育优势、发达便捷的交通、丰富的自然资源和密集的骨干城市群,正在逐渐发展成为中国经济板块中极具影响力的经济带,钢铁、原油等传统产业继续保持良好发展态势的同时,电子信息、生物制药以及新材料等新兴产业的发展势头更为迅猛。经济的快速崛起更加凸显文化的重要作用,环渤海城市文化圈以燕赵文化、齐鲁文化和关东文化为基础,包括京津地区城市文化圈、山东半岛城市文化圈和辽东半岛城市文化圈。其中,京津地区城市文化圈位于渤海西岸,主要以北京、天津为中心;位于渤海南岸的山东半岛城市文化圈又称为齐鲁城市文化圈,主要

---

① 鲍宗豪等著:《城市的素质、风骨与灵魂:城市文化圈与文化精神研究》,上海:上海人民出版社,2007年,第115-116页。

城市有济南、青岛、烟台、威海、潍坊、曲阜、泰安等;辽东半岛城市文化圈则位于环渤海城市文化圈的北岸,同时也位于东北城市文化圈的南部,特色鲜明的关东文化是其文化根基。环渤海地区原本就是北方经济异常活跃的地区,多元文化的融合、传统与现代的并行不悖都是圈内城市经济社会发展的"催化剂"和"加速器"。

以武汉为核心,包括黄石、鄂州、黄冈、孝感、咸宁、仙桃、天门和潜江8市在内的"8+1"武汉城市经济圈的发展已经具有了一定的规模,武汉城市经济圈地处华中腹地,是中部崛起的重要力量,也是中西部经济文化交流的重要地带。以经济圈为基础的武汉城市文化圈的建立不仅是经济社会发展的必然趋势,也是传承荆楚文化、形成独特的城市人文环境、增加城市魅力的必然选择。武汉城市文化圈以荆楚文化为根基,楚文化、革命文化、生态文化、名人文化、现代工业文化等都是文化圈的重要文化元素。圈内各城市都致力于挖掘传统文化资源和保护自己的城市文化特色,从而增强经济发展的后劲与活力。源远流长的历史文化传统和如火如荼的现代革命实践活动孕育了中心城市武汉"勇立潮头、敢为人先、崇尚文明、兼收并蓄"的城市精神,并在逐步形成"江汉汇通、楚风汉韵、兼容并包"的汉派文化特色,将武汉建设成全国重要的科技教育基地、交通通信枢纽、中部的先进制造业和现代服务业中心、适宜居住和创业的现代滨水城市等是武汉市的城市发展总体目标。黄石市有著名的铜绿山矿冶遗址,是华夏青铜文化的发祥地之一。作为中国共产党早期建党活动的重要驻地和鄂豫皖革命根据地中心的黄冈市,拥有丰富的红色文化和宗教文化。咸宁市有"桂花之乡"、"茶叶之乡"、"楠竹之乡"、"苎麻之乡"、"温泉之乡"等美誉,独特的生态文化是其重要特征。"二十四孝"故事中有三个流传于孝感市,孝文化是孝感市的主要文化资源。仙桃市是享誉海内外的鱼米之乡,也是湖北省第二大侨乡和中国体操之乡,是李大双、李小双、杨威等体操名将的家乡。潜江市不仅有曹禺、花鼓戏和章华台遗址等金字招牌,还有以江汉油田为代表的现代工业文明,该市运用丰厚的文化积淀举办"曹禺文化周",致力于创建和打造"文化名市"。

经济一体化和信息一体化是当今社会发展的重要趋势,区域之间经济、人才和信息的交流、合作与竞争都会带来文化上的碰撞与融合,充分发扬区域文化的个性和魅力将有效地促进区域经济的发展。整合区域传统文化资源、利用现有文化因素、打造出鲜明的区域文化特色,从而形成具有相近或相似文化特质的文化圈,和谐有序的社会文化环境必将逐渐形成。长三角城市文化圈、珠三角城市文化圈、环渤海城市文化圈、武汉城市文化圈的成功经验都为大兰州文化圈的构建提供了重要启示,建设大兰州文化圈是增强区域经济竞争力、塑造完美城市形象、营造良好社会氛围的必然选择。

5.2 西部区域经济发展格局中的兰州文化圈

新中国成立 60 多年、改革开放 30 多年,尤其是西部大开发 10 年,西部地区的整体面貌和综合实力都发生了翻天覆地的变化。2000 年到 2009 年,西部强劲的发展势头使得这片曾经贫瘠的土地走上了经济腾飞、产业结构加速转变的快车道。十年来,西部地区 GDP 年均增长 11.9%,高于全国同期增速,尤其是在受到国际金融危机冲击的 2009 年,依然保持了良好的发展速度,全国经济增速前 5 位的城市中西部有 4 个,西部区域经济增速高于全国 2.8 个百分点。① 在基础设施建设方面取得了较大的成就,青藏铁路、西气东输以及西电东送等标志性工程相继建成,为区域经济的发展和人民生活水平的改善打下了坚实的基础。在生态建设方面的努力和成绩也是有目共睹的,退耕还林面积为 2.4 亿亩,退牧还草面积为 6.8 亿亩,森林覆盖率面积提高了 6.7 个百分点,从 10 年前的 10.32% 提高到了现今的 17.05%。社会事业方面同样取得了长足的进展,西部大开发的 10 年间,中央先后在西部组织了 50 多项专项性社会事业建设项目,总投资数达到上千亿元,客观上促进了西部地区科技、教育、文化、卫生、社会保障等的发展。在一系列有效措施与政策的推动下,人民生活水平改善成效显著,贫困人口数从 10 年前的 5 700 万减少到了 2 370 万。② 十年的发展、崭新的跨越,西部地区迎来了经济、社会、文化等全面崛起的关键时刻,抢抓机遇、开阔视野、科学规划、逐步推进是西部 12 个省区市工作的重要思路。而西部也将有可能成为"十二五"阶段中国经济高增长区,已经纳入国家战略规划的关中——天水经济区和广西北部湾经济区以及获批不久的成渝经济区都将为西部区域经济的发展增添新的活力。从西部各区域产业发展的定位状况来看,甘肃省与宁夏、青海等省份都致力于调整产业结构、发展循环经济以及发展特色

---

①数字信息来自《西部大开发 10 年成就回顾:开局良好 基础坚实》,人民网,http://finance.people.com.cn/GB/8215/174398/12075601.html
②数字信息来自《十年间西部大开发在多方面取得世人瞩目的巨大成就》,新华网,http://news.xinhuanet.com/politics/2010 – 07/08/c_12312123.htm

产业。

　　根据规划,西部大开发分为三个发展阶段,即第一阶段——奠定基础阶段(2001—2010 年):重点是调整结构,搞好基础建设,建立和完善市场体制,培育特色产业增长点;第二阶段——加速发展阶段(2010—2030 年):巩固基础,培育特色,实施经济产业化、市场化、生态化和专业区域布局升级;第三阶段——全面推进现代化阶段(2031—2050 年):加快边远山区、农牧区开发,提高西部人民生产生活水平,全面缩小差距。也就是说,西部地区已经进入巩固现有基础、加速发展的新阶段,这给每个西部省份都提供了千载难逢的机遇。甘肃省在过去的十年里取得了较大的发展成就,并于 2009 年提出了"中心带动、两翼齐飞;组团发展、整体推进"的区域发展战略,中心带动即支持兰州率先发展,建设兰州—白银都市经济圈,充分发挥中心城市的龙头带动作用;两翼齐飞则是打造陇东能源化工和河西新能源及新能源装备制造两大新基地;组团发展指的是支持各市州发挥比较优势,发展特色经济;整体推进为在基础设施建设、生态治理与保护、扶贫攻坚、人力资源开发和循环经济发展等方面实现新突破。同时,《国务院办公厅关于进一步支持甘肃经济社会发展的若干意见》从支持甘肃经济社会发展的重要意义、指导思想、基本原则、战略定位和重点发展战略以及发展目标等方面对甘肃省未来的发展做出了科学的指导。

表 5 - 1　全国各省市、自治区、直辖市 2009 年 GDP 及增长率

排　名	地　　区	生产总值(GDP) 亿元	增长率
1	广东省	39 081.59	9.5
2	江苏省	34 061.19	12.4
3	山东省	33 805.30	11.9
4	浙江省	22 832.43	8.9
5	河南省	19 367.28	10.7
6	河北省	17 026.60	10.0
7	辽宁省	15 065.57	13.1
8	上海市	14 900.93	8.2
9	四川省	14 151.28	14.5
10	湖南省	12 930.69	13.6

排名	地　区	生产总值（GDP）亿元	增长率
11	湖北省	12 831.52	13.2
12	福建省	11 949.53	12.0
13	北京市	11 865.93	10.1
14	安徽省	10 052.86	12.9
15	内蒙古自治区	9 725.78	16.9
16	黑龙江省	8 288.00	11.1
17	陕西省	8 186.65	13.6
18	广西壮族自治区	7 700.36	13.9
19	江西省	7 589.22	13.1
20	天津市	7 500.80	16.5
21	山西省	7 365.74	5.5
22	吉林省	7 203.18	13.3
23	重庆市	6 528.72	14.9
24	云南省	6 168.23	12.1
25	新疆维吾尔自治区	4 273.58	8.1
26	贵州省	3 893.51	11.2
27	甘肃省	3 382.35	10.0
28	海南省	1 646.60	11.7
29	宁夏回族自治区	1 334.56	11.6
30	青海省	1 081.27	10.1
31	西藏自治区	441.36	12.4

（数据来源：中国统计信息网）

　　由上述全国各省市、自治区、直辖市 2009 年 GDP 排名状况可以看出，与全国其他省市，尤其是西部省份相比，甘肃省处于相对落后的位置，全国 31 个省市、自治区、直辖市中位于 27 位，与四川、陕西、广西等西部省份之间更是存在着相当的差距。同时，最新发布的 2011 年中国省域竞争力蓝皮书《中国省域经济竞争力发展报告（2009—2010）》，运用九大指标体系对中国各省域的经济综合竞争力进行了排名，这九大指标体系包括：宏观经济竞争力、产业经济竞争力、可持续发展竞争力、财政金融竞争力、知识经济竞争力、发展环境竞争力、政府作用力竞争力、发展水平竞争力和统筹协调竞争力。各省域具体的排名状况为：上海市、北京市、江苏省、广东省、浙江省、天津市、山东省、辽宁省、福建省、内蒙古自治区、湖北省、四川省、河北省、河南省、安徽省、吉林省、陕西省、重庆市、黑龙江省、江西省、湖南省、山西省、海南省、广西壮族自治区、新疆维吾尔自治区、宁夏回族自治区、青海省、云南省、甘肃省、贵州省、西藏自治区。也就是说，综合考量各项指标对竞争力进行测评，甘肃省还是处于下游和弱势地位。

加快发展速度、转变发展思路、优化产业结构等都是甘肃省经济社会发展的重中之重。现阶段是全国经济发展的黄金时期，是西部地区乘着西部大开发的东风实现经济腾飞的关键阶段，甘肃区域经济的发展更应该把握时机，走上全面、协调、可持续的发展道路。同时，区域经济的合理发展还有一定的衡量指标，具体包括：①考虑整个国家经济发展的总体布局，分析地区经济在国家经济中的地位和作用；②地区经济发展的速度和规模是否适合当地的情况(包括人力、物力和资金等因素)；③规划设计的地区经济开发和建设方案能否最合理地利用本地的自然资源和保护环境；④地区内各生产部门的发展与整个区域经济的发展应当比较协调；⑤除生产部门外，还要发展能源、交通、电讯、医疗卫生和文化教育等区域性的基础设施，注意生产部门与非生产部门之间在发展上的相互适应。① 也就是说，自然资源及生态环境的保护、生产和非生产部门之间的协调等都是区域经济能够协调发展的重要因素，政治、经济、文化的共同进步才是真正的和谐社会。甘肃建设文化大省的战略构想就是促进政治、经济与文化协调发展和改善人民生活状况及精神状态的重要思路，即力争充分利用深厚的文化积淀和丰富的文化资源，实现文化资源大省到文化大省的转变。

省会城市兰州的发展尽管与西部其他省会城市之间存在着一定的差距，但仍然取得了不俗的发展成就，全市生产总值从1978年的21.8亿元增加到2008年的846.28亿元，人均生产总值则从1 067元增加到25 628元，城市居民人均可支配收入由363元增加到了11 677元，农民人均纯收入由90元增加到了3 503元。从2001年到2008年，兰州经济连续保持两位数的增长，2007年和2008年的各项主要经济指标均高于全省平均水平。兰州市

①《区域经济》,互动百科·百科词条,http://www.hudong.com/wiki/% E5% 8C% BA% E5% 9F% 9F% E7% BB% 8F% E6% B5% 8E

经济结构的调整也卓有成效,三大产业的比例从 1978 年的 3.40:75.9:20.7 调整为 2008 年的 3.32:47.06:49.62,非公有制经济和旅游业等在全市生产总值中所占比重都逐年增加。① 根据第三章的论述,在文化建设方面,兰州市的公益性文化事业和经营性文化产业发展都取得了明显的成效。2010 年,一系列宣传措施的实施和宣传活动的举办都致力于为兰州市经济社会发展营造良好的社会氛围、更好地提升兰州的形象和文化竞争力,这些措施和重要活动包括:①宣传"再造兰州"战略——对市委十一届七次全委(扩大)会议提出的"再造兰州"战略进行了深入、全方位的报道,除在市属和省属的广播、电视、网站等媒体进行专题报道之外,还在《人民日报》和《光明日报》等媒体进行了头版宣传报道,从而使得"再造兰州"战略深入人心,并获得外界的关注和认可。②文化艺术发展取得了丰硕的成果——《大梦敦煌》迎来创演十周年,在人民大会堂举行了十周年庆典专场演出和研讨活动;秦腔博物馆、非物质文化遗产陈列馆和彩陶博物馆已成为兰州市文化建设的新标志;文化产业园区等的建设成就颇丰,兰州创意文化产业园、兰州金城关创意文化产业园、高新区动漫数字产业园、东方红影城文化产业示范基地、陇萃堂文化产业生产基地等的建设和发展都异彩纷呈、各具特色,初步形成了集群化发展格局。③成功举办了上海世博会"兰州文化宣传周",精品舞剧《大梦敦煌》、交响乐《丝路经典音乐会》、秦剧《曹操与杨修》、《大河魂》美术作品展、国家级非遗项目兰州太平鼓等精品节目在世博园、上海大剧院、上海音乐厅、上海东方艺术中心、刘海粟美术馆等地进行了演出或展示,为全方位展示兰州特色和兰州形象做出了重要贡献。④远赴美洲举办了"魅力兰州·电视宣传周"活动——兰州对外文化交流协会组团远赴美国和加拿大与凤凰卫视美洲台共同举办"魅力兰州·电视宣传周"活动,不仅将充满生机和活力的兰州形象展现了出来,而且加强了与美国和加拿大之间的文化交流。

省城兰州的建设与发展成就都将更好践行甘肃省委省政府提出的区域发展战略,中心带动、率先发展的优势也将进一步凸显。从 2011 年开始,兰州进入了西部大开发的新十年,2011 年是"十二五"开局之年,"十二五"发展蓝图的敲定为兰州市发展指明了方向、提供了思路、制定了目标。而大兰州文化圈的建设是对甘肃建设文化大省战略的呼应,将更加有利于兰州市

---

①钱文昌主编:《中国城市大典·兰州卷·序》,北京:华艺出版社,2009 年。

发挥龙头和区域轴心的作用,更加有利于发挥文化对经济发展的支撑和策应作用,更加有利于良好社会氛围和人文环境的营造,也更加有利于带动全省走上经济文化一体化发展的道路,使得甘肃为西部区域经济的发展做出更大的贡献。

5.3 大兰州文化圈在中国城市文化建设中的地位

城市或城市化的发展速度无疑是衡量一个国家或地区的政治、经济、文化以及人民生活水平的重要指标,也是社会前进和文明进步的主要推动力,"城市化导致人口集中,人口相对集中,对社会经济和文化的发展有非常重要的意义。人口集中可以为规模经济发展提供足够的劳动力供给,可以有利于社会组织的发展、经济的繁荣和市场的扩大。城市化率每提高一个百分点,就能拉动投资1 500亿元。"①城市化在西方文明进程中更是不可或缺的角色,"城市的跌宕起伏显示着世界的命运:城市带着书写文字首先出现时,为我们打开了所谓'历史'的大门。城市于11世纪在欧洲再次出现时,这块狭小的大陆踏上了不断上升的阶梯。城市在意大利遍地开花,这便是文艺复兴。……历史上的重大发展无不表现为城市的扩张。"②城市在人们的生活中起着越来越重要的作用,城市的发展速度和规模将对社会生活的各个方面产生深远的影响。但是,衡量一个城市的综合实力和发展水平,并不仅仅是GDP等硬性指标和土地的城市化程度,更是指人口素质的全面提升、生活质量的进一步提高和生活方式的全方位改变。"城市,绝不仅仅是许多单个人组成的集合体,也不是各种社会设施,如街道、建筑物等的聚合体,更不是各种服务部门和管理机构的简单相加构成的,城市,是一种心理状态,是由各种礼俗和传统构成的统一体,是这些礼俗中所包含并随着传统而流传的那些统一思想和感情的整体。换言之,城市不是自然的产物,而是

①鲍宗豪等著:《城市的素质、风骨与灵魂:城市文化圈与文化精神研究》,上海:上海人民出版社,2007年,第91页。

②费尔南·布罗代尔:《15世纪至18世纪的物质文明、经济和资本主义》第Ⅰ卷,转引自鲍宗豪等著《城市的素质、风骨与灵魂:城市文化圈与文化精神研究》,上海:上海人民出版社,2007年,第90页。

人类的一种属性。"①最具幸福感城市、最佳商业城市、总体投资环境最佳城市、国际花园城市、国际形象最佳城市、联合国人居奖等城市名号都体现的是人们对城市形象及人文内蕴的热切期盼。而如何让一个城市走内涵发展的道路、如何让一个城市的发展更有底蕴，都需要发挥文化的重要作用，因为文化体现一个城市的个性和品质，是城市的灵魂和城市发展的核心要素，也是城市内在品格与市民文化素养提升的重要载体。

城市文化底蕴的形成是一个长期积累的过程，与城市的地理环境、历史演变、人们的生活习俗和价值观念等密切相关，文化圈则是对城市文化的利用、整合和再创造，国内外成功的建设案例都凸显着文化圈在彰显城市文化魅力、塑造鲜明城市文化形象中的重要价值。长三角城市文化圈拥有源远流长的历史文化，从吴越文化、江南文化到上海文化的发展历程中，文化的激荡、交融和碰撞增加了都市圈中各城市的文化内涵，刚强凌厉和温和含蓄并重的吴越文化、进取创新与包容务实相结合的海派文化都是长三角城市重要的精神特质。以燕赵文化、齐鲁文化和关东文化为文化根基的环渤海城市文化圈也有望发展成为国际性的大型城市群，圈内的每座城市都拥有属于自己文化名片，都在努力地向外界展示自己的文化魅力、文化个性和文化品质。由社科院发布的《2010 年中国城市竞争力蓝皮书》中公布的 2009 年中国最具竞争力的城市前十名依次是：香港、深圳、上海、北京、台北、广州、天津、高雄、大连、青岛，在这十大城市中，环渤海有三个城市、珠三角占据其中的三个、长三角也有一个城市在内，三大都市圈共有七个城市进入前十名的榜单，经济文化一体化发展有力地推动了这些城市的全面发展与整体起飞。

2008 年 3 月，由倪鹏飞牵头主编的《2007 年中国城市竞争力蓝皮书》发布。书中对中国 30 个城市群从综合竞争力、先天竞争力、现实竞争力和成长竞争力等方面进行了排名。排名结果显示：中国城市群区域差异依然明显，东部最强，东北和中部次之，西部地区最弱。长三角城市群、珠三角城市群、京津唐城市群以及山东半岛城市群以其坚实的基础和雄厚的实力，分列综合竞争力前 4 位。与同处西部区域的关中城市群、银川城市群等相比较，兰州城市群仍然落后，综合竞争力排名 28，先天竞争力 29，现实竞争力 20，

---

① 【美】R·E·帕克、E·N·伯吉斯，R·D·麦肯齐著，宋俊岭、吴建华等译：《城市社会学》，转引自张胜冰、马树华《青岛文化的历史文脉对城市文化精神的影响》，《中国海洋大学学报》，2007(4)。

成长竞争力20。

兰州大学文库

表 5 - 2　2008 年中国城市群竞争力排名

城市群名称	综合竞争力		先天竞争力		现实竞争力		成长竞争力	
	指数	排名	指数	排名	指数	排名	指数	排名
长三角城市群	13.0686	1	3.248028	1	6.812462	2	3.008108	1
珠三角城市群	12.8362	2	2.390528	2	7.971327	1	2.474355	3
京津唐城市群	8.22686	3	1.295061	3	4.176963	3	2.75484	2
山东半岛城市群	2.92866	4	0.817769	5	1.028801	4	1.082087	4
辽中南城市群	2.16435	5	0.352626	9	0.851688	5	0.960038	6
成渝城市群	1.74762	6	1.039729	4	0.049147	7	0.658742	7
武汉城市群	1.09597	7	0.267432	10	- 0.21066	10	1.039192	5
海峡西岸城市群	0.78256	8	0.392448	8	0.531341	6	- 0.14123	15
中原城市群	0.46958	9	0.510299	7	- 0.53775	13	0.497029	8
哈尔滨城市群	- 0.5345	10	- 0.88944	26	- 0.02651	8	0.381479	9
长株潭	- 0.5979	11	0.258609	11	- 0.95504	18	0.09856	11
关中城市群	- 0.759	12	- 0.33708	21	- 0.57242	14	0.150497	10
皖江淮城市群	- 1.1173	13	0.230014	13	- 1.03001	21	- 0.31733	19
太原城市群	- 1.3198	14	- 0.96278	27	- 0.44401	12	0.086995	12
徐州城市群	- 1.4027	15	0.257807	12	- 1.09714	23	- 0.56334	21
石家庄城市群	- 1.5082	16	- 0.32435	20	- 0.96271	19	- 0.22114	18
环鄱阳湖城市群	- 1.5277	17	- 0.22144	16	- 1.15744	24	- 0.14879	16
浙东城市群	- 1.7602	18	- 0.25779	17	- 0.31782	11	- 1.18457	26
长春城市群	- 1.8801	19	- 0.85022	25	- 0.86417	16	- 0.16575	17
南宁城市群	- 1.8891	20	- 0.2787	19	- 1.51135	28	- 0.09909	14
滇中城市群	- 2.2894	21	- 0.6264	23	- 0.88352	17	- 0.77947	23
呼包鄂城市群	- 2.3427	22	- 2.20665	30	- 0.11005	9	- 0.02598	13
黔中城市群	- 2.4953	23	- 0.52182	22	- 1.28586	26	- 0.68764	22
汕头城市群	- 2.6099	24	0.537464	6	- 1.0657	22	- 2.08169	30
冀鲁豫城市群	- 2.8	25	- 0.27742	18	- 1.3649	27	- 1.15768	25
琼海城市群	- 2.8242	26	0.016447	14	- 1.28537	25	- 1.55531	28
银川城市群	- 2.9476	27	- 1.32565	28	- 0.83151	15	- 0.7904	24
兰州城市群	- 3.0488	28	- 1.71475	29	- 1.01331	20	- 0.32078	20
鄂豫城市群	- 3.6125	29	- 0.63502	24	- 1.76282	29	- 1.21464	27
豫皖城市群	- 4.0535	30	- 0.18477	15	- 2.13165	30	- 1.73709	29

（数据来源:人民网·天津视窗——新闻中心 http://www.022net.com/2008/3 - 28/435041382473541.html）

　　由于地理位置、自然环境等原因,兰州城市群在先天竞争力方面存在着明显的劣势,但其现实竞争力和成长竞争力却并不完全处于下游的位置。

也就是说,在未来的经济竞争和博弈中,兰州城市群有着较大的发展潜力和广阔的进步空间。而兰州城市群各项竞争力的提高不仅要依靠经济的发展,更需要文化作为支撑。大兰州文化圈的建立将为促进兰州及周边地区经济发展,打造兰州城市形象,以及带动圈内城市共同走上政治建设、经济建设、社会建设和文化建设"四位一体"的发展道路提供坚实保障,也将有效地增强兰州城市群在全国战略格局中的竞争力。构建和谐兰州、人文兰州和魅力兰州是作为中心城市的当务之急和必然选择,《中共兰州市委关于贯彻党的十六届六中全会精神加快"和谐兰州"建设的意见》中提出了构建"和谐兰州"的主要目标,同时也提出了需要把握的重点,即:①加大经济结构调整力度,构建新型城市经济体系;②大力发展社会各项事业,逐步健全社会保障机制;③扎实推进新农村建设,统筹城乡一体化发展;④加快构建都市经济圈,促进区域经济协调发展;⑤大力发展循环经济,加强生态环境建设;⑥突破瓶颈制约,坚持深化改革;⑦坚持依法治市,推进民主政治建设;⑧坚持和谐文化建设,巩固和谐的思想道德基础;⑨加强软环境建设,提高城市管理水平。和谐兰州建设的逐步推进将从经济实力、生态环境、居民生活品质等各方面全面塑造崭新的兰州城市形象,已经取得的成就也成为准确定位城市精神、建立文化圈的重要基础。如"东扩西展,南伸北拓"的城市空间发展战略使得全市的基础设施建设取得了显著的成效,城乡面貌也随之发生了巨大的变化,一大批与人民群众生活密切相关的基础设施建设项目如黄河风情线、三座黄河大桥等均已建成;"环境立市"不是空泛的口号,而是已经深入人心,环境绿化、退耕还林、"三北"防护林和天然林、湿地保护及清洁能源改造计划等环境治理工作效果明显,新增城市公共绿地面积逐渐增多,南北两山58万亩环境绿化工程是落实西部大开发战略的重要举措,兰州也逐渐退出世界六大污染城市和中国四大污染城市行列,向着宜居城市的方向迈进;事关群众切身利益的社会保障体系不断完善等等。

总之,城市现代化和城市化进程不可逆转,找准属于自己的文化特色才能找到城市建设的方向和根基,才能传承和保护自己的文化,才能保护属于自己的城市个性和精神,也才能使生活在其中的居民有文化自觉意识并找到温馨和幸福感。建构大兰州文化圈就是找准城市文化特质、传承文化精神、提高城市竞争能力和综合实力的重要战略选择。

开发篇

大兰州文化圈的开发与建设

6.　大兰州文化圈文化资源梳理

　　文化资源是文化事业和文化产业发展的基础。大兰州文化圈蕴藏着独特的地理文化、丰厚的历史文化、灿烂的民间文化、绚丽的民族文化、神秘的宗教文化和坚实的现代文化，有效保护和合理利用这些得天独厚的文化资源，建立良好的文化生态环境，就会形成可持续发展的文化产业，从而不断满足社会文化需求，推动区域内文化事业和文化产业的大繁荣大发展。

　　文化资源是在市场经济条件下将文化（文化内涵、文化载体、文化现象）客体化、对象化的产物，即将文化置于市场化的社会生产循环之中进行考量。区域文化资源的丰厚度，对文化产业发展，特别是对地域文化产业的开发、生产和营销至关重要，它是整个产业发展的基础。发展文化产业，利用可以利用的文化资源，通过规划布局或结构调整，使这些文化资源能发挥经济效益，盘活文化存量，区域文化产业的发展就可以顺势而上，实现飞跃。2009年5月，国务院办公厅下发《关于进一步支持甘肃经济社会发展的若干意见》（以下简称《意见》），确定了甘肃"建设文化大省"的奋斗目标。《意见》共有8处直接涉及文化问题，概括起来说主要有四个方面的内容：一是充分肯定甘肃文化的重要地位，提出了"中华民族重要的文化资源宝库"的科学定位；二是特别突出了文化在甘肃发展中的重要作用，提出了建设"文化大省"的明确目标；三是为提高公共文化服务水平，专条提出了"大力发展文化体育事业"的主要工作；四是纳入发展特色优势产业范畴，专条提出了"扶持壮大文化产业和旅游产业"的重点任务。《意见》在精准剖析甘肃文化底蕴和现状的同时，又对扶持和进一步壮大甘肃文化产业提出了明确具体的意见，这为大兰州文化圈的建设提供了空前的历史机遇。

　　作为甘肃省的省会和最大的中心城市，兰州是中西文化的交汇地，丝路文化、黄河文化、民族文化积淀深厚，特色突出，资源丰富。对于如何才能发挥好兰州在甘肃省总体发展战略中的"中心带动"作用,兰州市适时地提出了大兰州文化圈建设的科学命题,大兰州文化圈是"大兰州"建设的重要组成部分。"大兰州"建设本不应是经济力量的单兵突进,它需要文化力量的策应。没有大兰州文化圈,"大兰州"是不完整的,文化动力将成为"大兰州"发展的重要引擎。"大兰州"理念下的兰州文化发展,就是要为区域经济合作创造必需的人文条件,即团结协作的文化环境和你中有我、我中有你的社会氛围。在此需要特别指出的是:大兰州文化圈是在历史中形成的,并非出于兰州市的一厢情愿,现在我们提出要建设大兰州文化圈不过是追溯历史、顺势而为。据考究,距今 5 000 年前后,兰州就已是马家窑文化的中心区域。千百年来,这个丝绸古道重镇,在长期的民族交流和中西方经济文化交汇中,始终是周边瞩目的经济文化大舞台。特别是在近代以来的几次西部开发中,兰州一跃成为区域性的现代化城市,往日繁华的"茶马互市"和欧亚大陆桥上的重要商埠,嬗变为现代商贸、物流、信息、研发中心,也成为主导这一区域行进方向和行进节奏的文化高地。可见,大兰州文化圈作为一个理念和建设目标虽然是崭新的,但实际上早已是中国文化地理上的客观存在。构建大兰州文化圈的文化资源非常丰富,大兰州文化圈中各市县之间地缘相通,山水相连,人缘相亲,富有独特的地理文化资源,这为大兰州文化圈建设提供了重要的资源保障,我们可以设想,以兰州为文化中心构建的文化圈今后可以拓展辐射面,最大可能地发挥中心城市的带动和辐射作用。

6.1 大兰州文化圈核心层的文化资源

6.1.1 独特的地理文化资源

兰州是甘肃省省会,位于中国陆域版图的几何中心,即北纬 34°,东经 103°40′,距西北其他四省(自治区)省会(首府)的平均距离最近,是西北地区重要的交通枢纽和重要的中心城市。市区南北群山环抱,东西黄河穿城而过,具有带状盆地城市的特征,地处黄河上游,属中温带大陆性气候,冬无严寒,夏无酷暑,年平均降水量 360 毫米,年平均气温 10℃,全年日照时数平均 2 446 小时,无霜期 180 天以上。黄河不仅养育了兰州人民,也给这里带来丰富的特产,白兰瓜、软儿梨、冬果梨、白粉桃等瓜果久负盛名,百合、黑瓜子、玫瑰、蕨菜、水烟等土特产品蜚声中外,使兰州成为享誉海内外的瓜果城。

兰州市是黄河流域唯一黄河穿城而过的省会城市,市区依山傍水,山静水动,形成了独特而美丽的城市景观。兰州市"两山夹一河"的地域空间,使得兰州在全国各大中城市中的形象鲜明独特。为了凸显山水城市特色,目前正在加快实施南北两山环境绿化和黄河风情旅游线综合开发工程,把黄河市区段沿河两岸道路桥梁建设、河堤修砌加固、航运河道疏浚、旅游景点开发、城市建筑风格以及绿化、美化、亮化融为一体,将丝绸之路文化、黄河文化、彩陶文化和民族文化汇集其中。目前,正在抓紧规划和建设黄河百里风情线,百里风情线的建成必然会成为兰州与沿黄河临近地市沟通的重要纽带。

黄河之都 俗话说"靠山吃山靠水吃水",黄河穿城而过的独特地貌成就了兰州独特的人文地理景观——黄河风情线(黄河风情带)。黄河风情线(黄河风情带),现已成为兰州的城市名片,这里不仅是市民休闲娱乐的去处,也成了外地游客的旅游佳选。兰州的文化旅游资源特性突出,市区观光游憩河段类型资源与周边旅游资源共同构成的黄河百里风情线,单体数量大,可观赏性在全国都具有比较大的优势,拥有显著的城市品牌效应,其多元性民俗、民族风情旅游资源更是独显特色。游客游览滨河路,可以欣赏黄河风情,参观沿途点缀的平沙落雁、搏浪、丝绸古道、黄河母亲、西游记等众多精美的雕塑;并参观中山铁桥、白塔山公园、水车园等景点。在旅游旺季,可看到古老的皮筏摆渡,也可乘坐橡皮艇在黄河上漂流。对生活在这座城市的人们来说,滨河路被誉为兰州的"外滩",已成为老年人晨练和年轻人浪漫的场所。外地游客来兰州旅游,必先到滨河路观看沿途的雕塑及景色。利用兰州的自身资源,突出"山"与"水"自然特色,可以白塔山—中山桥—金城关为主轴、以黄河为纽带开发观光旅游区。该景区通过对黄河、金城关、中山桥、碑林、白塔山等旅游资源的深度挖掘、重组,开发多种旅游项目,全面打造古"金城"(老兰州)概念,并通过中山桥、中山路与西关商区相结合,成为兰州市交通、行政、商业、人居、金融、信息、旅游、休闲、文化中心。

南北两山 "两山夹一河"的地势结构,为兰州增加了独特的魅力,随着南北两山绿化工程的开展,"水光"之外兰州又多了"山色"。位于兰州市区正南皋兰山上的兰山公园,沿龙尾山脊东起龙须老狼沟,西至龙尾山枇杷岭,是兰州人民辛勤绿化建造的第一座人造森林公园。皋兰山海拔 2 129.6米,是兰州城南的天然屏障和第一高峰,这里古代一直是荒山秃岭,后来兰州人民上山植树,终于将这里变成一片绿树葱郁、万紫千红的人工山林。公园依山布景,整个山脊有公路相通,低处始自五泉山东侧的枇杷岭,高处至三台阁,占地面积 5 200 亩。山上楼台亭阁,错落有致,红柱碧瓦,相映成趣。

公园内依次建有山门、蝴蝶楼、龙尾山庄、小牌楼、叠翠园、望河楼、钟院、六角亭、三角亭、石牌坊、跑马场、龙首山庄等仿古建筑群。山顶公园气势雄伟,远眺俯瞰,兰州全景尽收眼底,是人们纳凉赏景的理想场所。位于兰州市北的兰州白塔山公园,因山头有一座白塔寺而得名。白塔山山势巍峨起伏,蟠结城郊,有拱抱金城之势。白塔原为纪念去蒙古谒见成吉思汗而在兰州病故的一西藏萨迦派喇嘛而建。现存白塔系明景泰年间(1450—1456年),镇守甘肃内监刘永成重建。清康熙五十四年(1715年),巡抚绰奇补旧增新,扩大寺址,起名"慈恩寺"。白塔七级八面,高约17米,下筑圆基,上着绿顶,各面雕有佛像,檐角系有铁马铃。塔外通涂白浆,如白玉砌成。塔南是三大寺楼,北面是准提菩萨殿,东西各有配殿数间。登白塔山顶,可俯视兰州市容,白塔与黄河上的铁桥构成雄浑壮丽的画面,成为兰州市的象征之一。白塔山1958年辟为公园,总建筑面积8 000多平方米,分为三台建筑群,依山而筑,飞檐红柱,参差有致,各建筑以亭榭回廊相连,四通八达。山上原有象皮鼓、青铜钟、紫荆树,古称"镇山三宝",现紫荆树已枯死。白塔山经过多年绿化,树高林密,曲径通幽。公园三台大殿内独特的"黄河奇石馆"藏石丰富,独具风格。山下为中山桥,二者已连为一体,成为兰州旅游的必游之地。位于兰州市区南侧的皋兰山北麓的五泉山,是一处具有两千多年历史的遐迩闻名的陇上胜地,这里"林木葱郁花草香,雕梁飞阁泉瀑鸣"。公园景点以五眼名泉和佛教古建筑为主,海拔1 600多米,占地267 000平方米,有明清以来的建筑群10余处,1 000余间,建筑面积一万多平方米,规模宏大。徐家山国家森林公园,地处兰州市北山柏树台一带,距市中心仅3公里,是兰州市南北两山绿化创造的闹市"桃花源"。徐家山国家森林公园绿化始于20世纪40年代,现有"全国支援甘肃绿化树种纪念林"、"中日友好纪念林"、"三八纪念林"等林地2 000多亩。山上建有思源亭、纪念碑,依据城市规划,徐家山将建设成森林公园旅游景区。

兴隆山 兴隆山国家级自然保护区位于兰州市东南45公里的榆中县境内,距榆中县城西南5公里,总面积29 583.6公顷,海拔在1 800～3 670米之间,年平均气温4.1℃,年降雨量621毫米。经过多年的开发建设,景区已完全具备食、住、行、游、购、娱六大服务功能,2002年晋升为国家AAAA级旅游景区。兴隆山,又名东老爷山,是闻名遐迩的道教名山,自古有"鸡鸣听三省"的美誉,这里,有轩辕黄帝升天、周太子降生、金公鸡叫鸣、关老爷显灵、林道士成仙的神奇传说,有毛泽东、彭德怀、叶剑英带领红军长征留下的历史足迹。这里,"二龙戏珠"奇特山势壮观逼真、巧夺天工,16座元、明、清古建庙宇楼阁错落有致、古朴典雅,苍松翠柏栉比鳞次、映带左右,优美的自然风光与宏伟的道教宫观和谐相衬,浑然天成,是休闲观光、求仙问道、红色旅游的绝好胜地,现为省级文物保护单位。

吐鲁沟　吐鲁沟位于兰州市西北160公里处的永登县连城林内,属祁连山脉的东麓,是一个以奇山秀水为主体的自然景观旅游区,被誉为"神话般的绿色山谷"。吐鲁沟自然风景区海拔1 998～3 165米,总面积6 157公顷。吐鲁沟1984年8月1日正式对游人开放,1992年被林业部批准为国家级森林公园,1997年被评选为国家森林公园十大标兵,已成为兰州市森林生态旅游的理想目的地。"吐鲁"是古代蒙语,意为"大,好"或"美好的果园"。吐鲁沟曾为多民族杂居地区,这里受山地气候影响,降雨丰沛,沟内峰峦叠嶂,林木苍翠,曲径通幽,吐奇纳秀,成为一处毫无人工雕凿的原始自然风景区。区内有发源于俄博峰的吐鲁河由西北向东南流过,至三岔汇合后,经前沟汇入大通河。沿河谷修有公路直通沟内,两岸步移景异,气象万千。

6.1.2　丰厚的历史文化资源

据研究,早在一万五千年以前的旧石器时期晚期,兰州已有先民繁衍生息。四五千年以前,黄河两岸有众多的新石器时期马家窑文化等类型的聚落,创造了灿烂的彩陶文化。秦始皇三十三年(前215年),蒙恬击败匈奴,次年在东岗镇一带设陇西郡榆中县,兰州地区第一次有了行政建置,并开始首次移民。汉武帝元狩二年(前121年)在西固城附近设金城县,向湟水流域发民,"金城"一名沿用860多年。隋开皇元年(581年)在皋兰山下设兰州,至今"兰州"一名已沿用了1 400多年。清康熙五年(1666年)设甘肃省,兰州始为省会。1941年,兰州始设市。新中国成立后,兰州为省会、兰州军区驻地,成为西北地区的交通枢纽和政治、经济、文化的中心。兰州自古在西北就具有重要的政治、经济和军事地位,是我国古代中西贸易"丝绸之路"上的重要商埠和贸易集散地,也是唐代以后西北重要的"茶马互市"总站,兰州的历史文化资源非常丰富。

古文化资源——兰州的新石器文化遗址有位于七里河区的西坡遗址、花寨子遗址、青岗岔遗址,城关区青白石乡的白道坪遗址,榆中马家窑遗址,红古区土谷台遗址,永登县乐山坪遗址等。从这些遗址中发掘出的各类彩陶,类型齐全,纹饰绚丽,器形优美,其中永登出土的陶鼓被誉为鼓的鼻祖,堪称代表。

人文景观——有陇上名园五泉山公园、白塔山公园、雁滩公园、西湖公园、西固水上公园,有兴隆山、吐鲁沟、徐家山、石佛沟、官滩沟国家森林公

81

园,还有近年兴建的堪称兰州文化长廊的黄河百里风情线等。

建筑古迹——有飞檐斗拱、古香古色的府城隍庙、金天观、白云观、卧佛寺、嘛呢寺、白衣寺塔、鲁土司衙门、妙音寺、皋兰文庙、至公堂等;有阿拉伯建筑风格的大大小小的清真寺,其中以西关清真大寺闻名西北;有欧洲哥特式建筑风格的山字石基督教堂和颜家沟天主教堂;有邓宝珊故居、青城古民居等。

文物古迹——兰州辖区内共有各类文物古迹 600 余处,其中国家级重点文物保护单位 1 处,省级重点文物保护单位 37 处,博物馆 5 座,馆藏文物45 万件。

图书典籍——在兰州现藏图书文献中,有文溯阁《四库全书》、有宋刻本《汉隽》、元刻本《事类赋》、明刻本《艺文类聚》、清铜活字印本《古今图书集成》等历代书目中极为罕见的珍本;有以《甘肃通志稿》为代表的地方志和研究少数民族的大量文献;有敦煌学、丝绸之路、西域研究类图书的丰富藏本;有近年编印的《中国西北文献丛书》及续编;以及抗战时期创办的各类报刊等。

金石碑刻——有金泰和铁钟,宋榆中"黄猴洞"摩崖石刻,宋永登荨麻湾摩崖石刻,明代《淳化阁帖》;有现收藏约 1 000 多通碑的兰州碑林等。

军事交通——兰州位居襟喉要地,为历代兵家必争之地,沿用至今以"堡、营、墩"命名的地名不计其数,如盐场堡、刘家堡、陈官营、费家营、头营、二营、土门墩、拱星墩等;有星罗棋布的驿站,如沙井驿、清水驿、兰泉驿等及其遗留;渡口有汉青石津、北周金城津等;渡口架浮桥,如唐广武梁、明清镇远浮桥、清末黄河铁桥等;今黄河兰州段的桥梁多为历史上的渡口,羊皮筏子即由军事渡口运载工具演变而来。境内还有汉长城和烽燧,明边墙和烽墩,西秦勇士城、永登满城、华林山满城等。

兰州历史悠久,是一座具有悠久历史的文化古城,非物质文化遗产也十分丰富。秦汉以来,兰州的战略地位就十分重要,秦始皇三十三年(前 214年)设榆中县,汉武帝年间设金城县,汉昭帝年间设金城郡,"金城"古称即见于史册。至唐宋时期,兰州以"屏障中原、联袂西域、襟带万里"之势成了古丝绸之路上的重要节点城市和"茶马互市"的中心地区。明清时期,随着陕甘总督府的设立,兰州成为西北军事要地。至近现代以来,兰州机器制造局、兰州织呢局等工业的创办,使之成为西北地区近代工业文明的开端,这种优越的历史地理条件,是孕育兰州非物质文化遗产资源的肥沃土壤。兰州人民在这片土地上经过长期生产生活实践,创造出丰富多彩的具有历史、艺术和科学价值的传统手工技艺、民间舞蹈、传统戏剧等非物质文化遗产,彩陶、黄河水车、兰州太平鼓、兰州鼓子等无不显现兰州地域特色文化的迷人风采,这些独具历史传统的基本元素,正是兰州地方特色中最深厚的优势,也是兰州非物质文化遗产资源中的精髓。兰州非物质文化遗产主要有以下几个类别:①民间音乐:主要有红古民间小调、窑街社火调、榆中小曲;②民间舞蹈:包括兰州太平鼓舞、苦水高高跷、永登硬狮子舞、永登中堡何家营滚灯、青城道台狮子、马衔山秧歌、榆中太符灯舞、西固军傩;③传统戏剧:主要包括皮影戏、苦水下二曲、木偶戏、青城西厢小调;④曲艺:主要包括兰州鼓子、兰州太平歌;⑤民间美术:包括民间木雕彩绘、秦腔耿家脸谱、剪纸;⑥传统手工技艺:包括窑街黑陶制作技艺、窑街陶瓷制作技艺、红古刺绣、李氏皮鼓与挽具制作技艺、榆中古建筑模型制作技艺、榆中纸扎技艺、兰州刻葫芦、兰州青城水烟制作技艺、兰州黄河大水车制作技艺;⑦民俗:包括兰州清汤牛肉面制作技艺、皋兰地卦子、兰州旱田压砂技术、兰州"天把式"技艺、连城尕哒寺佛诞节、苦水二月二龙抬头、羊皮筏子、窑街"福"字灯会、榆中汉族人生礼仪、榆中苑川七月官神、铁芯子。

6.1.3 灿烂的民族文化资源

大兰州文化圈所属各市州县均处在多民族地区。甘肃境内少数民族成分多,分布甚广,从甘南草原到祁连雪山,从原始森林到大漠戈壁,从大夏河畔到黄河之滨,在这广袤的地域里都有少数民族辛勤耕耘,繁衍生息。与甘肃比邻的青海也是多民族聚居地,民族文化资源非常丰富。各个民族在不同的居住环境和生活方式的影响下,语言、文字、音乐、绘画、建筑、服饰、宗教信仰和生活习俗等各有不同的特点,形成了各具特色的民族文化,这些都是文化资源宝藏,也是民族地区开发能充分利用的重要资源。大兰州文化圈各区域几乎涵盖了甘肃省、青海省所有的民族文化资源。

兰州自古就是一个多民族聚居的地区。历史上,羌、西戎、匈奴、鲜卑、吐蕃、党项等古代民族都曾在这块土地上留下他们的足迹。中华人民共和国成立后,尤其是改革开放以来,兰州的民族之花越开越盛。据统计资料显示,目前,在我国的 56 个民族中,兰州有其中的 51 个,这在全国都是极为罕见的。长期以来,全市各族人民和睦相处,团结进步,共同发展,在民族经济、文化、教育、卫生、体育等各项事业上取得了巨大的成就,民族之花在兰州这个"大花园"里竞相盛开,争奇斗艳。兰州市全面贯彻党的民族政策,少数民族经济社会事业有了长足发展,少数民族群众生活水平有了很大改善。兰州独特的人文地理环境,使兰州市少数民族和周边省、自治区以及省内其他市、州的少数民族有着千丝万缕的联系,对周边的少数民族和民族地区有着较强的辐射作用。

两千多年来,兰州地区各民族南来北往,相互碰撞,相互交往,中西文化东进西出,相互交流,相互吸纳,经过长期积淀、整合,形成了多元文化并存的局面,形成了一种开放的、宽容的、进取的文化心态。《图经》载:兰州"人性质朴,好勇,喜猎,蕃汉杂处,各从其俗"。兰州人心态大度、宽容,各民族可各从其俗,和谐共处。兰州有多民族的文化遗存,已成为各民族文化艺术资源的集中展示中心之一,定期举办的花儿会、民族服饰秀,遍布全城的民族饮食文化,以及地方特色浓郁的艺术品加工项目都有着较好的开发前景和良好的发展势头。兰州地处黄河上游,得天独厚的地理环境和悠久的历史造就了其独特的民俗文化。漫步兰州,民俗文化随处可见,黄河母亲雕塑、黄河水车、羊皮筏子是兰州黄河民俗文化的典型代表。精巧雅致、风情浓郁的黄河风情线更是彰显了黄河民俗文化的魅力和神韵,乘羊皮筏子游览黄河胜景已成为兰州城市民俗旅游中颇受游客欢迎的项目。文化旅游品牌,将娱乐、餐饮、休闲、文化融为一体,以特色民俗旅游带动经济,使更多的民俗文化走向经济发展的前台,为兰州城市发展做出更大贡献。

6.1.4　绚丽的宗教文化资源

宗教是一种社会历史现象,是人类社会发展到一定阶段的产物,属于历史的范畴,同样也属于文化的范畴,自有其发生、发展和消亡的客观规律。宗教对民族文化的影响很大,在各民族的文化心理、文化传统乃至具体的文化形式上留下深深的烙印。比如,宗教的建筑、音乐、节日对相关民族的建筑、音乐、节日有着直接的影响,像信仰伊斯兰教民族的古尔邦节、肉孜节等,既是宗教节日,也是民族节日。此外,宗教倡导的修身行善、救苦济贫等价值观念在一定条件下对调节人际关系也有积极意义,有助于和谐社会氛围的营造。

五泉山　五泉山是享誉全国的佛教名山,其建筑绝大多数是佛教殿堂。现存最古老的寺院是建于明朝的崇庆寺,俗称浚源寺,它建于明朝洪武五年,也就是公元 1372 年。除此之外,还有千佛阁、地藏寺、卧佛殿、嘛呢寺等,使五泉山成为兰州佛教活动的中心。每逢佛教的重要节日,这里都要举行盛大的佛事活动,比如水陆大法会等,每当此时,整个五泉山上是人山人海。五泉山上还保存有自金代以来的数百件历史文物,其中最著名的是铸于金朝泰和二年的泰和铁钟,距今已有 800 年历史了。还有一尊铜接引佛,铸于 1368 年,就是明代始皇朱元璋刚当皇帝的那一年。嘛呢寺正殿建于清同治十三年,也就是公元 1874 年,其余建筑都是刘尔炘先生扩建的。寺内本来辟有依依径、仄仄门、曲曲亭、重重院、叠叠园,名称形象有趣;一些寺舍还题以迎绿、飞黛、听松、拜云等雅号,现在许多都已废弃。正殿供奉的主要是观音、普贤和文殊三大菩萨。西侧的偏殿里,供奉的是地藏王菩萨。地藏菩萨曾经发过誓:地狱未空誓不成佛,众生度尽方证菩提。他是一位留一切幸福给别人的菩萨,世人称他为"大愿"。五泉山建筑文化,经历了由释到道,再增加儒的过程。至迟到元代佛教已进入五泉山,建皇庆寺,明洪武五年(1372 年)敕建,改名五泉寺。永乐七年(1409 年)重建,改名为崇庆寺。经元明两代经营,至清初,五泉山自山麓至山巅,"佛院禅房参差缭绕,揽胜不穷,登临难遍"。由福泉门进山,中麓依次为金刚殿、大雄殿、轮藏殿,大悲殿、奎文阁。东为卧佛殿、地藏庵、五龙宫,最高处为千佛阁,建于悬崖之间,通过搭建而成的栈道式的先登桥可以到达,其下即为"石树青葱,泉流喷薄"的东龙口。西燃灯寺,酒仙殿、慈母宫、大佛殿、清晖阁。最高处为三教洞。东麓有老君庵。西麓有嘛呢寺、二郎庙。其中奎文阁、五龙宫、酒仙殿、慈母宫、二郎庙为道教建筑,三教洞为儒释道三教合一的建筑,其余多为佛教建筑。

　　白塔山　白塔山公园位于兰州市黄河北岸的白塔山上,因山头有一元代白塔而得名。白塔山山势巍峨起伏,蟠结城郊,有拱抱金城之势。宋末元初,白塔山一带为西夏占据。相传,成吉思汗为完成统一大业,曾致书吐蕃乌斯藏地区的萨迦派法王,希望通过会议,和平统一藏区。萨迦派法王遂派一著名的喇嘛去蒙古拜见成吉思汗,但行至兰州时不幸病逝。元朝在 1226 年冬灭西夏国后,将兰州纳入其版图。为纪念这位死去的喇嘛,在白塔山巅建佛塔一座,垩饰如雪,并修有寺院,白塔山由此得名,并成为宗教圣地。可惜原塔至元末时塌毁。据《重修白塔寺记》载。现存白塔系明景泰年间(1450—1456 年),镇守甘肃内监刘永成重建。清康熙五十四年(1715 年),巡抚绰奇补旧增新,扩大寺址,起名慈恩寺。白塔七级八面,高约 17 米,下筑园基,上着绿顶,各面雕有佛像,檐角系有铁马铃。塔外通涂白浆,如白玉砌成。白塔山 1958 年辟为公园,总建筑面积 8 000 多平方米,分为三台建筑群,依山而筑,飞檐红柱,参差有致,各建筑以亭榭回廊相连,四通八达。山上原有象皮鼓、青铜钟、紫荆树,古称"镇山三宝",现紫荆树已枯死。白塔山经过多年绿化,树高林密,曲径通幽。公园内独特的"黄河奇石馆"和裕固族接待帐房为别处少见,独具风格。山下为中山桥,二者已连为一体,成为兰州旅游的必游之地。白塔山上的慈恩寺、法雨寺、文昌宫等寺庙道观里飘出的袅袅香烟和来来往往的善男信女们为白塔山的文化做了最好的注解。"隔水红尘断,凌空宝刹幽",这就是白塔山带给人们精神境界的感受。

兴隆山 位于兰州市东南45公里的榆中县境内距榆中县城西南五公里处。兴隆山两峰耸峙,一水中流,历史上誉其高峻,古因"常有白云浩渺无际"而取名"栖云山",向有"陇上名胜"之称,被誉为"陇右第一名山",明末山中众多宫观庙宇毁于兵火,清康熙年间渐有道士于山中重修宫观,为取其山败而复兴之意,遂名"兴隆山"。乾隆年间,又因山形"有如兴龙之状",改名"兴龙山",嘉庆末年,山中游人增多,香火又盛,为取兴隆发达之意,复称原名。据史料所载,西周时期,便有方士在此山中隐居修炼。东汉末期,山上始有庙宇建筑,唐贞观年间(627—649年),时人曾大兴土木,于山营建道观。至宋代时山中宫观庙宇已星罗棋布,四时香火旺盛,有道教"洞天福地"之称,被誉为"甘肃之名山,兰郡之胜境"。元代又有重修,渐成为西北道教名山之一。明末除灵官殿、玉皇宫、二仙殿、三圣祠等少数道教建筑外,余皆毁于兵火。清乾隆年间(1737—1795年),著名道士刘一明募集资金,率领道众,历时35年重建三清殿、黑虎殿、斗姥宫、王母宫、三圣母庙、关帝庙、祖师殿、龙王殿、财神殿、药王殿、洞宾楼、混元阁、二仙坛、洗心亭等宫观建筑60余座,后大部分建筑逐渐被毁。兴隆山为甘肃省省级自然风景保护区和兰州市近郊旅游胜地,是著名的道教名山之一。

白云观 道教形成于东汉,魏晋时期传到甘肃陇东地区,后渐西传。三国魏文帝咸熙三年(265年),甘肃狄道(今临洮)城东北东山北麓建有道教太平观。十六国时期,陇西安阳有道士王嘉隐居于东阳谷修炼,授业弟子数百人。唐代,道教被官方定为正统宗教,陇东、陇南等地道教已显兴盛,榆中兴隆山建有道观,兰州华林山麓建有云峰寺。著名的道教圣地白云观,又称吕祖庙。原有上下两处,上观位于极寿山(崔家崖),建于清道光十七年(1837年),今已不复存在;下观位于雷坛河入黄河口之东,滨河东路西端南侧,北临黄河"白马浪",与河对面的"金城关"遥相呼应。现在人们所说的白云观,即指下观。它是清代陕甘总督瑚松额所建。据陈埴《白云观碑记》记载:"嘉庆以来,吕洞宾屡次凌波徐行于白马波上,以至'万目共瞻'"。瑚松额上任的第二年,兰州乡绅纷纷请求为"吕翁"修建一座祠堂,以"栖仰"吕仙之"灵"。瑚松额遂让风水先生择地建祠,选中"城西北隅,大河之浒,辟地树宫",即今白云观所在地。宫成,命名"白云观",专事奉祀吕洞宾。

西关大清真寺 兰州市中心地带临夏路中段解放门广场东侧的西关清真寺,始建于清康熙二十六年(1687年),距今已有三百多年,雍正年间扩建为"海乙寺",也就是中心寺。占地面积约7 000多平方米。西关清真寺为中国传统的宫殿式建筑,布局严谨,典雅美观。它的砖砌大照壁是中国伊斯兰教建筑中最大的照壁之一,是伊斯兰建筑的精品。20世纪60年代,它被甘肃省人民政府公布为省级文物保护单位。1985年,国家拨款重建,现为阿拉伯拱顶楼式建筑,气势宏伟,庄严肃穆,是兰州市最为壮观的现代清真寺。该寺先后培养了一大批伊斯兰经学学者,每年有百余名国外穆斯林也来到这里参观礼拜。

6.1.5 神圣的革命文化资源

兰州素有"倚岩百丈侍雄关,西域咽喉在此间"之说,地理位置和战略位置十分重要。大兰州文化圈中的红色文化资源同样很丰富,革命历史遗址遗迹遗存众多。在革命历史文化资源方面,兰州及其周边既是中国共产党早期活动重要地区,又是中国工农红军长征途经地,主要有会宁红军长征会师旧址、迭部腊子口战役遗址、宕昌哈达铺红军长征纪念馆、岷县岷州会议纪念馆、通渭榜罗镇革命遗址、兰州八路军驻兰州办事处旧址、榆中县彭总故居等遗址。兰州具有光荣的革命传统,早在1925—1927年间,中国共产党便在兰州设立了中共甘肃特别支部和中共兰州特别支部,领导兰州人民开始了有组织的革命斗争。历经抗日战争和解放战争的洗礼,兰州人民在党的领导下,浴血奋战,前仆后继,创造了可歌可泣的英雄事迹,直至1949年,中国人民解放军第一野战军隆隆的枪炮声揭开了兰州解放的序幕。在这24年不屈不挠的革命斗争中,无数仁人志士用鲜血和信念滋养了兰州,红色的圣地谱写了兰州璀璨的革命篇章。

据统计,兰州市范围内较重要的革命遗址约有30余处,其中现存革命遗址16处,已不存或存毁不清的革命遗址10余处。在现存的16处革命遗址中,按内容的不同可分为中共地下党在兰革命活动遗址、八路军及中共高级领导人驻兰办公遗址、兰州解放战役遗址和革命烈士纪念性建筑遗址四类。

中共地下党在兰革命活动遗址包括张一悟榆中故居遗址、中共榆中金崖党支部遗址、中共榆中县委遗址等6处。其中,张一悟榆中故居遗址位于榆中县北关村1号,现存原有房屋7间。张一悟同志是甘肃省最早的共产党员,也是最早在甘肃传播马克思主义的革命者之一,曾任中共甘肃省特别支部第一任书记,领导了著名的渭华暴动。兰州解放后,他被任命为甘肃省人民政府委员。张一悟同志逝世后,家中旧有家具、农具等列为革命文物收藏,居址列为党史教育基地,并设置标识。中共榆中金崖党支部遗址位于榆中县金崖镇金崖村金崖文化站。金崖党支部成立于1937年,由甘工委负责农村工作的郑重远同志在邴家湾组织成立,是榆中县第一个农村党支部。该遗址现被列为党史教育基地,设置标识以示纪念。中共皋榆工委秘密机关遗址位于七里河八里镇后五泉村叶家湾1号。1948年4月,甘肃工委召开会议,决定成立中共皋榆工委,组织广大群众搜集兰州城区战略布防情报,为解放兰州做准备。兰州战役期间,皋榆工委书记罗扬实冒死穿越封锁线,将敌军军事布防图等重要资料送达一野指挥部,为兰州战役的顺利实施做出了重要贡献。

八路军及中共高级领导人驻兰办公遗址包括八路军驻兰办事处、彭德怀在兰办公遗址和彭德怀在兰指挥兰州战役遗址3处。其中,八路军驻兰办事处遗址有2处,分别位于酒泉路314号和甘南路700号。八路军驻兰办事处成立于1937年8月,是抗日战争时期中国共产党和八路军派驻兰州的一个公开办事机构,是党领导甘肃抗日救亡、进行后方发动、实现全民族抗战的重要基地,也是中苏国际交通线上的中转站。抗战时期,"八办"在党代表谢觉哉,处长彭加伦、伍修全领导下,坚定地执行党的抗日民族统一战线政策,营救被俘流落的红西路军将士,接待党的过往人员,输送进步青年奔赴延安和抗战前线,转运苏联援华物资,指导中共甘肃工委开展工作,被周恩来同志亲切地誉为"革命的接待站,战斗的指挥所"。20世纪80年代,该遗址处建立纪念馆,现设有复原陈列、八路军驻甘办事处与甘肃抗战、兰州空战和红西路军事迹展四个展览。

兰州解放战役遗址包括沈家岭、狗娃山遗址,营盘岭、皋兰山遗址和马家山、古城岭遗址3处。革命烈士纪念性建筑遗址包括兰州市烈士陵园、兴隆山革命烈士陵园、张一悟烈士墓和兰州大学七烈士纪念碑亭4处。兰州市烈士陵园位于兰州市华林坪南头,为我省最大的烈士陵园。该陵园始建于1952年,1963年被列为甘肃省省级重点文物保护单位,1989年国务院批准为全国重点烈士纪念建筑物保护单位。

近年来,许多地区大力弘扬红色文化,开展红色旅游,推出红色影视作品,创作红色短信,获得了广泛的社会参与和支持,红色文化已经成为文化领域的一道独特风景。发展红色文化,对于提升国民素质、构建和谐社会具有重大意义。红色文化是使我们国家和民族真正有力量的决定性因素,浸润每一位国民的心田,激活每一位国民的思维。是否精心培育、弘扬红色文化,关系到我们是否能继续勇往直前。我们必须在和谐多样的文化环境中,将红色文化放在突出地位,这是一个民族文化自觉、文化眼光的标志,也是一个民族文明的标志。发展红色文化,要高起点规划、高标准建设、大规模宣传,让来到本地的人,来了有得看,看了忘不了。发展红色文化,还有一个整合优势资源的问题,按照发展"大旅游"的思路,积极发展与其他城市的联合,组合形成具有竞争力的强势红色文化产品。发展红色文化,要避免依靠行政方式强迫群众接受,要让红色文化通过具有吸引力、感染力的形式走进群众,充分调动人民群众的积极性,让人们自愿地走近红色文化。同时,还要特别注意防止形式主义,让传播红色文化的活动真正为人民群众提供足够的精神营养。要立足于现实生活基础,创造一种既具有历史感又具有时代感的中国特色红色文化,使红色文化的内涵不断扩展,成分日益丰富,作品多姿多彩。

6.1.6 坚实的现实文化资源

所谓现实文化资源,是指现有的各种文化形态与文化样式,它应当包括艺术创作资源、新闻媒体资源、文化设施资源、文化节会资源等等,涵盖面十分广阔。这些已经在各自不同领域中发挥文化作用的资源,都蕴含着巨大的开掘潜力。群艺馆、文化馆、图书馆、博物馆、文化站构成了省、地、县、乡四级文化网络,为各种文化资源的共享提供了较为充裕的空间;文化节庆活动的聚集传播方式,也使地域性文化逐步走向突破地域限制的路径,强化文化的辐射力。纵观人兰州文化圈所属市州县的文化发展情况,在现代文化资源方面也表现出鲜明的优势。

(1)独特的当代城市精神和文化特质。

兰州独特的文化资源培育了兰州的地域精神、情感情结、精神品格。兰州在西北处于"坐中四连"的位置,扼守民族融合之咽喉,中西文化交流之要冲,历来是多种文化的交汇地,在几千年的历史进程中,农耕文化、草原文化、西域文化等相互碰撞、共融共生,铸就了兰州包容开放、兼收并蓄的文化精神。另外,兰州"有南士风,士勤读嗜学,重气谊,仪度彬雅斐郁。"其中有才华横溢的知名学者黄谏,秉公执法、不徇私情的邹应龙,出污泥而不染的理学名臣段坚,造福桑梓的水车创始人段续,革除积弊、扶掖人才的秦维岳等仁人志士。这种文化孕育了兰州人民坚忍不拔、不甘落后、和谐共处、创业实干的精神风貌,尤其是兰州的时代坐标——"兰州精神",即"河汇百流,九曲不回,创新创业,和谐共进",反映兰州独有的城市文化精神内涵,表现了兰州人的生产生活的方式态度、思想情感、性格特点等,我们从兰州非物质文化遗产项目展演、传统工艺品中可看出兰州人拼搏创业、勇于开拓、务实求进、慷慨厚重、耿直豪爽、诚信尚义、爱国爱家等精神内涵,这种传统的人文精神激励着处于不同环境下的兰州人民。总之,兰州人文精神是兰州人在实践中产生的主体价值,它所包含的艰苦奋斗、崇尚实干、顽强拼搏、团结奋进的思想内涵在兰州文化遗产中得到了集中、充分体现。

（2）繁荣发展的文化事业。

科学、文化、教育事业发展迅速。科学研究在全国占有重要位置。全市拥有全民科研机构与开发机构 153 个,民办科研机构 500 多个,科技人员达 10 多万人,人才密度居全国大中城市前位。中国科学院的冰川冻土、沙漠高原、大气物理、地质和化学物理等研究机构设在兰州,并拥有一批著名的专家和学者,出版发行 45 种自然学学报、期刊,许多科技成果达到国内和国际先进水平,已成为国家重要的科研基地和开发西部的重要依托。兰州的教育事业蓬勃发展。现有普通全日制高等院校 14 所、中专中技 88 所,中小学 1 558 所,各类在校学生 51 万人。创建于 1909 年的兰州大学,是国家综合性重点大学和首批博士学位授予单位之一。西北师范大学和西北民族大学是西北地区少数民族教育和师资培训中心。兰州的新闻、广播、电视、文艺、体育和医疗卫生等事业有了长足发展,人民的精神生活日益丰富。丰富舞台表演艺术品种,使文艺演出精品成为重要的境内外演出品牌,继续提升《丝路花雨》《大梦敦煌》《山月》等舞台表演精品的水平,大力开辟国内外演艺市场。秦腔、豫剧、陇剧、花儿剧、兰州鼓子及兰州太平鼓等地方特色艺术的资源潜力巨大,创造出一批新的艺术表演剧目,秦腔博物馆在全国首屈一指;深化国有文化演艺团体的改革不断进行,文化资源配置不断优化,拥有一批有规模、有实力、高水平的文化演艺团体。

（3）迅速发展的文化产业。

近年来,兰州市文化市场和文化产业发展迅猛,基本形成了以文艺演出、文化娱乐、音像制品、电子出版、网络文化、印刷、艺术培训、艺术品及文物监管品为主体的产业体系,优质的文化服务,较好地满足了人民群众多层次、多样化的文化需求,不仅拥有文化产业发展的比较优势,在省内更拥有绝对优势。在《兰州市"十一五"文化发展规划》中,发展的总体目标定位于"西部区域性现代化中心城市文化中心",力争使文化与经济社会协调发展。截至 2007 年年底,兰州市在大力发展文化产业方面,已初步形成文艺演出、网络文化及文物监管品等文化产业体系和多种经济成分共同发展的格局,文化产业年营业收入超过 10 亿元,约占全市 GDP 的 3.4% 左右,资产总额 6.7 亿元,从业人员 2.4 万余人,约占全市人口的 1.5%。文化对国民经济的贡献率由 2005 年的 1.8% 提升到了约 3.4%,但与规划中制定的 5% 的目标还有一定距离;生产总值由"十五"末期的 20 亿元增长到了 25 亿元;人均文化消费支出由 2005 年末的 158 元,增加到了约 190 元,均增长约 10%;文化行业就业贡献率由"十五"末的 2.5% 增长到了 3% 左右,基本实现了规划目标。截至 2008 年年底,纳入文化系统管理的各类文化市场和文化产业经营单位、摊点共 3 800 余家,其中文艺表演团体 40 余家,歌舞娱乐厅 587 家,网吧 520 家,打字复印、音像制品出租、零售 1 270 余家,印刷业 716 家,书报刊经营网点 451 家,文物监管物品及工艺美术品经营点 160 个,文化类民办非企业 50 余家。可见,兰州市的文化产业在全省占有举足轻重的地位。

(4)丰富的工业文化资源。

兰州作为我国的老工业基地,拥有丰富的工业遗产:①以晚清洋务运动为标志的兰州近代工业遗产以及之前的矿产开采业、加工冶炼场地、能源生产和传输及使用场所,交通设施、相关工业设备、工艺流程、数据记录、企业档案等物质和非物质遗产。如清末兰州制造局、兰州机器织呢局、阿干镇煤矿、窑街煤矿等。②以军事工业、机械制造维修业、毛纺业等现代工业为主要内容的民国时期的工业遗产。如兰工坪工业研究所、碱沟沿西北兽医学院、20 世纪 40 年代的"工合组织"等。③新中国成立以来的门类各样的工业遗产,特别是国家"一五"、"二五"、"三线建设"期间在兰州建设的工业项目,如"兰炼"、"兰化"、"兰石"等。1958 年 4 月 16 日,兰州石油机械厂与兰州炼油化工设备厂正式合并,兰石厂(兰州石油化工机器厂)由此诞生。这是我国第一个 5 年计划期间,由苏联帮助设计的 156 个重点项目中的大型骨干企业。20 世纪 60 年代中苏关系破裂之前,从建设初期到正式投产,曾得到了苏联专家的大力帮助,象征当时中苏友谊而建成的一栋苏式专家楼,一直保留到了今天仍作为办公楼在使用。兰州炼油化工总厂目前还保留着一间西式建筑风格的厂房,这就是 1958 年建成的兰炼催化剂厂。由于使用途径的不同,这栋厂房没有富丽堂皇的外表,只有占地 176 000 平方米的庞大"身躯",这就是我国"一五"期间建设的第一座石油裂化催化剂生产企业。在 1965 年的 12 月,第一套硅铝微球催化剂工业生产装置在这里建成并投入使用,扭转了当时催化剂依靠进口的被动局面,为石油裂化催化剂生产立足国内做出了重大贡献。这些见证了兰州工业遗产辉煌与衰落历史的厂房、办公楼,都是城市现代化进程中的特殊遗存,那些企业里的西式建筑更是城市文明和文化发展的重要见证。④具有兰州地方特色的工业文化遗存,包括工厂车间、磨坊、仓库、店铺及工艺流程等,如兰州水烟加工作坊、羊皮筏子加工制造等。

(5)独特的农业文化资源。

地处黄河之滨的兰州市是我国农耕文化的发祥地之一,拥有丰富的农业文化资源。黄河大水车是黄河文化的重要组成部分,它体现了中华民族的创造力,为中国农业文明和水利史研究提供了见证。兰州水车解决了河岸高、水位低,难以提灌的困难,使沿河农业大受其益。兰州市充分利用农业产业化过程中的新设施,大力发展农村观光产业,通过花卉观光产业、现代蔬菜瓜果规模化种植观光产业、鸵鸟和牛羊猪等现代畜牧养殖观光业,使现代农业与现代文化产业形成合二为一的新兴产业。兰州市以黄河两岸和南北两山为主轴,形成以花卉、蔬菜、果园、森林为主的全方位、多层次的立体农业景观。兰州市观光农业开发的主要类型:一是观光果园,如皋兰什川乡、西固山坪地带;二是垂钓区,如皋兰什川、大滩、马滩;三是观光花园,如榆中牡丹园;四是高效观光农业,如秦王川;五是森林公园,如兴隆山、吐鲁沟、徐家山国家级森林公园、石佛沟、关山森林公园、马啣山自然保护区。

6.2　大兰州文化圈外围层的文化资源

6.2.1　白银市文化资源

白银地处中国腹地,位于黄河上游甘肃省中部干旱地区。地处东经103°33′~105°34′、北纬35°33′~37°38′,东与宁夏回族自治区中卫、海原、西吉县接壤,东南与平凉地区静宁县相连,南部及西南部与定西地区通渭县、定西县为界,西与兰州市榆中、皋兰、永登县毗邻,西北与武威地区天祝、古浪县接壤,北面及东北与内蒙古自治区阿拉善左旗及宁夏回族自治区中卫县连接。白银市气候在中国气候区划上为中温带半干旱区向干旱区的过渡地带。年平均气温6~9℃,年降雨量180~450毫米之间,白银气候四季分明,日照充足,夏无酷暑,冬无严寒。白银市属腾格里沙漠和祁连山余脉向黄土高原过渡地带,地势由东南向西北倾斜,全境呈桃叶形狭长状,黄河呈"S"形在腰中贯穿全境,将境内地形分为西北与东南两部分。自西北向东南,景泰、靖远、会宁三县城呈一字形构成桃叶主茎;自西向东,白银区、靖远、平川区呈一字形横列桃叶中心,海拔在1275~3321米之间。东西宽174.75公里,南北长249.25公里,总面积2.12万平方公里,占甘肃总面积的4.4%。白银区交通极为便利。南邻兰州,北通宁夏、内蒙古,西经河西走廊直达新疆,东连陇东。包兰铁路贯穿境内,3条国家级公路、2条省级公路和乡村公路纵横交错,四通八达。白兰高速公路建成通车,市区距兰州中川机场仅 70 公里。

白银——因矿得名,因企设市。明朝洪武年间,白银开采兴盛,官方在此设立采炼机构"白银厂",有"日出斗金"、"积销金城"之说,白银缘此而得名。白银区有着悠久的历史,强湾乡莲花山南麓的齐家文化遗址,说明在5 000 年前的新石器时代晚期,境内已有先民繁衍生息。度坚城初筑于 1 600年前,驻牧境内的是鲜卑乞伏氏,后为曾统治整个陇右地区的西秦乞伏乾归政权建都的地方,是西秦秦兴郡郡治所在地。南北朝时,先后隶北魏平凉郡、西魏会州、北周会宁防。隋初,区境隶武威郡。炀帝大业三年(607 年),置会宁郡,区境属之。唐初,隶会州乌兰(今靖远)县,太宗贞观元年(627年),属陇右道。五代至北宋初年,为党项族据地。北宋景祐元年(1034年),境内为西夏西寿监军属地。南宋宝庆二年(1226 年),蒙古大军入境灭西夏,境内为蒙古族居地。元统一中国后,属甘肃行省永昌路西宁州。明代属陕西行都司治所甘州靖虏卫(今靖远)。清代,今四龙镇属兰州府靖远县,今水川镇、强湾、王岘、武川乡境属兰州府皋兰县。民国初期,境内分属兰山道靖远县、皋兰县、红水县,民国 17 年(1928 年)废道,直隶甘肃省政府。民国 22 年(1933 年)设置景泰县,红水县并入。中华人民共和国成立之初,辖境仍分属靖远、皋兰、景泰县。

白银与兰州的天然连结线首推黄河。黄河宛如一条金丝带,构成了雄浑壮观的美景,也把兰州、白银两地的人文、物产、历史、经济等紧密地联系在了一起,形成了具有浓郁黄河文化特色的流域经济,浇灌出了黄河两岸绚烂的文明之花。两地都有的古渡口遗迹、水车等自灌系统、"羊皮筏子"之类的运输工具,都是鲜明的黄河文明代表符号。黄河干流在流出兰州市榆中县后,进入白银市白银区,在白银全境流经 258 公里。黄河养育了这里的人,也带来了丰富的特产,兰州瓜果久负盛名,兰州水烟等土特产品蜚声中外。在兰州尚没有形成现代工业的时候,这些丰富的物产就是当地经济的支柱,而特产的外运通过黄河水路可抵包头,羊皮筏子在离开兰州不久先到白银。古时白银周边的产业,与兰州的传统产业既有相似性,又有互补性,成了以兰州为中心的黄河流域经济的组成部分。

白银是一个多民族的散杂居地区,有回、满、藏等 31 个少数民族,人口31 017 人,占全市总人数 176 万的 1.8%,其中穆斯林人口 27 940 人,有回、维吾尔、哈萨克、东乡、撒拉、保安等 6 个信仰伊斯兰教的民族,占少数民族总人口的 90%。近年来,白银人口整体文化素质不断提高。工矿企业和科研院所集中,各类专业人才济济,每万人中受过高等教育的人口比例高于全国平均水平。全市各级各类学校 1 641 所,其中普通高中 31 所(含独立高中 11 所),在校学生 5 万人;初级中学 124 所,在校学生 12.73 万人;九年制学校 34 所,小学 1 021 所,在校学生 25.3 万人,聋哑学校 1 所,职工大学 3 所,教学点 326 个;全市中小学校有专任教师 16 492 人。每年有 11 000 多名初、高中毕业生考入大中专院校,高考升学率连续十几年居全省前列。学龄儿童入学率 99.4%;初中入学率 98.4%。

白银文化广播电视事业健康发展。全市共有艺术表演团体 2 个,文化馆 5 个,文化站 78 个,群众艺术馆 1 个,公共图书馆 6 个,博物馆 2 个,广播电台 2 个,广播人口覆盖率 83.9%,上升 4.74 个百分点。全市现有电视台 3 座,有线电视台 5 座,卫星地面站 362 个,终端用户已发展到 4.2 万多户。白银市电视台可转播卫星电视节目 42 套,广播电视覆盖三县两区。具备室内室外现场直播能力,700 平方米演播厅可录制各类综艺节目。经过多年的交融和积淀,白银市形成了一支在省内外颇具影响的文学、书法、绘画、音乐舞蹈等创作人才队伍,一批有实力的书画家多次在全国乃至国际上获奖,部分作品被人民大会堂、毛泽东纪念馆及外宾收藏。

白银市属腾格里沙漠和祁连山余脉到黄土高原的过渡地带。中华民族的母亲河——黄河,孕育了世代的白银人,也孕育了白银悠久的历史。追溯到几千年前的新石器时代,人类就在这块土地上繁衍生息。白银境内有半山文化遗址、吊沟古城汉墓、糜滩石器文化遗址、景泰龟城、明代长城、钟鼓楼、寺儿湾石窟、法泉寺石窟、北城滩城堡遗迹、牛门洞新石器新陶遗址等文化遗迹。北魏、唐、宋的石窟艺术、城堡建筑及驰名的"丝绸之路",雄伟壮美的万里长城,都在诉说着白银悠远的历史。自然风光以孤岛状分布,主要有铁木山、乌兰山、桃花山、屈吴山、寿鹿山、哈思山等,它们森林茂密,风光迷人,并有宏伟的寺庙建筑。景泰县龙湾黄河石林气势壮观,气象万千,被称为中华奇观,是一处独具风韵的旅游景观,已被列为甘肃中部黄金旅游线之一。白银市具有光荣的革命传统,1936 年 10 月,红军第一、二、四方面军胜利会师会宁县,现在会宁县被国家批准为爱国主义教育基地,会师楼、长征景园等成为新旅游景点。

6.2.2 定西市文化资源

定西市位于甘肃中部,通称陇中,介于东经 103°52′~105°13′、北纬 34°26′~35°35′之间,北与兰州、白银两市相连,东与平凉市、天水市毗邻,南与陇南市接壤,西与甘南藏族自治州、临夏回族自治州交界。市所在地安定区是中原通向西北的交通要道和古"丝绸之路"必经之地,距省会兰州 98 公里,自古就有"兰州门户"之称、"安定西边"之意。全市辖安定、通渭、陇西、临洮、渭源、漳县、岷县1区6县,119个乡(镇),总人口296万人,总面积2.03万平方公里。近些年来,定西生态得到很好的改善,丰富的地方文化资源受到不同程度的重视,具有广阔的开发前景和巨大的发展潜力。全市生态环境初步改善,全市90%的坡耕地变成了梯田,68%的水土流失面积得到治理,退耕还林300多万亩,森林覆盖率提高到12.5%。通渭县的温泉日出水量6 000吨以上,地面水温达54℃,富含20多种微量元素,水质很好。定西资源丰富,开发前景广阔。这里的土壤气候极适合中药材、马铃薯生长。中药材资源十分丰富,已查明的中药材有300多种,尤以岷归、党参驰名中外。所产马铃薯形整、质优、储存期长、淀粉含量高。由于光照充足,昼夜温差大,所产花卉色泽艳丽,香气宜人,也极适宜生产各种食用菌。定西是全国重点的中药材资源富集区、人工种植的主产区、仓储物流的集散地。为了加快中药材产业化开发、现代化与国际化进程,定西市超前性、创造性地提出了全力打造"中国药都"战略性构想,实现中药材产业由量的扩张积累向质量效益型转变,由"千年药乡"、"西北药都"、"药材之乡"向"中国药都"迈进,这是中药材产业全方位升级、由传统型向现代型转轨的必然选择。还有丰富的矿产资源,红柱石、大理石、花岗岩、黄金等矿产资源储量较大。水能资源蕴藏量达87.84万千瓦。漳县的贵清山、遮阳山,渭源的莲峰山、首阳山等国家级、省级森林公园和通渭温泉等,都极具开发价值。

定西的地理位置十分重要,是古代"丝绸之路"上的重镇,又是新欧亚大陆桥的必经之地,素有"甘肃咽喉、兰州门户"之称,距离兰州仅98公里,国道312、310、212、316线以及陇海铁路、宝兰铁路复线穿境而过,规划中的兰渝铁路将途经定西渭源、岷县三县,兰州到定西、兰州到临洮的高速公路已建成通车,罗汉洞到定西的高速公路年内开工建设,天水到定西、临洮到文县罐子沟的高速公路正在做前期工作,即将动工建设。定西拟打造"一个区域中心"(定西市区)、"三个发展平台(陇西、临洮、岷县)"的城市框架体系,将使定西完全融入兰州大都市1小时经济圈。定西市还有许多自然、文化和人文景观,如马家窑等新石器时代文化遗址、战国秦长城、灞陵桥、李氏同胞寻根敬祖的"李氏堂"、红军长征时榜罗镇会议会址、贵清山、莲峰山等,旅游资源十分丰富。

定西地处黄河中上游,是中华民族的发祥地之一。独特的地缘决定了定西文化的悠久和博大,黄河文化、农耕文化、民族文化、丝路文化以及红色文化的水乳交融,形成了定西深厚的历史文化渊源,孕育了灿烂的历史文化遗产。马家窑文化及辛店文化、寺洼文化、战国秦长城文化源远流长,世界驰名;李氏文化以其独特的视角和影响力享誉中外;洮河文化、渭河文化、丝绸之路文化根深叶茂,内涵丰富;彩陶、奇石、洮砚、剪纸、雕刻等民间工艺独具特色;陇中民歌、花儿、小曲、民间神话等民间艺术享誉全国;具有民俗风情的节会文化日益成为文化艺术发展的重要载体;在中国革命史上留下灿烂篇章的岷县"岷州会议"遗址、通渭县榜罗会议遗址以及数处烈士陵园等,是全市乃至全国宝贵的革命历史文化财富。

定西市安定区历史悠久,早在四千多年前,这块土地上就留下了华夏民族祖先的足迹。夏、商、西周时期,这里属《禹贡》雍州地,为氐族、羌族等游牧地。春秋战国时为西戎地,秦穆公时,任用百里奚为大夫,征伐西边戎族小国(部落),辟地千里,从此进入秦国版图。秦昭襄王二十七年(前280年)设置陇西郡,治所在狄道(今临洮),并将现在安定的区域划归陇西郡。宋元丰五年(1082年)宋帝赐名"定西",含"安定西边"之意,这便是历史上第一次出现"定西"的名字。金皇统初(1143年左右)定西城初置设县,贞祐四年(1216年)升为州,属巩昌府。元顺帝至正十二年(1352年)改"定西州为安定州",明太祖洪武十年(1377年)降安定州为安定县,属巩昌府,历经明、清两代。民国三年(1914年)复改为定西县。1949年8月14日定西解放后,定西县的名称一直沿用,属定西地区行政公署。2003年9月,随着定西地区撤地设市,定西县撤县设区,更名为"定西市安定区"。漫长的历史,悠久的文化,给定西留下了许多文物古迹。安定区境内文物古迹很多,多处发现新石器时代仰韶文化和齐家文化遗址,巉口三十里铺汉墓群、李家堡汉墓群、安西古城遗址都有一定的规模。明洪武三年(1370年),徐达大破元将扩廓帖木儿(汉名王保保)的沈儿峪大战就发生在巉口,著名文物"新莽权衡"就是1925年在巉口出土的。区文化馆收藏的"战国印"、"西夏文字遗迹"都是稀世罕见的国家一级文物。

定西市临洮县位于甘肃省中部,定西市西部,是省会兰州的南大门。全县总面积2 851平方公里,辖12个镇、6个乡,6个社区、324个村委会。最低气温－29.5℃,年降水量317～760毫米,无霜期80～190天。近年来,临洮县相继荣获"全国田径之乡"、"中国花木之乡"、"中国民间艺术之乡"、"中国花卉之乡"、"全国科技进步先进县"、"全国残疾人工作先进县"、"全国民政工作先进县"、"全国科普示范县"等殊荣。临洮古称狄道,自古为西北名邑、陇右重镇、古丝绸之路要道,是黄河上游古文化发祥地之一,素有"彩陶之乡"、"文化县"美誉。迄今建县已有2 380多年的历史。闻名中外的马家窑文化、寺洼文化、辛店文化都因首先发现于境内而得名,据《史记》、《后汉书》记载,老子西行到渭水上游,洮水流域秦地——夷狄(今临洮),传道修行,著书立说,超然飞升。临洮县城距兰州市区仅85公里,212等三条国道穿境而过,城乡道路纵横交错,四通八达;兰临高速公路的通车,进一步缩短了临洮到兰州的距离。随着临罐、康临等高速公路的动工建设,临洮的交通条件将更加便利。黄河上游最大的支流——洮河,流经县内9个乡镇115公里,年过境水量53亿立方米,水质优良,无污染,属国家一级保护水系。

陇西县位于甘肃省东南部,定西地区中部,渭河上游,东接通渭县,南连武山、漳县,西邻渭源县,北靠定西市,东西宽52公里,南北长46公里,是古丝绸之路和新亚欧大路桥的必经之地,面积2 408平方公里,人口49.8万人。陇西是西陇海兰新线上的璀璨明珠,有着优越的区位优势、广阔的发展空间、丰富的产业资源和良好的投资环境,乃海内外客商投资兴业的理想之地,素有"西部药都"、"千年药乡"、"中国黄芪之乡","陇原三绝"、"中国腊肉之乡"之称。陇西以悠久的历史载于华夏文明史册,秦置陇西郡,汉设襄武县,在两千多年的历史长河中,陇西一直为历代郡、州、府治所在,还一度成为甘肃省最早的省会,是陇右政治、经济、军事、文化的中心,古建筑威远楼雄居县城中心,声闻四方;省级森林公园仁寿山,亭台楼榭,风景秀丽。位于陇山以西、渭水河畔的古陇郡是华夏古老文明的发祥地之一,也是中华李氏的发祥地。在悠久的历史长河中,魏魏陇山,泱泱渭水,孕育了内涵丰富、源远流长的陇西李氏文化,它是中华民族优秀传统文化的重要组成部分,是与敦煌文化、天水伏羲文化、拉卜楞寺藏传佛教文化齐名的甘肃四大文化之一。天下李氏源于陇西,"陇西堂"闻名海内外,历代英才辈出,中国文学史上的"陇西三李"都是今天的陇西县人,李公佐、李朝威、李复言三位唐传奇作家给我们留下了不少脍炙人口的作品。鲁迅《中国小说史略》称"唐人传奇留遗不少。而后来煊赫如是者,唯《莺莺传》及李朝威《柳毅传书》而已"。陇西李氏文化研究方兴未艾,分别于1994年、1997和2000年成功举办了"陇西李氏文化全国研讨会"、"陇西李氏文化旅游观光节"和"陇西李氏文化第二次全国研讨会暨西部大开发陇西经贸洽谈会"。仰韶文化是黄河流域新石器时代早期文化遗址的代表,在渭河流域,尤其在甘谷、武山、陇西、渭源的渭河上游两岸比较集中。在陇西地区,沿渭河南岸的黄土台地保存了许多仰韶文化遗址。这些遗址的分布从西到东,包括首阳镇的龙头山文化遗址、昌谷乡的梁家坪文化遗址、巩昌镇的张家坪文化遗址、文峰镇的暖泉山文化遗址等十多处。文化遗址中出土的遗物丰富。有石器如石刀、石斧、石镞、石杵等;骨器有骨刀、骨针等。出土的陶器最多,如陶刀、陶环、陶纺轮、陶器皿等。陶器多属粗陶,其中彩陶表面红色,表里磨光,并有彩绘,如弧线三角纹、口沿单线纹等,尤其是尖底瓶的彩陶更为光彩夺目,造型独特优美,纹饰严谨,具有流畅感,充分体现了仰韶文化的风格和特征,它是彩陶中的瑰宝。齐家文化是新石器晚期的另一类型的文化,因最初发现于甘肃和政齐家坪而得名。齐家文化在甘肃境内的渭河流域分布较广。陇西地区发现有二十几处遗址,分布在渭河南北两岸的黄土台地上,包括首阳乡韩家坪、梅家咀,菜子乡沙家庄、牟家台子,巩昌镇周家庄,南安乡唐家坪,云田乡红上沟,文峰镇营盘坪、堡子坪等文化遗址。陇西将成为凝聚中华文化的重点县。陇西区位优越,交通便利。东达古都西安,西临省会兰州,陇海铁路纵贯东西,宝兰二线横跨境内,定陇公路建成使用,连霍高速穿境而过,多条国、省公路与铁路在"旱码头"文峰镇交汇,成为连接周边数十个市州县的交通枢纽。

渭源县因地处渭水源头而得名,渭水发源于鸟鼠山,"鸟鼠同穴"这一奇异的自然现象使这座山在历史上很有名气。渭源县的首阳山,是一座在我国历史上十分驰名的文化之山。司马迁在《史记》中记载了伯夷、叔齐不食周粟饿死首阳山的著名故事。除这两座名山外,还有贵清山、遮阳山、龙谷峡、天井峡等森林公园,它们因林木的青翠与陇中干旱的巨大反差而成为旅游胜景。

定西要开发马家窑彩陶文化博览园、李氏祭祖基地、文化名山旅游、通渭温泉书画城等文化产业项目,打造彩陶文化、黄河文化、李氏文化、生态文化品牌,把定西建成甘肃丝绸之路文化产业带和丝绸之路国际旅游区的重要节点。著名的丝绸之路,唐蕃古道穿境而过,东西文化交汇,多民族文化融合,给陇中大地提供了丰富的历史文化资源。今天,在这片积淀着深厚历史文化底蕴的热土上,定西人民正以饱满的热情投身于生机勃勃的文化建设事业,特色文化产业迅速崛起,"陇中特色文化名市"建设驶入了快车道。早在 2002 年,围绕省委、省政府建设特色文化大省的总体战略,定西市委、市政府响亮地提出了"挖掘地域特色文化资源,建设陇中特色文化名市"的战略构想,以对马家窑文化为代表的历史文化的研究和发掘为突破口,确立了"以打造农民书画、彩陶制品、洮砚加工等艺术品牌,推动文化产业发展"的思路;在文艺团体改革上,确立了"两条腿走路,走多元化发展路子"的思路;在设施建设上,确立了"以文化建设项目推动文化事业发展"的思路。经过各界不懈努力,取得了令人瞩目的文化事业建设成就。

马家窑彩陶的研究和开发取得了突破性进展。彩陶研制专家李志明提出来的马家窑彩陶无极观、半山彩陶天人合一观、马厂类型彩陶神化观等论点得到国内外专家认可,他的多项彩陶制作工艺已获国家专利,其仿古彩陶制作已申请省级和国家级专利,被英国皇家博物馆、美国休斯敦博物馆主永久性收藏。

洮砚开发已步入辉煌。随着岷县农民企业家赵成德的"九九回归砚"、"中华民族大团结砚"、"东方醒狮砚"等名砚的问世,工艺精美的洮砚已成为甘肃独有的名优特色产品,形成了上万人专门活跃在制砚、运输、销售环节中的洮砚产业大军,洮砚因其制作工艺款式独特,雕刻精细,享誉天下,远销海内外。

通渭是甘肃唯一的"中国书画艺术之乡",以通渭为代表的定西书画艺术是民族艺术园中的奇葩。自古以来,陇中人民崇尚艺术,钟情于书画,习字作画之风久盛不衰,家家挂字画,户户藏字画。全市书画爱好者达20万人,创作骨干队伍近2万人,各级书画协会会员已发展到1 600多人。由通渭书法家以江泽民同志"七一"讲话为题材创作的"书法百米长卷",作为甘肃代表团的礼品献给了党的十六大。以通渭、漳县为代表的民间雕塑,种类繁多,制作精细,砖雕、根雕、宫灯和陶器,形成了独具创意、特色各异的制作手法和风格,备受人们喜爱。

文艺创作阵容强大,成绩斐然。近年来,出版了《三生石》《大梁沟传奇》《李家铺外传》《太平鼓》《飘萍》《引洮梦》《七八个星天外》《群山的呼唤》《写不完的家春秋》等近百部文学作品,有多部获得了敦煌文艺奖和优秀图书奖;每年在全国各类文艺刊物上发表各种体裁的作品近千篇,舞会艺术不断发展,空前繁荣,《陇西堂》《大道情深》《红腰带》等戏剧在全省成功演出并获奖。

红色旅游成为新的亮点,通渭"榜罗镇革命遗址"和岷县"岷州会议旧址"被国家列为全国30条红色旅游精品线路和100个全国红色旅游经典景区,是著名的爱国主义和传统教育基地。近年来,省内外3万多人先后前往参观,接受革命历史教育。

民间特色文化资源的挖掘,催生了民间民俗文化的硕果,定西充分发挥通渭"全国书画艺术之乡"、岷县"花儿之乡"和临洮"中国民间艺术之乡"的辐射带动作用,加强了马家窑文化的研究和产品推介,加强了李氏文化的宣传,加强了"洮岷花儿"的探源和加工,进一步挖掘、整理、提炼了以通渭马营小曲、皮影、草编、陇西"云阳板"、岷县"宝卷"词牌民俗民间艺术资源,取得

99

了可喜成果。

为实现文化资源大市向陇中文化名市的跨越,定西市用市场经济的理念来指导文化建设,把发展文化产业作为一项新的课题进行研究,从本地文化资源状况和优势出发,寻找发展文化产业的突破口。加强基础设施建设以创造招商引资环境,在书画、彩陶、洮砚、商业演出等方面加大宣传和推介力度,吸引了社会资金兴办文化产业,现在基本形成了国家、集体、个人多元化投资兴办文化产业的局面。文化基础设施建设采取"项目带动、政府支持、资源整合、多元开发"的措施,得到较大发展。"陇中画院"已投入使用,"陇中文化城"已开工兴建,漳县文化馆及各县(区)重点乡镇的20多项文化基础设施项目正在兴建或进入论证立项阶段。从2002年至今,全市文化设施建设投入资金达2 000多万元,是新中国建立以来至2001年投入的4倍,全市文化馆、群艺馆、公共图书馆、博物馆、影剧院、文体广场等公益文化设施建设如雨后春笋般破土而出。建成乡镇文化站126个,其中省级达标站27个,省级示范文化站6个,省级示范村书库5个,面积达3 800平方米,形成了较有规模的基层文化活动阵地,真正体现了文化事业贴近实际、贴近群众、贴近生活,服务于人民群众的目的。

定西市文化产业坚持走"精品创作与规模经营相结合,文学创作与出版相结合,书画创作与制作工艺相结合"的路子,使文化资源由潜在优势走向经济优势。目前,全市文化产业从业人员逾万人,经营业主达6 000余家,总产值达7 000多万元。推出了马家窑文化、李氏文化、通渭农民书画、洮岷花儿等文化品牌;推出了洮砚、彩陶、奇石、书画四大精品,并且这四大文化精品的开发已进入专业化、品牌化、规模化的发展阶段。

6.2.3　临夏州文化资源

临夏回族自治州位于黄河上游,甘肃省中部西南边缘,地处青藏高原和黄土高原过渡地带,介于北纬34°54′～36°12′、东经102°41′～103°40′之间。临夏历史悠久,秦汉王朝时就在此设县、置州、建郡,古称枹罕,后改河州、导河,是历代兵家必争之地,唐蕃古道之重镇,茶马互市之中心,有"河湟重镇"之称。临夏州南北长183.6公里,东西宽136公里,总面积8 206.32平方公里,东濒洮河与定西地区相望、西倚积石山与青海省毗连、南屏太子山与甘南藏族自治州为邻、北邻黄河、湟水与兰州市、青海省民和县接壤。全州辖七县一市,即临夏市、临夏县、永靖县、康乐县、广河县、和政县、东乡族自治县、积石山保安族东乡族撒拉族自治县。州府所在地为临夏市。临夏历史上是古丝绸之路和唐蕃古道的重镇,明清以来"茶马互市"的中心,有西部

"旱马头"之称,具有独特的区域辐射优势。同时具有黄土高原与青藏高原过渡带、冷暖干湿气候过渡带、农牧区过渡带的"三过渡"地理优势;北部毗邻兰州,南部接壤青藏牧区,南北均为农副产品消费大区,是西部地区重要的商贸中心,有较强的辐射带动作用。州内海拔高低悬殊(最低处1 563米,最高处4 636米),相对高差大,有高山峻岭、线山丘陵,也有川、塬、台和人工湖、库区水面。境内较大的山岭有163座,大小沟谷10 823条,万亩以上川道14处,塬台15处,绝大部分属山地丘陵区,占总面积的90%,河谷阶地面积占10%。地势由西南向东北倾斜,南北跨高寒阴湿山区,河谷川塬灌区,干旱半干旱区。临夏平均海拔2 000米,年平均气温6.3℃,降雨量537毫米,无霜期157天,境内山峦叠嶂,河流纵横,物产丰富,资源富蕴,气候温和,风景优美。自然遗存丰厚,恐龙足印化石群和古生物化石群震惊中外,被誉为"古生物的伊甸园"。

临夏州州内旅游资源富集。各类旅游景区(点)107处,包括人文类76处,自然类31处。县(市)级以上景区86处,占总量的79%。其中:国家级重点风景名胜区1处,国家地质公园1处,国家级文物保护单位2处,国家级森林公园1处;省级文物保护单位15处,省级自然保护区1处;县市级文物保护单位67处。新石器时代先民们创造的马家窑文化、齐家文化、马厂文化和寺洼文化,至今仍闪烁着璀璨的光芒。已出土的数万件文物中,有许多是闻名遐迩的稀世珍品。闻名中外的国宝"彩陶王"即出土于此,现珍藏于国家历史博物馆,临夏亦获得了"彩陶之乡"的美称。临夏古称"河州",始建于前凉时期(330年),是汉、唐丝绸之路的南道要驿,明代著名的四大茶马司之一——河州茶马司。历史上曾是中原和青藏边远地区进行商贸、文化交流的集散地和军事重镇,世有"高原商埠"和"河湟雄镇"之称。临夏市为历史上西秦国的建都地。临夏民间艺术年代久远,丰富多彩。临夏"花儿"首屈一指,曲目浩繁,风格迥异,是中国艺术百花园中的一朵奇葩。临夏境内群峰耸列,河谷纵横,山川壮丽,环境优美,旅游资源丰富,旅游景点较多。刘家峡、炳灵寺、万寿观、红园、东宫馆、莲花山、松鸣岩等众多风景名胜,令人神往。不同风格的宗教建筑遍布境内,与藏传佛教六大寺院之一的拉卜楞寺相邻。临夏交通便利,风景秀美,既有高原的豪放景象,又有江南的俊秀之态,是甘肃乃至西北地区的游览避暑胜地。

临夏回族自治州地处青藏高原与黄土高原的过渡带,丝绸古道、唐蕃古道、甘川古道在境内交错延伸,名胜古迹星罗棋布。这里的古文化遗存十分丰富,有马家窑文化、半山文化、齐家文化、辛店文化、寺洼文化等文化类型,

101

已发现古文化遗址548处;这里又是彩陶之乡,闻名全国的"彩陶王"就出土在临夏的积石山县;还有声震遐迩的炳灵寺石窟。这里居住着回、东乡、保安、撒拉等少数民族,独具一格的伊斯兰生活礼仪、建筑艺术、手工艺术、歌舞艺术构成了多姿多彩的民族民间文化画卷。这里曾是古生物的乐园,以铲齿象、三趾马为代表的灭绝动物的实物标本、珍贵化石,其数量之多,规模之大,物种之丰,堪与美国、瑞典等国家博物馆的馆藏文物媲美。120多个完整清晰的恐龙足印化石的发现,给古生物乐园又添一道耀眼的光环。临夏自然风光可圈可点,有黄河三峡、松鸣岩、莲花山、积石关等著名景观。在临夏信仰伊斯兰教的少数民族人口102.7万人,约占全州总人口的56%。伊斯兰教在这块神奇而古老的土地上有着悠久的历史和深远的影响。早在唐朝时期,伴着丝绸之路的悠悠驼铃声,历经宋元明清朝代,伊斯兰教在这里扎根并传播,逐步发展成为中国西北伊斯兰教中心,教派分支日益详细、系统而全面,伊斯兰教"四大教派",即格的目、伊赫瓦尼、西道堂和色来非耶在临夏俱全,"四大门宦",即哲赫忍耶、虎夫耶、库布忍耶和尕德忍耶在临夏颇有影响。"四大门宦"下属30多个支派。临夏成为了人们研究伊斯兰教在中国传播和发展的历史胜地。临夏穆斯林与各民族一起生活,伊斯兰教起了重要的纽带作用。经过经济、文化交流,长期融合,受中国文化的影响,穆斯林学中文、读儒书、按中国习俗定姓取名。同时,笃信伊斯兰教,有信真主、信圣人、信天仙、信前定、信经典、信后世六大信条,"念、礼、斋、课、朝"五大功课,由宗教规定形成的婚姻、丧葬、饮食等习俗,世代相传,逐步形成了穆斯林民族的民俗风情。临夏是个多民族、多宗教共存的地方,境内有22个民族共196万人,回族在临夏州境内的总人口约61万人。其中信仰伊斯兰教的有回族、东乡族、保安族、撒拉族等,占全州人口的56.4%,土族、藏族和部分汉族信仰汉传佛教、藏传佛教和天主教。保安族、东乡族是临夏州独有的两个民族。

临夏是重要的回族聚居地之一,也是伊斯兰教在中国影响最深的地区之一。唐代,经丝绸之路来中国的大食信使、商旅不绝于道,有不少人留居,传播伊斯兰教,与当地民族通婚融合,逐步形成了现在的回族。回族正是在中国封建社会高度发展的后期,资本主义萌芽已经出现,不断从中到西,从西到东,逐渐吸收,接受汉文化,并与其他民族密切交往形成的。回族善于经商,从事各种手工业、加工业、饮食等行业,驰誉各地而独树一帜。回族以汉语言作为语言交际工具,婚姻、丧葬、饮食、服饰等生活习俗都独具特色。

临夏州的东乡族人口约25万人,占全州总人口的23%,多居住在东乡族自治县境内。有自己本民族的语言,属阿尔泰语系蒙古语族。据说,东乡族的族源和形成,是以12、13世纪居住在中亚一带信仰伊斯兰教的民族,主要是色目人为主,通过经商、传教来到临夏定居,与当地的汉、回、蒙古等民族融合,逐步形成了现在的东乡族。东乡族普遍信仰伊斯兰教。衣食住行及风俗习惯,与附近的回族基本相似。

保安族共有1.16万人,占全州人口的0.8%,主要聚居在积石山保安族东乡族撒拉族自治县境内。有自己本民族的语言,属阿尔泰语系蒙古语族。保安族的族源的形成,根据传说及其语言特色、人种特征和生活习惯,一般认为是元朝以来一批信仰伊斯兰教的中亚色目人,在青海同仁地区戍边屯垦,同当地的蒙、藏等民族自然融合,逐步形成的一个民族。后迁徙到了临夏州境内。由于伊斯兰教的影响,生活习俗大多跟回族相近,尤其善于铸刀。

撒拉族在临夏州的人口约9 500多人,有自己的语言,属阿尔泰语系突厥语族的乌古斯语组。撒拉族是元代后期从中亚撒马尔罕一带迁徙而来的一个部落民族,到青海省循化撒拉族自治县和甘肃省积石山保安族东乡族撒拉族自治县境内定居,与当地的回、汉、藏等民族相融合,形成了现在的撒拉族。其生活习俗也大致跟回族相近。

临夏州有着非常丰富的民族文化资源等待进一步开发,总括起来看主要包括以下几个方面:

民族地毯 临夏手工地毯历史悠久,做工精致,享誉海内外,因具有浓郁地方特色和民族特色而久负盛名。主要品种有礼拜毯、民族挂毯、仿古地毯、美术挂毯、客厅用毯、藏毯等。产品采用国内优质土种羊毛经过特殊的植物染色、手工制作,经化学洗刷后呈丝光棉缎,剪后壮似浮雕,经工艺处理,外观古色古香,典雅别致,有很高的艺术欣赏价值和实用价值。

雕刻葫芦 "雕葫芦"约有上百年历史,是临夏民间艺术中的一朵奇葩。采用针雕技法,一粗一细两根钢针,大针勾勒,小针刻画,使雕葫芦艺术日趋完美、光彩夺目。其原材料主要来源于家种葫芦,讲究大小均匀;主要采用晒泡、上光等特殊工艺在其表面细心绘制人物、民族风情、山水图案、配以名人诗文而成。雕葫芦大体有三种:一是小圆雕葫芦,不仅可观赏,还可当作健身球;二是单吊葫芦,讲究要圆润无疤结,以便聚音;三是天然生成的疙瘩葫芦,浑身布满了奇形怪状的疙瘩,这是种子变异造成的,极为罕见,稍加雕琢修饰,用手越摸越亮,颇有一种天然的拙趣。现今,雕葫芦带着河州人的聪明和才智,远渡大洋彼岸,更是深受港澳台同胞的欢迎。

河州砖雕　砖雕艺术是河州民间艺术中一朵娇艳多姿的奇葩。大约起源于北宋,成熟于明清,是用粘土泥巴或青砖为原料,焙烧或刻制而成的一种建筑艺术材料,经无数能工巧匠继承创新,作品多姿多彩,构图严谨,雕镂精细,浑然天成,富于极强的想象力和表现力。砖雕有其独特的刀法,一副砖雕往往由三四层图案构成,重重叠叠,里呼外应,浑然一体,宛若一刀刻成,给人以强烈的立体感。它巧妙地将书法、绘画和雕刻融为一体,构思新颖、富有诗意和浓厚的生活气息,取材广泛,有着浓郁的地方特色和民族色彩。回族砖雕以其细腻多姿的雕刻,摄取生活的瞬间,用非凡的构思达到形态生动多变的效果。遍览河州砖雕,不论何种图案,很少有人物活动的场面,这是临夏回族砖雕的重要标志。清真寺用吉祥主题、吉祥纹样,不用人物作品。今天,临夏砖雕作为一种历史悠久的民间艺术,随着一支支古典建筑工程队活跃在大江南北,这枝璀璨的艺术之花,开遍了神州大地。

保安腰刀　"保安腰刀"是保安人民的传统工艺品,是保安族文化的瑰宝。它作为民族工艺品,具有工艺精美、刀刃锋利、经久耐用、携带方便等特点,是藏、蒙、回、保安、哈萨克、维吾尔等少数民族不可缺少的日用品。"保安腰刀"的制作,迄今已有130多年的历史,早期生产的腰刀是没有鞘的木头把子——波日季及牛角把子的黑膛刀。如今生产技术不断提高,品种不断增加,工艺流程有设计、打坯成型、刻花刺字等。这种腰刀造型优美、线条明快,装潢考究,工艺精湛。

麦秆贴画　麦秆工艺画是以小麦秸秆为原料,经数道工艺加工绘制而成的装饰画。该画在继承传统国画的基础上,采用了中国画的表现手法,西洋画的明暗透视,并将现代摄影、雕刻、刺绣等技术融合在一起,形成一种独特的工艺美术。具有色彩鲜艳、图案清晰、光泽明亮、立体感强等特点,尤其在室内,根据视角的不同可以变幻出几种不同的颜色,既是现代家庭的装饰品,又是艺术品,是观赏和收藏的佳品。

黄河奇石　黄河支流洮河及大夏河流域以其独有的地质结构,形成了得天独厚的奇石资源。海绵石、珊瑚化石等石型完美,构图奇妙,色彩艳丽,花纹多变,对比强烈,石质坚润,形象逼真,人物、花鸟、动物都惟妙惟肖。黄河奇石仿佛"鬼斧神工",令人拍案叫绝,被称为"黄河瑰宝",令收藏家们叹为观止,爱不释手。

角制工艺品　该产品是选用青藏高原特有牦牛角、番羊角,运用祖国传统手工工艺,经脱脂后,精心制作成具有欣赏价值的各种牛羊颅挂饰、摆设工艺品,牛羊角保健梳子三大系列造型美观别致,保持了高原野性美的自然风格,是现代家庭不可缺少的高档装饰品。这些角制工艺品造型各异,精巧美观,被誉为"陇原一绝"。

河州刺绣　是在优质缎、绸、棉等布料上配以独特设计的图案,用多种丝线刺绣而成,色彩艳丽,是馈赠亲友和旅游纪念之佳品。

临夏被誉为"中国花儿之乡"。2004年10月19日,中国民间文艺家协会授予甘肃省临夏回族自治州"中国花儿之乡"称号。花儿是流行于甘肃省临夏、甘南、岷县等地的独具风格的民歌,具有高亢嘹亮、挺拔明快、激越动听的特色。"花儿"最早是起源于甘、宁、青一带少数民族的情歌。早在清乾隆时代就负有盛名。清代临洮诗人吴镇曾有"花儿饶比兴,番女亦风流"的赞语。"花儿"由于流行地区的不同,被分为临夏"花儿"和洮岷"花儿"两大派,两派又根据其结构、格调、唱法的不同分为诸多分支。临夏花儿主要流传于甘肃河州(今甘肃临夏回族自治州)一带。它是花儿两大派系中流传范围最广、影响最大、音像出版物最多的一派,极受汉、回、东乡、土、撒拉、保安、藏、裕固等八个民族广大群众的喜爱。2009年9月,"甘肃花儿"进入联合国教科文组织"人类口头和非物质文化遗产代表作名录","花儿"成为甘肃省第一个世界级"非遗"项目。

临夏州现有科研机构7个,各类专业科技人员1.14万人,各类学术团体35个,科普协会132个,可承担国列、省列科研项目,为自治州农业、林业、畜牧业生产服务。临夏州有各类学校1 497所,其中小学1 212所,普通中学95所,电大分校1所,师范学校2所,中等专业学校5所,职业技术学校7所,幼儿园46所。适龄儿童入学率达94.48%。

临夏州实现了乡镇和行政村村村通广播电视的目标,全州现有一个州级广播电视台,采编播设备已实现数字化,设有《临夏新闻》《走南闯北临夏人》《这方热土》《新闻透视》等栏目,拥有县级调频广播转播台9座,乡镇级小调频广播站38个,村级小调频广播转播室86个,省属中波广播转播台1座。全州广播人口综合覆盖率达到75.93%。全州拥有大功率电视转播1座,县级电视转播台8座,乡(镇)电视转播站42个,村级电视转播室290个。已建成县级以上区域性有线电视台8个,全州电视人口综合覆盖率达到84.75%。广电光缆线网于2002年12月31日全线开通,实现了国家、省、州和县四级有线电视的联网,为广电事业的进一步发展奠定了基础,为临夏信息化建设做出了积极贡献。

自治州成立后,全州七县一市先后成立了体育组织机构,承担政府发展体育事业的职能。全州现有体育专职工作人员180余人,取得技术职称的

30多人,尤其是全民健身计划实施以来,群众体育发展更加迅速。目前,全州自发组织起来的各类体育健身点有100多个。临夏州少数民族体育有浓郁的民族风格和鲜明的地方特色,先后挖掘整理了几十项民族体育运动项目。

6.2.4　天祝县文化资源

武威市天祝藏族自治县地处河西走廊东端,介于北纬36°31′~37°55′,东经102°07′~103°46′之间,南接永登县,东靠景泰县,北邻武威市和古浪县,西北与肃南县接壤,西与青海省的门源、互助、乐都县毗邻。东西宽142.6公里,南北长158.4公里,总面积7 000多平方公里,辖5镇、17乡、221个村民委员会、4个居民委员会。县人民政府驻地华藏寺镇,东南距省会兰州144公里,西北距武威市132公里。天祝地势西部高峻,而东南逐渐变低,属青藏高原、黄土高原和内蒙古高原的交汇地带,海拔在2 040~4 874米之间,境内4 000米以上的大山有马牙雪山、雷公山、牛头山、歪巴郎山、代乾山、干沙峨博、磨脐山、响水顶、卡洼掌等。这里峰峦叠嶂,山顶终年白雪皑皑,山涧森林茂密,流水潺潺,景色秀丽,矿藏丰富;巍峨的乌鞘岭如一道天然屏障,势控河西,自古就是通往西域的咽喉要道,素有"河西走廊门户"之称;金强川、哈溪滩、抓喜秀龙滩、松山滩等地方有大面积肥沃的农田和优质草原;大通河沿岸有风景优美的朱岔峡、金沙峡、先明峡和著名的天堂寺,是县内正在开发的游览区。天祝全县河流广布,以代乾山及乌鞘岭、毛毛山为界,岭南主要有大通河、金强求河、石门河等为黄河水系;岭北主要有毛藏河、哈溪河、南岔河、响水河、西大滩河等为石羊河水系,年径流量10.24亿立方米,为天祝县和邻县工农业和生活用水的重要水源。境内气候复杂,属寒冷高原性气候。日照时数年均2 500~2 700小时之间,年均气温−8~4℃之间,相对无霜期90~145天,年均降雨量265~632毫米之间。小区域气候复杂多变,常有冰雹、干旱、霜冻和春季风雪等灾害发生。天祝县自然资源丰富,全县有耕地36.98万亩,其中水浇地5.05万亩;草地面积587.11万亩,其中人工草地0.68万亩;现有林地面积277.88万亩。其中,乔木林108.79万亩,活立木总蓄量371.48万立方米,森林覆盖率为26.5%;矿产资源主要有煤、石膏、石灰石、石英石、沙金、铜铁、锰、重晶石、磷、萤石等30多种。其中,沙金、煤炭、石膏、石灰石、石英石藏量大,分布广;野生动物比较珍贵的有雪豹、雪鸡、马鹿、猞猁等;药材有羌活、秦艽、大黄等130多种。

根据东坪等地马家窑文化的马厂类型遗址出土文物考证,早在4 000年前,天祝境内就有人类活动。夏商周时属雍州,为戎、羌驻牧之地;秦为月氏地;汉初被匈奴所据。汉武帝时建河西四郡,今天祝地区纳入西汉版图。从此时起至西晋时分属武威郡和金城郡;东晋十六国时分属武威、昌松、广武3郡;至隋代,为凉州武威郡所辖;唐属陇右道凉州武威郡;五代时属凉州,由吐蕃折逋氏家族统治;北宋属西凉府;公元1036年后为西夏属地;元代设永昌路,分属西凉州和庄浪县;明代设陕西行都司,先后属庄浪卫、凉州卫和古浪守御千户所;清代属 凉州府,由武威、平番、古浪3县辖之;乾隆十八年(1753年)设庄浪茶马理番同知,管辖3县所属的今天祝藏族部落;民国初属甘凉道,由平番县辖;民国三年(1914年)裁庄浪茶马同知,设庄浪茶马厅理番委员,由平番县长兼任;民国十六年(1927年)改平番县为永登县,民国二十五年(1936年)取境内天堂、祝贡二寺之首字为名设天祝乡,属永登县;1950年5月6日成立天祝自治区(县级),属武威专区;根据政务院总理周恩来的指示,于1953年10月22日改称天祝藏族自治区;1955年7月19日,更名为天祝藏族自治县,属武威专区;1955年10月,撤销武威、酒泉两专区,其辖区并入张掖专区,天祝藏族自治县属张掖专区;1958年12月,撤销古浪县建置,其辖区并入天祝县;1961年11月,恢复武威专区,天祝县划归武威专区管辖;1961年12月,恢复古浪县原建置。1985年10月,撤区并乡,县辖5镇17乡。2004年,县内行政区划调整为8镇11乡。

夏至汉初,天祝先后为戎、羌、月氏、匈奴等民族游牧之地。自汉武帝时归入西汉版图之后,以乌鞘岭为界,分属不同的郡县管辖。唐代后,逐步形成了以吐蕃为主体民族的多民族聚居地。明至清初实行千百户制度。清乾隆十八年(1537年)设庄浪茶马理番委员(或称庄浪茶马厅),管理今天祝36族、14寺院。民国25年(1936年)以境内天堂寺和祝贡寺首字"天祝"为名,设置天祝乡,属永登县。天祝县位于武威市南部,与兰州市永登县接壤的天祝,藏语称"华锐",意为"英雄的部落"。天祝是一个以藏族为主体的多民族聚居区,是华锐藏区的主要组成部分。这里自古以来就是藏族先民的驻牧之地。经过长期的融合演变,形成了以吐蕃为主体的华锐藏族。明代,在今天祝、永登境内有藏族部落52个,3万余人。清同治年间因战乱频仍,灾荒连年,剧减至千人左右。至民国初年形成36族、14寺院。根据分布区域,36族有东山8族、红番5族、安远6族、哈溪5族、西坪山1族、华藏1族、南山4族、莫科2族、石门4族。另有鲁土司管辖的连城8族8寺。天祝建县之初,藏族人口为14 012人,至2005年,达到67 370人,占总人口的31.64%。土族是天祝县人数仅次于藏族的少数民族,全县各乡镇均有分布,其中天堂、石门等乡镇分布较为集中。2005年,全县土族人口为12 506人。1988年5

月,曾由省人大批准成立了朱岔土族乡。天祝藏族自治县成立后,党和政府关心和重视少数民族地区的工作,制定了一系列优惠政策,给予了许多特殊照顾。全县各族人民和睦相处,团结奋进,共同开拓和建设天祝,在发展民族经济、繁荣民族文化和改善人民生活方面取得了巨大的成就。少数民族干部队伍和科技队伍日趋壮大,成为政治经济管理和科技发展的重要力量。1999 年,天祝县荣获国务院授予的"民族团结进步模范县"称号。

天祝是新中国成立后周恩来总理亲自命名的我国第一个民族自治县,也是全国仅有的两个藏族自治县之一。域内有藏、汉、土、回、蒙古等 16 个民族,少数民族人口占全县总人口的 38.8%,藏族人口占 37.7%。藏传佛教在天祝的宗教中占主要地位。20 世纪 50 年代中期,有寺院 22 座,僧人千余人。后在历次政治运动中屡遭损毁,僧侣受到不公正待遇。十一届三中全会以后,党的宗教政策得到落实,14 座寺院陆续开放。20 世纪 90 年代,有 4 位活佛转世坐床。同时,伊斯兰教清真寺的恢复和新建,也按照广大穆斯林的意愿得到了落实。全县宗教和顺,社会稳定。天祝人杰地灵,人才辈出,涌现出了许多杰出的人物。三世章嘉·若贝多吉,是青海省互助县佑宁寺五大活佛之一,出生在天祝县旦马乡,精通藏、汉、满、蒙古、梵 5 种语言文字,学识渊博,著作等身,被清朝廷册封为灌顶普善广慈大国师、掌教喇嘛,统领全国佛教。三世土观·罗桑曲吉尼玛生于天祝县朵什乡,亦为佑宁寺五大活佛之一,他博学多识,著述甚丰,被清廷封为掌印喇嘛、御前常侍禅师、大呼图克图、静悟禅师。十三世达赖喇嘛的经师华锐·饶布萨出生在天祝县石门镇,他佛学造诣极高,书法功底深厚,在佛教界有很高的地位。此外尚有华锐·罗桑曲达、华锐格西·久美丹曲等许多高僧大德。

新中国成立以来,天祝县把文化体育事业的机构设施建设和组织开展作为工作重点,狠抓民族传统文化、群众文化体育、文学艺术创作、体育比赛、文物开发管理、文化产业发展等方面的工作,取得了前所未有的成果。天祝县文化馆初建于 1950 年,图书馆建于 1984 年,博物馆建于 1994 年。2000 年 7 月集文化馆、图书馆、博物馆三馆于一体的文化综合大楼在县城建设竣工,建筑面积 2 774 平方米。文化馆内设阅览室、展培部、游艺室,长年开设各类培训班和游艺、阅览等活动;图书馆设图书室、阅览室、工作室,现有藏书 17 281 册;博物馆内设文物库房、文物值班室、文物陈列室,现有馆藏文物 603 件。该县乡镇文化站建设起步于 20 世纪 80 年代初,到 1993 年,全县已有 20 个乡镇建成了文化站。各文化站配备了文化娱乐、体育活动设备器材和数量不等的各类图书,充分发挥了乡镇文化主阵地的作用。各乡镇文化站利用传统节庆和农闲时节,每年组织举办赛马会、花儿会、文艺表演、体育比赛等文化体育活动达 130 多场次,不仅丰富了农牧民群众的文化体育生活,而且促进了乡镇间的信息交流和商贸活动。在农牧区文化体育活动热火朝天开展的同时,县城文化体育活动也开展得丰富多彩。近几年来,县文体局组织开展了县城社区文化体育活动,开辟活动场地 4 处,在社区居委会的大力协助下,参加广场活动的人员 1 000 人以上,活动内容有锅庄舞、秧歌舞、太极拳、太极剑、健身操等。广场晨、晚练活动已成为县城亮丽的风景线。在历届旅游节期间,组织的万人锅庄舞表演,充分展示了天祝人民的精神风貌。县文化馆在坚持开展图书阅览、游艺等阵地活动的同时,在节庆期间组织举办各界人士书画联谊展,组织县内知名人士书画作品赴省、市展出,并且坚持不断地举办书画、数码钢琴、英语等培训班,既树立了文化单位良好的形象,又为文化事业的不断发展提供了经济保障。近几年来,该县书画家协会、摄影家协会、舞蹈协会、音乐协会等文化艺术机构相继成立。各协会积极吸收优秀人才,鼓励创作,一大批具有民族和地方特色的文化作品在省、市级刊物上刊载和出版。仅 2004 年创作的各类文艺作品就达 150 多件(幅),并有 15 件(幅)以上作品在地级以上刊物、文艺活动中发表、展演,促进了全县文艺创作事业的繁荣发展。在文化产业的发展上,该县共有文化经营单位 126 个,经营项目有歌舞、图书租售、书画、旅游、印刷业、音像制品租售、放映、互联网上网服务等。各类文化产业年总收入 100 余万元,上缴利税 30 万元左右。

6.2.5 民和、化隆、循化县文化资源

甘肃与青海比邻,长期以来,两省之间交往频繁,彼此之间影响深远,以兰州为圆心画个半径百公里的圆圈,民和县、化隆县、循化县恰好在大兰州文化圈内,下面对三县的文化资源作一梳理。

民和回族土族自治县位于青海省东部,素有"青海东大门"之称,东部和南部与甘肃省毗邻。东北与甘肃省永登县、兰州市红古区隔大通河相望,东与甘肃省永靖县接壤,南隔黄河与甘肃省积石山相对,西、西北及北部与本省循化县、化隆县、乐都县毗邻。全县居住着汉、回、土、藏等 14 个民族,回族约占总人口的 46%,土族约占 12%。境内交通便利,气候宜人,景色秀丽,风景如画,旅游资源非常丰富。目前已初步勘察发现的人文景观资源 82处,古文化遗址 660 处。其中,国家级文物保护单位 2 处,省级文物保护单位23 处,县级文物保护单位 24 处。民和是黄河、湟水河南北穿流区域,这里群山错落,河流蜿蜒,山青水秀,人杰地灵,是历史文化内涵与优美自然景观相

融合的旅游县。民和回族土族自治县古为羌地,汉时纳入中央政权版籍,置允吾县,魏晋设白土县,北魏设金城县,后改为龙支县,宋为河湟吐蕃地方政权辖地,元隶西宁州,明属西宁卫,清辖于碾伯所,1930年由乐都县析置民和县。县境内有七里寺药水泉、东沟瀑布、三川杏雨、允吾梨花、娘娘天池、黄河古渡、野花宝山等自然景观,其中七里药泉是闻名遐迩的疗养与旅游胜地。

化隆回族自治县位于青海省东部,以回族为主,约占总人口的52%,还有藏族、汉族、撒拉族等12个民族。化隆回族自治县地处黄河谷地北侧山地、沟谷地。化隆县提出"一个中心"、"两条景观带"、"两条旅游通道"、"六大旅游景区"的旅游发展思路,即以群科新区为中心,以完善服务接待设施、提高旅游管理和服务水平为重点,加快景点建设,改善周边环境,打造雄先—塔加景观带、沿黄河景观带和马阴山—甘都旅游通道、扎巴—牙什尕旅游通道,建成巴燕景区、公伯峡景区、昂思多景区、雄先景区、塔加景区和李家峡—夏琼寺景区。化隆回族自治县的主要旅游景点有:夏琼寺、马阴山、旦斗寺、李家峡北岸生态园。夏琼寺属省级文物保护单位,位于青海省化隆县查甫乡,距省会西宁95公里,临平公路南侧15公里处,是化隆县风景区中较著名的宗教文化游览胜地,始建于1394年,为青海最古老的藏传佛教寺院之一。

循化撒拉族自治县位于青海省东部,祁连山支脉拉脊山东端,东与甘肃省积石山保安族东乡族撒拉族自治县和甘肃省临夏县接壤,南临甘肃省夏河县和青海省同仁县。该县地处青藏高原边缘地带,四面环山,黄河流经其中,川道平衍,森林茂密,农田肥沃,牧草丰美。撒拉族人口占全县总人口的62.2%。据专家组考证,撒拉族原居现属土库曼斯坦共和国的马雷州撒尔赫斯地区,约于元朝初携带手抄本《古兰经》东迁定居于青海省循化县,现已有700多年历史。这里气候宜人,环境优美,是青海春天来得最早的地方。滔滔黄河边,巍巍积石山,小镇积石街,树木成行,花香飘溢。孟达天池、骆驼泉、文都大寺三大景区入围"青海十大景观"。这里有撒拉族骆驼泉的美丽传说,有全省第二大清真寺。民族特色浓郁、环境幽静的"撒拉人家"一户挨着一户,品种丰富的撒拉族套餐,热情好客的主人,让客人流连忘返。撒拉族刺绣是撒拉族女子心灵手巧的"身份证",用五彩线穿引出的一片片绿叶、一朵朵娇艳欲滴的芍药花、牡丹花,成了循化县的旅游纪念品。国家级孟达自然保护区被誉为"青藏高原上的西双版纳",区内珍禽异兽、奇花异草约500余种,是一个鲜活的动植物宝库。有峥嵘相间的丹霞地貌、雄奇壮丽

"天下黄河循化美"的积石峡、公伯峡,有浑然天成的双驼峰,有飞流直下的安岗瀑布、婀娜多姿的彩虹瀑布,有宛如仙境的乌山池、声名远扬的清水湾及被赋予美丽传说的孟达天池,还有撒拉族东迁遗迹骆驼泉以及大禹导河的遗迹。青海省第二大清真寺——街子清真寺,有撒拉族先民携带至此的珍贵手抄本《古兰经》以及撒拉族先民"尕勒莽、阿合莽"陵墓。循化还有原全国人大常委会副委员长、已故十世班禅大师故居,纪念塔和文都大寺,有安多天然佛塔及著名藏传佛教大师、原中国佛教协会会长喜饶嘉措的故居、纪念馆等。

综上所述,我们可以看出,建设大兰州文化圈有着非常丰富而独特的文化资源,我们有理由相信,随着大兰州文化圈建设步伐不断向前迈进,对圈内的资源不断整合,必将形成强有力的竞争力,使丰富的资源优势快速转变为强大的产业优势。由于地域原因和历史原因而形成的文化板块内,呈现出明显的具有共同性的文化特征。地理单元的独特性与相对封闭性,造就了一方天地的文化品格;历史的连贯性与延续性,又延伸着本区域的生生不息的文化传统。兰州坐中四联的地理优势,能够更好地发挥中心带动作用,同时能破解兰州发展空间的难题。

大兰州文化圈各类资源列表汇总

表6-1 大兰州文化圈内国家级森林公园名录

序　号	景区名称	地　点
1	吐鲁沟国家森林公园	甘肃省永登县
2	兴隆山国家森林公园	甘肃省榆中县
3	石佛沟国家森林公园	甘肃省榆中县
4	松鸣岩国家森林公园	甘肃省和政县
5	徐家山国家森林公园	甘肃省兰州市
6	渭河源国家森林公园	甘肃省定西市
7	天祝三峡国家森林公园	甘肃省天祝县
8	莲花山国家森林公园	甘肃省康乐县
9	寿鹿山国家森林公园	甘肃省白银市

表 6 - 2 大兰州文化圈内 4A 级景区名录

级 别	景点名称	所在城市
4A	兴隆山国家级自然保护区	兰州市
	兰州水车博览园	
	兰州五泉山公园	
	兰州吐鲁沟国家森林公园	
	漳县贵清山／遮阳山旅游风景区	定西市
	松鸣岩风景名胜区	临夏回族自治州

表 6 - 3 大兰州文化圈内国家级地质公园名录

序 号	景区名称	地 点
1	刘家峡恐龙国家地质公园	甘肃省临夏州永靖县
2	甘肃景泰黄河石林国家地质公园	甘肃省白银市景泰县

注:甘肃仅有 4 家国家地质公园,即敦煌雅丹地貌、刘家峡恐龙、平凉崆峒山和景泰黄河石林。

表 6 - 4 大兰州文化圈内全国红色旅游经典景区名录

序 号	景区名称	地 点
1	白银市会宁县红军长征会师旧址	甘肃省白银市会宁县
2	定西市岷县"岷州会议"纪念馆	甘肃省定西市岷县
3	通渭县榜罗镇革命遗址	甘肃省定西市通渭县
4	兰州市城关区八路军驻兰州办事处旧址	甘肃省兰州市

表 6 - 5 大兰州文化圈内省级地质公园名录

序 号	景区名称	地 点
1	和政古生物化石国家地质公园	和政县
2	贵清山—遮阳山地质公园	漳县
3	天祝三峡地质公园	天祝县

表 6-6　　大兰州文化圈内国家重点文物保护单位名录

序　号	名　　称	时代/年代	地　　址	评定时间
1	炳灵寺石窟	北魏至明	甘肃省永靖县	1961 年
2	马家窑遗址	新石器时代	甘肃省临洮县	1988 年
3	齐家坪遗址	新石器时代	甘肃省广河县	1996 年
4	鲁土司衙门旧址	明、清	甘肃省永登县	1996 年
5	会宁红军会师旧址	1936 年	甘肃省会宁县	1996 年
6	汪氏家族墓地	元至明	甘肃省漳县	2001 年
7	林家遗址	新石器时代	甘肃省东乡县	2006 年
8	牛门洞遗址	新石器至青铜时代	甘肃省会宁县	2006 年
9	寺洼遗址	新石器至青铜时代	甘肃省临洮县	2006 年
10	八角城城址	唐至明	甘肃省夏河县	2006 年
11	永泰城址	明	甘肃省景泰县	2006 年
12	明肃王墓	明	甘肃省榆中县	2006 年
13	红城感恩寺	明至清	甘肃省永登县	2006 年
14	兰州黄河铁桥	清	甘肃省兰州市	2006 年
15	灞陵桥	民国	甘肃省渭源县	2006 年

大兰州文化圈建设研究

113

7. 大兰州文化圈建设的基本思路和路径

兰州市委、市政府按照省委、省政府建设"大兰州"的要求,以兰州为中心、以交通为纽带、以资源为依托、以产业为支撑、以文化旅游为载体、以科学发展为目标,逐步形成了"圈带"结合的区域性一体化经济社会协作体系的发展构想。我们选择大兰州文化圈建设这一课题作为研究突破口,为"大兰州"建设提供文化支持和精神动力,目标是把兰州建成地方特色浓厚、时代特征鲜明、山水相间、动静结合、充满和谐与魅力的西部文化大都市。建设大兰州文化圈,应该以兰白核心经济区和兰白都市经济圈建设为契机,在区域内构建"文化事业共享,文化产业互补"的格局,整合文化资源、发展文化事业、开发文化产业、提高文化素质,充分发挥文化产业的功能,全面提升区域内文化事业和文化产业的发展水平,实现区域内文化事业和文化产业共同繁荣。

7.1 大兰州文化圈建设的基本思路

随着区域经济整合趋势的日益加强,寻求在更大范围、更高层次、更深领域沟通资金流、商品流、人才流和信息流,最大限度地获取经济发展所需的各类生产要素和资源,进而在产业、要素、物流、环境、城市规划等方面联合发展,已成为区域经济持续健康发展的一种客观内在需求。以区域核心城市为主体,联合周边地区,形成一个都市圈,通过都市圈这种形式或机制,实现区域内协调联动,带动整个区域经济发展,成为当下实现区域经济整合、谋求共同发展的广泛共识。所谓"大都市圈",就是在一定地理或行政区域内,由一、二个大城市或特大城市为核心,辐射并带动周边一定范围内的一批中小城市,使其在世界范围内有一定影响力、竞争力的区域城市群或城

114

市带。依托都市圈,加快推进区域经济发展,既是发达国家的一个基本做法,也是我国一些发展较快地区的成功经验。随着对外开放的不断扩大,区域合作的深度和广度进一步加强,一大批都市圈和城市群迅速崛起,不仅在东南沿海形成了珠江三角洲、长江三角洲、环渤海等都市圈和城市群,而且在西部地区,西安都市圈、"大银川"等都市圈也呈现出强劲的发展势头,在推动区域经济发展中发挥了重要作用。从单一的文化品牌到广阔的文化集群成为文化开发的新趋势,在21世纪以来的近十年发展中,广西文化产业依托北部湾实现从"指头"到"拳头"的整合,涌现出一批具有浓郁地方特色的文化品牌:以《八桂大歌》为代表的舞台艺术精品、以《印象·刘三姐》为代表的文化创意产业品牌、以"漓江画派"为代表的美术品牌、以南宁国际民歌艺术节为代表的节庆文化品牌等。这些做法和经验无疑为我们提供了学习与借鉴的范本。要建设大兰州文化圈,必须从以下几个方面入手:

7.1.1 要充分认识大兰州文化圈建设的重要性及其对大兰州建设的贡献

大兰州文化圈是"大兰州"的重要组成部分,有大兰州文化圈方有"大兰州"的完整性,大兰州文化圈更要为"大兰州"呐喊助威,要赋予"大兰州"新的精、气、神和新的文采风韵,要让生活和工作在"大兰州"的人们充满自豪感和幸福感。从某种意义上可以说,大兰州文化圈是"大兰州都市圈"的重要伴生物,也是"大兰州都市圈"的重要构成部分。兰州市是甘肃省经济发展的龙头,经济扩散与集聚中心,以及产业布局重心。拓宽兰州的发展空间,才能整合周边地区的潜在和现实发展要素与力量,使兰州市的建设发展带动周边区域共同发展,达到土地一体化合理开发与整治,产业整合与科学布局,生态环境整体改善,城际实现"公共交通",旅游线路整体规划等。因此,建设兰州都市圈的时机逐步趋于成熟。《西部大开发甘肃省发展规划》明确提出:将兰州尽快建设成为西部大开发的"桥头堡"。为了实现这一目标,在《西陇海兰新线经济带甘肃段开发规划》明确提出:突出建设兰州—白银核心经济区,建设兰州大都市区和兰州一小时经济圈,使其成为甘肃段经济发展最具创新活力的核心增长极。依托省会城市兰州这个甘肃省的经济、政治、文化中心,西北地区的科技、商贸、金融中心和交通、通信枢纽(简称"三中心两枢纽"),构建一个都市圈;目的就是要充分利用兰州明显的区位优势和雄厚的物质、技术基础以及交通通讯、工业基础、市场集散、科技人才优势,将其建设成为一个高质量、高效益、高增长的经济区域,东西部交流的桥梁、纽带,发挥其在全省经济社会发展中的骨干带头作用,加快全省的经济发展。通过区域城市群或城市带建设可以达到土地一体化,从而进行合理的开发和整治;相关产业进行整合之后,产业布局相比现在会更加科学;从生态环境建设上来讲,可以共同来考虑如何进行生产环境的整治,使环境得以改善。多方因素表明,如果兰州在"都市圈"的打造中,能够与白银、临夏、定西、天祝等周边市县联合共建,就能大大降低开发成本,包括旅游、交通、整体规划等多方面。兰州和白银周边的临夏、定西、武威的天祝县的加入,必将使兰州都市圈在紧密关联的同时,如虎添翼,腾飞在即。

通过"兰州都市圈"的打造,兰州与其周边市县进行联合一体化,兰州市的整体功能必将显露,各周边市县的局部功能也将充分挖掘,把这些优势、生产要素和资源进行有机的整合,最终形成圈内各部分密切联系、相互协调的一个整体。从而形成强大的积聚功能,增强城市的积聚、辐射、带动能力以及城市整体的竞争力。

7.1.2 从战略高度认识大兰州文化圈对实现甘肃"中心带动,两翼齐飞,组团发展,整体推进"战略的重要性

通过兰州都市圈带动陇原经济"提速",应在甘肃省发展的长远战略角度考虑,更要站在中国区域经济发展的高度谋划。所以说,兰州都市圈纳入甘肃发展战略,省上统筹规划,以科学发展观为指导,构建资源节约型和环境友好型城市圈,城乡统筹,持续发展,才有可能得到国家的支持,造福陇原。目前,以兰州市为中心的兰州都市圈内的交通问题基本得到解决,兰州到白银,兰州到定西,兰州到天祝县基本实现高速公路连接。正在建设的临夏折桥至兰州达川公路,将是一条新建的交通走廊和从临夏经永靖至兰州的捷径,可大大减少由临夏至兰州方向的行驶里程,避免绕行高山地区带来的不便。此外,该项目还可以缩短由青海、河西等地至临夏及甘南、四川等地区过境交通的行驶里程,提高运输效率。同时,折桥至达川公路将与G213线、G309线组合连接,缩短临夏、永靖与兰州及青海等地的时空距离。据了解,这条公路将打通"黄河三峡"—刘家峡、盐锅峡和八盘峡三座水库的交通瓶颈,改善沿线群众的出行状况。同时,线路还将经过黄河三峡风景名胜区,包括炳灵寺石窟、国家级恐龙地质公园等国家级旅游景点,对加快区域旅游业和旅游经济发展,建设中国西部水乡都起到积极的作用。

省委、省政府区域发展战略实施以来,兰州市为了提升中心辐射带动能力,不断拓展发展领域,积极与周边城市融合。周边市州也积极借力发展,如白银市与兰州市相关职能部门已经进行了多次磋商,就两市一体化进程中相关问题达成了初步意向。临夏州充分发挥毗邻兰州、交通便捷的优势,提出了"依托藏区大市场、融入兰州都市圈"的发展战略,积极主动融入兰州

"1小时经济圈",还提出了"大临夏"的概念。定西市也充分利用省城门户的区位优势,着力打造陇中城市群。因此,我们认为各市应进一步加紧合作步伐,省上更应该尽快出台相关扶持政策,大力打造大兰州文化圈,从而带动全省文化事业和文化产业的大发展。

7.1.3 挖掘黄河文化潜力,打造黄河上游风情线,提升兰州及周边地区的文化品位

今后要把兰州至临夏、兰州至白银黄河沿岸作为实施中心带动战略的重要经济发展带,进行大力开发。根据不同区域特色,不同资源禀赋,因地制宜,统筹规划,布局产业,加快发展。要进一步拓宽思路,努力打造沿黄河经济带,不断提升中心辐射带动力。兰州白银一体化发展的格局已经基本达成共识,当前正在加紧具体的实施方案研究与制定,黄河是兰州和白银一体化的重要纽带,应该抓紧沿黄河流域文化项目的开发,更好地服务于两地经济社会发展。兰州市提出利用柴家峡水电站至永靖盐锅峡水电站28公里黄金水道,以该流域内柴家峡、河口峡、八盘峡、盐锅峡、刘家峡等梯级电站和达川三江口湿地、河心岛,河口夹滩岛等景区景点为基础,打造一条特色生态旅游线路,项目建成后可将河口、达川地区与永靖连为一体,能更好地提高整个区域旅游的知名度和竞争力,从而更好地把区域内的特色旅游资源转化为经济发展优势。兰州、临夏两地要充分认识沿黄河经济带所带来的机遇和挑战,高起点地做好空间布局和整体规划,认真研究具体措施,努力拓展发展空间,把沿黄河经济带建设作为中心带动的一个重点来抓,大力推进区域经济协调发展。现在,凡是到兰州的游客几乎都要去永靖、和政和康乐等地游览一番。随着交通条件的改善,临夏将成为兰州都市圈中一个非常重要的旅游板块。临夏是以清真食品为主的民族特需用品的主要生产地和供给地。地域特色鲜明的清真食品是穆斯林群众的一大贡献,深受各族人民群众的喜爱和欢迎。现在兰州的清真餐饮和牛羊肉市场,绝大部分由临夏人经营和供给。同时,皮革加工和各类民族特需用品,临夏也有一定的生产优势。面向中亚和阿拉伯国家市场,千方百计地做大做强这些产业,形成产业集群,既是临夏加快发展的迫切需要,也可大大提升兰州都市圈的聚集和辐射功能。临夏是兰州乃至黄河中下游生态安全的重要屏障。临夏地处青藏高原向黄土高原的过渡地带,生态环境本来脆弱,加之人地矛盾突出,许多地方由于土地过度开发,导致水土流失十分严重。全州水土流失面积占总面积的85%,每年有3 000多万吨泥沙注入黄河,不仅威胁着刘家峡、盐锅峡、八盘峡等大型水库的安全,而且对兰州及黄河中下游的生态

117

安全也造成严重影响。因此,建设兰州都市圈,实行中心带动,必须高度重视黄河上游的生态建设,以形成可靠的生态保障。兰州与沿黄河各地市山水相连,人文相通,在文化发展上形成互补,在调研中我们了解到,周边地市融入大兰州文化圈的态度非常积极,希望早日建成大兰州文化圈,实现资源共享,互利共赢。

7.1.4 打造核心层,带动外围层,突出中心,繁荣文化,带动周边地区共同发展

以兰州为中心,依托省博物馆、省图书馆、文溯阁《四库全书》藏书楼、兰州碑林、和政古生物化石馆、永靖恐龙足印化石博物馆等现有文化设施和兴隆山、永登鲁土司衙门、黄河石林、刘家峡水库、百里黄河风情线、榆中青城民居、天祝小三峡、莲花山等文化景观,大力发展文化旅游业。充分发挥省会城市的产业优势、科技优势和区位优势,通过培育和建设甘肃印刷科技集聚区、甘肃传统文化博览集聚区、兰州黄河文化产业集聚区、兰州现代传媒产业集聚区、兰州敦煌舞艺术生产培训基地、兰州艺术品和舞美生产基地、白银大敦煌影视基地和甘肃大剧院、飞天文化产业大厦、甘肃简牍研究中心、兰州美术馆等一批重大项目,重点发展文化旅游、现代传媒、出版发行、文艺演出、休闲娱乐、网络文化等产业,大力发展影视拍摄和制作、文化创意、文化博览、动漫游戏等新兴文化产业,形成高品位、高科技、高附加值的文化产品生产和文化服务交易中心。进而向南辐射临夏甘南,向西北辐射武威,向北辐射白银,向东辐射定西,并与相邻省区的接壤县市在文化输出与引进上相衔接,形成更大的发展空间。

7.2 大兰州文化圈建设的路向与途径

7.2.1 大兰州文化圈建设的基本路向

2009 年以来,在深入贯彻落实科学发展观、全面推进经济社会又好又快发展的进程中,党中央、国务院高瞻远瞩,科学决策,出台了《关于进一步支持甘肃经济社会发展的若干意见》(以下简称《意见》),做出了支持兰州白银核心经济区率先发展等一系列重大决策,为甘肃和兰州的发展带来了千载难逢的重大历史机遇。省委、省政府提出了"中心带动"区域发展战略,市委、市政府先后提出"1355"总体发展思路,实施"再造兰州"战略。这一系列发展思路的形成和战略决策的实施,使兰州及其周边广大区域的发展进入了全新的阶段。国务院《意见》充分肯定了甘肃是"中华民族重要的文化资

源宝库"，明确提出甘肃建设"文化大省"的目标任务，为我们在新的发展阶段推进经济、政治、文化和社会协调发展提供了科学的思路和重要的着力点。从国家的战略决策到省市委的部署都十分鲜明地昭示了兰州在甘肃和西北地区发展中的重要地位，其中一个重要方面，就是兰州在建设"文化大省"中的突出地位和作用。在这种形势下，如何大力推进兰州文化发展，如何通过文化软实力的提升推动经济建设的扩张提速，如何以文化发展促进兰州"率先、带动、引领、示范"中心作用的发挥，如何在兰白核心经济区和都市经济圈的建设中形成与之相互协调、相互促进、共同发展的大文化圈，进而促进兰州、甘肃乃至整个西北地区的经济文化协调发展，就成为我们面临的一个十分重要的课题。基于此，兰州市政协在 2009 年成功开展"兰州都市经济圈"重点课题研究的基础上，确定了这一新的重点调研课题，以期通过对"文化圈"问题的深入研究，为市委、市政府在新的发展实践中提供一些有益的借鉴。

我们所研究的文化，是一个"大文化"的概念，既包括文学、艺术、教育、科学、体育、新闻等文化事业及其物质载体，也包括人们的精神风貌、价值观念、社会习俗等所有精神层面的内容，还包括物质成果中附着和升华为文化层面的成果，如工业文化、农业文化、饮食文化等；既包括文化事业，也包括文化产业。通俗地讲，我们所研究的文化建设是对应于经济建设、政治建设、社会建设的文化建设，是中国特色社会主义"四位一体"总体布局中的文化建设。

我们所研究的大兰州文化圈，是一个广大的区域，这一区域与兰州都市经济圈大致叠合，即以兰州为中心、以白银为副中心，包括兰州市域及周边白银、定西、临夏、天祝和青海海东地区部分县域大致 100 至 200 公里范围，而其辐射面更为广大，通过东、西、南、北、西北五条交通线和经济带向外延伸，可以辐射陇东及关中——天水经济区、陇南甘南地区、河西地区和青海、宁夏相邻地区。

我们的研究按照这样一个思路展开：一是深入研究文化圈的有关基础理论，为大兰州文化圈寻找理论支撑，同时研究文化圈与经济圈的内在关系，为"文化圈"与"经济圈"之间的共建和相互促进寻找理论依据；二是理清建设大兰州文化圈的时代背景，为这一命题寻找历史和现实依据，从而明确建设大兰州文化圈的重大现实意义；三是为大兰州文化圈设计空间架构和现实功能，特别是从历史、现实和未来发展的趋势出发，确定文化圈的中心城市、区域范围、辐射范围；四是全面梳理大兰州文化圈的文化资源，分析这些资源的禀赋和性质,为资源的开发创造认识基础;五是初步提出大兰州文化圈建设的基本思路,初步确定文化圈建设的阶段性目标,梳理出重点建设项目;六是对如何建设文化圈,如何实施区域内文化一体化发展,提出一些务实性的对策,供实际工作部门参考。

所以,大兰州文化圈建设的路向是在区域内构建"文化事业共享,文化产业互补"的格局,整合文化资源、发展文化事业、开发文化产业、提高文化素质,充分发挥文化产业的功能,全面提升区域内文化事业和文化产业的发展水平,实现区域内文化事业和文化产业共同繁荣。

7.2.2 大兰州文化圈建设的主要途径

(1)加大公共文化服务体系建设力度,全面提升社会文化服务功能,为文化事业发展奠定良好的社会基础。

公共文化服务体系建设是今后我国经济社会发展的一项长期战略任务,是各级党委、政府的重要职责,更是文化部门的首要任务。当前及今后一个阶段,文化建设必须从构建社会主义核心价值体系、保障广大人民群众基本文化权益的高度出发,努力建设符合中国国情、符合社会主义市场经济规律、符合文化自身发展特点的公共文化服务体系。这就要求我们改变原有的思维方式和工作方法、手段,加强公共文化服务体系制度设计,找寻具体对策、办法和措施,解决实践中存在的突出矛盾和问题,为推进公共文化服务体系建设提供强有力的智力支持和理论支撑。一是从实践推动向理论建设和实践推动并重转变。近年来,各地党委、政府和文化部门在公共文化服务体系建设实践中大胆探索,"摸着石头过河",取得了显著的成绩。但是,作为我国经济社会发展中一项长期的战略性任务,公共文化服务体系建设在理论上还有待丰富和完善,科学的理论体系尚未形成。为充分发挥理论的先导作用,"十二五"时期,社会文化工作将在继续推进实践的同时,更加注重公共文化服务体系理论建设。近年,成立了国家公共文化服务体系专家组作为思想库和智囊团,确定了制度设计研究课题体系,启动实施了国家公共文化服务体系制度设计研究工作。二是从硬件建设向软、硬件建设并重转变。要使公共文化服务体系运行有效,发挥"惠及全民"的作用,只有硬件是不够的,必须软硬件并重,在抓好设施建设的同时,更加注重管理和服务工作。通过完善规章制度,加强科学管理,创新服务机制,提高工作效率,确保"管好阵地"、"用好阵地",推动可持续发展。"十二五"时期,将进一步加强公共文化服务体系规章制度建设,加强公共文化服务体系制度设计研究,以队伍建设、经费保障机制和绩效评估机制为重点,努力形成一套公共文化服务体系管理制度框架。

（2）充分发挥文化产业的功能,实现文化产业对文化事业的"反哺"。

文化产业的功能是文化在自身属性的基础上对社会环境的作用能力,它是文化对社会发生作用的基础和前提。文化产业的基本功能包括经济功能、政治功能和社会功能。①经济功能。经济功能是文化产业首要的功能。文化产业是新的经济增长点。以文化娱乐、影视及音像制品、新闻出版、文化旅游等为本体的文化产业,被国际经济学界公认为"朝阳产业"。同时,文化产业还是当今社会以及未来社会财富积累的重要源泉。随着社会的发展,社会财富的形态也发生了变化,从过去重视物质形态向精神形态转变,知识经济、知识产权、信息产业的文化财富含金量,大大超过了以金、银等为基础的物质财富含金量。特别是文化产业的发展,会促进人们更新观念,带动经济更快发展,使得社会财富更快增长。②政治功能。文化产业的政治功能表现在多方面:首先,文化产业具有教化功能。文化产业虽然不如文化事业那样,具有强烈的使命意识和责任意识,但同样具有教化功能,大众在接受、享用文化产品时,总是会受到他们所共同认可的价值以及相应的行为准则、规范等的教育。其次,文化产业具有维护国家安全的功能。文化产业不仅具有重要的社会价值和经济价值,而且具有重要的战略价值,关系到国家政权的巩固和稳定。第三,文化产业具有维护社会安定的功能。文化产业为大众提供各种文化娱乐和文化服务,使大众可以更好地享用业余时间,可以获得身心放松。可见,文化产业对社会稳定具有促进功能。③社会功能。文化产业的社会功能主要表现在以下方面:首先,文化产业具有娱乐功能。所谓娱乐功能,指的是文化产业能够满足大众放松身心、活动肌体、交流情感的作用。娱乐功能是文化产业重要的功能,也是最基本的功能。其次,文化产业具有审美功能。虽然文化产品是一种"文化工业产品",是一种商品,但它不是普通商品,人们消费的不是它的物质外壳,而是里面的精神内涵,人们消费是为了满足自己的精神需求以及娱乐、休闲和丰富自己的知识与心灵的需要。人们在享受文化产品精神内涵的同时,也得到精神的愉悦、心灵的陶冶。开发文化产业所取得的良好效益,又可以反过来推动地方文化事业的发展。

（3）充分发挥区位优势,实现区域内信息、资源共享,增强市场竞争力,开拓更大的市场。

从区位条件看,甘肃省位于我国西部地区,省会兰州市不仅充分发挥了全省中心城市的作用,而且对西北地区正在产生较大的影响力。兰州是东部、中部地区和西南地区联系大西北的桥头堡,是通往新疆、青海、西藏等边远地区的枢纽。从交通运输角度来看,兰州是新亚欧大陆桥的重要节点,是全国 12 个主干交通枢纽之一,是西北地区铁路、公路、航空兼备的综合运输枢纽,在沟通沿海、中部地带与西北省区的物资和人员交流中起着十分重要的作用。兰州不仅中心区位突出,随着青藏线的建设,其门户作用也在加强。优越的区位条件是兰州经济区发育的基础,要站在西北区域一体化、陆桥经济带全面崛起、沿黄经济带的发展、西部地区持续高效开发与稳定发展等角度考虑兰州的发展,把兰州作为区域发展的战略重点来看。省会都市圈是最具备集聚发展条件的区域,兰州都市圈是西北整个发展带的中心支点,目前兰州都市圈已具雏形。对于甘肃来说,从兰州大都市圈的高度研究和规划甘肃未来的发展,通过发挥中心城市的集聚和辐射作用,逐步提高甘肃省的综合竞争能力具有重要的理论和现实意义。从区位价值看,兰州具有四大优势:一是兰州是省会城市,在省内是独一无二的地理中心、工业中心、经济中心、商贸中心、交通枢纽和政治、文化中心。全省经济社会发展,都必须以兰州为依托。二是兰州是西北地区的地理位置和经济基础上都具备区域性中心城市条件的城市之一,在今后的西部大开发中,兰州将以这一独特条件获得更多的发展机遇。三是兰州是黄河上游唯一的中心城市,是丝绸之路、"陇海—兰新经济带"乃至整个亚欧大陆桥上重要的城市结点,前景诱人。四是兰州作为中国陆域版图的几何中心,承东启西,连南济北,在国家实现东、中、西部协调发展,构建和谐社会的长远战略中,地位日益重要。

8. 大兰州文化圈建设的阶段性目标与重点项目

一个地方文化事业和文化产业的发展取决于三个最根本要素：一是文化资源。文化资源是文化产业的"生产资料"，是文化产业发展的基础。随着社会生产的发展和市场环境的风云变幻，文化资源的内涵也是不断改变的，因此"文化资源"是一个极具生长性的概念。大兰州文化圈所属区域拥有悠久的历史、广袤的土地和丰富的文化积淀，文化资源的内涵正处在扩展和深化的阶段，越来越多的传统文化正作为"文化资源"复苏。二是文化产品。文化产品是文化"资源化"的成果，文化产品也是联结大众与文化的中介；文化产品是文化生产的结束，是文化消费的对象，也是文化再生产的开始。将文化资源整合创造为普通大众易于和乐于接受的文化产品，再通过高效的、自由的市场将文化产品送到普通大众的手中，大众对于文化产品的消费（娱乐、审美、求知）构成了文化的再生产。文化再生产本质上是"人的生产"，其结果是人的满足和提高，而人的满足和提高才是社会、文化进一步发展的前提和动力。三是文化品牌。文化品牌是衡量一个文化生产流程成功与否的重要标志，文化品牌本身也是重要的市场资源，是文化生产继续发展的推动力。文化品牌代表着一种文化资源或文化产品影响的大众的数量，无疑，这个数量越大、文化生产就越成功。文化品牌对具体文化企业、某一地区乃至整个国家都有不可估量的价值。而打造文化品牌的失败也常常成为文化企业、地区和整个国家文化产业发展的瓶颈。区域文化产业发展的循环链可以概括为："文化资源——文化产品——文化品牌——文化资源"。毫无疑问，明确发展目标，理清发展项目，是使这条循环链得以正常运转的坚实基础。

大兰州文化圈建设的总体目标（2011—2025 年）是：通过总体规划，分阶段实施,提高经济发展、人的全面发展、社会全面发展的文化内涵,在全面建设小康社会的进程中,逐步建立新的价值体系,拥有文明健康的社会秩序,较高文化素质的城乡居民,先进的思想观念和道德规范,淳朴的民风民俗,发达的科学教育,繁荣的专业文化、社会文化和文化产业,健康有序的文化市场,秀美的生态文化环境,和谐的山水城市、村镇建筑文化风貌和人居环境,塑造物质文明、政治文明和精神文明的整体文化形象,促进经济、政治和文化协调发展,构建"特色鲜明、多样互动、开拓创新、充满活力"的文化生态格局。

8.1 近期目标(2011—2015 年)

全面启动大兰州文化圈建设总体规划。对文化资源进行普查、抢救和保护,研究资源整合利用的途径。调整专业文化布局,深化文化管理体制和文化事业单位内部机制改革。繁荣社会文化,规范文化市场,满足人民群众日益增长的精神文化需求。发展文化产业,使之成为新的经济增长点。推进文化标志工程建设,建设大剧院、体育中心、会展中心、广电中心、科技馆、文化广场等标志性文化建筑,完成金城大剧院、解放剧院、东方红电影城的改建,完成金天观、兰州贡院、永登土司衙门、榆中肃王墓、青城民居的保护维修。推进文化项目工程建设,创作 1 ~ 2 台舞台精品工程剧目,在文化部文华奖、中宣部"五个一工程奖"评选中获得好成绩,争取入选国家舞台精品工程;社会文化推出 3 ~ 5 个优秀节目,在文化部群星奖评选中获得好成绩;建成 2 ~ 3 个全国文化先进县区;按照国家文化资源共享工程的要求,建设兰州数字图书馆,开通文化兰州网站;加强哲学社会科学、艺术科学和教育科学研究,积极探索文化兰州建设、全面建设小康社会的重大理论问题和实践问题。按照文化兰州建设规划要求,规范城乡建设规划、建筑风格、生态环境、公民道德、民风民俗、社会秩序,促进城乡居民思想观念的转变和文化素质的提高。

8.2 中期目标(2016—2020 年)

基本实现规划目标。文化资源在有效保护的基础上得到合理利用,专业文化布局结构趋于合理,文化管理体制的宏观调控职能得到加强,文化单位内部机制具有活力,专业文化、社会文化和文化产业进一步发展,文化市场繁荣有序,基本满足人民群众日益增长的精神文化需求。文化产业的产值在国民生产总值中的比例达到5%,成为支柱产业。建成文化建筑标志工程。舞台精品工程、社会文化在国内外具有一定影响和较好效益。根据甘肃省丝绸之路文化长廊建设规划标准,完成兰州段文化馆、图书馆、博物馆、文化站和文化活动建设项目。建成3~5个全国文化先进县区。兰州数字图书馆、文化兰州网站产生显著的社会效益和经济效益。哲学社会科学、艺术科学、教育科学推出一批在国内有影响的科研成果。城乡建设规划、建筑风格的文化品位进一步提升,生态文化环境得到极大改善,公民道德、民风民俗、社会秩序、城乡居民的文化素质进一步提高。在文化体制改革、统筹规划、资源整合的基础上,推出以黄河之都为标志的山水城市景观品牌;以历史文化遗产、高原古城兰州、东进西出为标志的丝路文化品牌;以黄河风情线为标志的黄河文化品牌;以兰州西关伊斯兰风情园为标志的民族文化品牌;以城乡建筑文化品位、引大入秦工程、敦煌舞蹈、《读者》杂志为标志的现代文化品牌,推动专业文化、社会文化、文化产业上规模、上水平,营造全面建设小康社会的文化环境。

8.3 远期目标(2021—2025年)

全面实现规划目标。专业文化、社会文化和文化产业进一步繁荣,经济、政治、文化在交融互动中协调发展,文化成为国民经济重要的综合实力,文化建筑、雕塑艺术、人文景观成为突出的文化标志,丝路文化、黄河文化、民族文化、现代文化品牌成为鲜明的文化形象,经济和社会发展有浓厚的文化氛围,物质产品、精神产品有丰富的文化内涵,大兰州文化圈整体风貌有独到的地域文化特色,文化产业在国民生产总值中的比例达到10%;建成文化市场法治体系、宏观调控机制、市场竞争机制、市场监管体系,形成健康有序的文化市场体系;城乡居民的文化素质和文明程度有较大幅度的提高,聚敛周边,辐射八方,把兰州文化圈建设成为西陇海兰新经济带上具有历史文化底蕴和现代文化内涵的文化中心。

8.4 文化事业建设重点项目

8.4.1 现代传媒业项目

推进广播影视数字化工程,有线电视基本完成向数字化整体过渡;继续实施"村村通"工程、"西新工程"和农村电影放映工程,完成全省20户以上自然村村村通广播电视任务;新开2~3个广播电视频率、频道。

8.4.2　出版发行业项目

新建一批基层图书发行网点,建设1 000家"农家书社"。克服目前农家书屋书籍存量少,内容陈旧等问题,农家书社或农家书屋书籍交流频次增加,使农家书屋的书籍更加丰富。

8.4.3　文娱演艺业项目

多渠道筹措资金建设甘肃大剧院、飞天文化产业大厦、金城第一戏楼等重点工程,加快一批中心城市图书馆、博物馆建设,实现县县有图书馆、文化馆,乡镇有综合性文化站,有条件的村建成综合文化活动室。

8.4.4　体育健身业项目

改造七里河体育场。建设一批体育馆,基本达到一市一馆,建设一批县区体育健身中心,建成榆中亚高原训练基地、刘家峡水上训练基地等一批体育基础设施。

8.5　文化产业开发重点项目

8.5.1　重点扶持建设四个文化产业集聚区

一是甘肃印刷科技产业集聚区。积极引进新型出版媒体生产研制技术,整合出版、印刷、发行重大项目,通过土地置换和资本运作,建设甘肃新华印刷中心、甘肃日报印务中心和甘肃图书物流配送中心,在兰州形成集材料供应、生产加工、产品销售、物流配送、教育科研及信息服务为一体的现代印刷科技产业集聚区。二是甘肃传统文化博览集聚区。依托甘肃彩陶、汉简、古生物化石、黄河奇石、石窟艺术和民族民俗等独特的资源优势,兴建甘肃非物质文化遗产艺术博览中心、甘肃简牍研究中心等一批重点项目,采用现代科技手段,集中展示甘肃八千年文化精髓,在兰州形成集文博会展、文艺演出、旅游观光、风情体验等为一体的传统文化博览集聚区。三是兰州黄河文化产业集聚区。在中立桥北侧建设甘肃省会展中心、黄河广场、甘肃大剧院、黄河艺术馆、滨水生态公园等一批文化设施,与已建成的水车公园、体育公园、绿色公园连成一体,形成集文艺演出、广告会展、休闲娱乐、体育健身为一体的综合型现代文化产业集聚区。四是兰州现代传媒产业集聚区。利用兰州电台、电视台和兰州日报社整体搬迁的契机,整合兰州市传媒资源,建设黄河明珠电视塔、兰州广播影视中心、兰州报业大厦和兰州现代印务中心,形成集广播影视、报业、网络、旅游观光、休闲娱乐为一体的新型现代传媒产业集聚区。

8.5.2 引导培育三个文化产业基地

一是兰州敦煌舞艺术生产培训基地。以现有演出设施为基础,建设甘肃大剧院、金城第一戏楼等一批设施,依托敦煌艺术剧院、省歌剧院、兰州歌舞剧院等艺术院团和在兰大中专院校艺术教育资源优势,发挥品牌效应,推出一批享誉中外的敦煌舞艺术精品,培养一批敦煌舞艺术表演人才,形成敦煌舞艺术生产和人才培训基地。二是兰州艺术品及舞美生产基地。以甘肃画院、兰州画院、金城古玩城、陇萃堂、塞纳河文化艺术品公司、雁滩古玩城、定西陇中画院、白银文化产业街、临夏民族文化园区等为基础,建设甘肃旅游超市,推动兰州艺术品一级市场的发展,大力发展艺术品(文物复仿)业,扶持兰州理工大学机械厂和天星稀土公司,形成兰州艺术品及舞美生产基地。三是白银大敦煌影视基地。以大敦煌影视城和景泰黄河石林、永泰龟城等外景地为基础,发挥中科院白银高科技产业集聚区的科技人才优势,积极争取与中央电视台合作,建立集影视剧拍摄、制作、旅游观光和影视旅游产品生产为一体的影视基地,并逐步向动漫、游戏软件等高端产业发展。

8.5.3 重点开发项目

(1)黄河楼景区

(2)黄河母亲园

(3)鲁土司衙门保护维修及开发

(4)明肃王陵保护和开发

(5)雷坛河兰州历史文化谷

(6)金城关文化风情区

(7)兰州文化创意产业园区

(8)《读者》文化创意园区

(9)中华始祖园

(10)陇上名人岛

(11)仁寿山景区综合开发

(12)九州台旅游综合开发

(13)兰山公园华夏第一长廊

(14)兰山公园兰州历史文化博览馆

(15)甘肃科技馆

(16)兰州桥梁博物馆

（17）甘肃民间艺术博物馆

（18）简牍博物馆

（19）《读者》文化创意园区

（20）丝绸之路博览园

（21）石佛沟甘肃民俗文化村

（22）金天观保护和维修

（23）兰州贡院保护和维修

（24）甘肃影业传播娱乐中心

（25）兰州文化艺术综合大厦

（26）官滩沟森林公园建设

（27）恐龙博物园

（28）工业遗产博览园

（29）青城古镇开发

（30）什川梨园开发

（31）安宁湿地公园开发

（32）金城大剧院改扩建工程

（33）兰州奥林匹克体育中心

（34）城市文化广场

（35）新区文化游乐园

8.6　文化品牌项目

文化产业的业态支撑点在于文化品牌,文化品牌体现了一种文化的精神影响力和一个文化企业的核心竞争力,中国文化产业发展需要走品牌化建设之路。温家宝总理在视察青岛时的讲话中说:"拥有名牌的多少,是一个国家经济实力的象征。名牌就是质量,就是效益,就是竞争力,就是生命力。希望全国有更多的名牌走向世界,加快培育更多世界级企业和世界级品牌。"①美国品牌价值协会主席莱利·莱特也曾提出:"未来的营销是品牌的战争——品牌互争长短的竞争。商界和投资者将认清品牌才是公司最宝贵的资产,拥有市场比拥有工厂更重要。拥有市场的唯一办法,就是拥有占

①温家宝:《拥有名牌的多少是一个国家经济实力的象征》,《中国名牌》,2007(6)。

市场主导地位的品牌。"①在世界经济一体化的历史背景中,培育和壮大更多的民族文化品牌,已经成为我们发展文化产业、增强文化"软实力"、保障国家文化安全的制胜法宝。文化品牌,是文化产业品牌化的结果,是文化的经济价值与精神价值的双重凝聚,有着无形资产的丰富含金量。作为品牌的一个类型,文化品牌是相关文化、艺术、娱乐、休闲、新闻、出版、传播等行业的品牌。文化品牌主要涵盖了文化艺术、新闻出版、广播影视、网络传播、休闲娱乐、文化旅游、会展收藏、体育健身等八个主要领域及其他衍生领域。文化品牌的价值主要体现为:①文化品牌体现企业的核心竞争力。②文化品牌代表着文化企业乃至民族形象。③文化品牌反映综合实力。④文化品牌的无形资产有着巨大的增值效应。地方文化品牌是反映地域文化特色中最具有品牌价值的部分,是地方文化资源的精华,需经过长期的积累和市场化的检验才能具有深度开发的基础。在文化产业的建设中,要把打造地方文化品牌置于优先规划和建设的战略地位。

8.6.1 《读者》集团的综合开发建设

《读者》集团化的综合开发建设,要以《读者》杂志社所在地为中心,进行《读者》大厦、《读者》大道、《读者》公园等区域性的规划建设。《读者》集团的深度开发必须依托其本身市场化变革的支撑,最大限度地释放《读者》的品牌价值,以《读者》的品牌效应重组甘肃出版业,组建集图书、期刊的编辑、制作、出版、发行、印刷为一体的《读者》出版集团。然后运用《读者》先进的管理理念、市场价值再进行品牌化的运作。《读者》作为全国发行量最大的杂志,其发行量曾经在2006年创造了单月发行超千万册的成绩,被业内誉为中国第一期刊。2006年,主管《读者》杂志社的甘肃人民出版社实现事业转企业改革目标,组建了读者集团。读者出版集团于2008年6月启动了股改上市工作,并被列为甘肃省委、省政府重点培育的上市后备企业。经过长时间的筹备,由读者出版集团、中国化工集团、时代出版传媒股份公司、甘肃省国有资产投资集团和酒钢集团等5家企业共同发起设立的读者出版传媒股份有限公司于2010年初宣告正式创立。目前,读者出版传媒股份有限公司已与华龙证券有限责任公司签订了上市辅导协议,这也意味着《读者》已启动上市步伐,《读者》的品牌效益有望被资本市场放大。读者出版集团是甘肃省文化产业的龙头企业,其旗下的《读者》杂志已成为中国的知名

①转引自汪涛:《中国企业的"品牌幼稚病"》,《经济管理》,2001(17)。

文化品牌和甘肃省的文化名片。

8.6.2 西北民族歌舞艺术精品工程

西北民族歌舞以其独特的民族风情和艺术韵味蜚声海内外,把西北民族歌舞精品化、艺术化作为一项紧迫性工程放在当前文化工作的重要议事日程上,但必须要认识到,这又是一项长期而艰巨的工程。因此,省属演出团体及兰州市歌舞剧院在投入这一工程时应分类、分阶段进行长远规划,一年完成二至三个少数民族歌舞精品的创排和生产,同时做好资料的搜集和整理,编制西北少数民族舞蹈艺术、服饰着装、生活习俗的精美宣传图册,打造与舞蹈内容相关的工艺纪念品,配合演出进行市场销售、宣传互动、扩大影响、扩大效益,形成良性循环。

8.6.3 兰州太平鼓的开发利用

兰州太平鼓享有"天下第一鼓"之美誉,在具有较大社会知名度的县区太平鼓队的基础上优化组合,组建面向市场的专业表演队和兰州太平鼓文化艺术公司。他们除代表政府参加一些演出赛事活动外还要进行商业化运作,根据不同场合和市场的需要,编排丰富多样、具有鲜明艺术性、观赏性的表演套路及打法,走出国门,积极参加国际性或国内各种商演和节庆活动。同时制作有关兰州太平鼓的工艺品、纪念品、服饰、用具及图册等,进行市场化的同步系列开发。

8.6.4 "黄河母亲"雕塑的市场开发

"黄河母亲"是兰州标志性的城市雕塑。它使黄河文化形象地呈现出包容性、凝聚性、和谐性和延续性,代表着中华民族生生不息的精神。除将"黄河母亲"雕塑作为城市的经典标志外,要把其蕴藏着的丰富的文化价值和商业价值开发出来,可以其冠名举办各种文化活动和赛事活动,以其为核心开辟黄河文化公园,以其造型设计开发系列旅游工艺纪念品等。

8.7 大兰州文化圈外围区的重点项目

8.7.1 白银市重点项目

(1)新天地文化一条街建设项目;

(2)平川区文化娱乐中心建设项目;

(3)景泰县体育场建设项目;

(4)白银市科技馆建设项目;

(5)白银市生态观光园;

（6）白银市博物馆建设项目；

（7）白银大型游乐世界项目；

（8）白银黄河大峡奇观旅游风景区开发项目；

（9）白银景泰黄河石林景区开发项目；

（10）寿鹿山森林公园开发项目；

（11）靖远县平堡特色观光农业旅游区开发项目；

（12）靖远县北湾河心岛度假村开发项目；

（13）三军会师大酒店建设项目；

（14）景泰县永泰龟城开发项目。

8.7.2 定西市重点项目

（1）陇西李氏文化旅游区；

（2）通渭温泉书画城；

（3）临洮马家窑彩陶文化博览园；

（4）临洮县貂蝉湖文化旅游度假中心建设项目；

（5）定西市书画城文化产业基地建设项目；

（6）渭源县渭河源森林公园建设项目；

（7）渭源县亚高原中长跑训练基地建设项目；

（8）岷县洮岷开发项目；

（9）临洮县南屏山生态旅游区开发建设；

（10）洮河风情线建设；

（11）渭源县首阳山夷齐古冢景区开发；

（12）渭源县双石门风景区建设；

（13）渭源县渭河源森林公园建设；

（14）漳县贵清山景区旅游区。

8.7.3 临夏州重点项目

（1）松鸣岩—莲花山花儿旅游区；

（2）东公馆—蝴蝶楼—大拱北文化旅游区；

（3）临夏回族自治州文化产业园区；

（4）临夏州民族文化产业大厦；

（5）临夏民族剧院；

（6）临夏民族书城建设项目；

（7）临夏全民健身中心；

（8）临夏州奥体中心；

（9）临夏州永靖县吧咪山森林公园建设；

（10）临夏州东乡县河滩库区旅游开发；

（11）临夏州东乡县水库高咀度假旅游开发；

（12）临夏州和政县松鸣岩大旅游区高档别墅区；

（13）临夏州和政县杨马族西部民族园；

（14）临夏州永靖县炳灵石林丹霞地貌地质公园；

（15）临夏州和政县柳梅滩旅游开发；

（16）临夏州和政县三岔沟景区旅游开发；

（17）临夏州和政县大湾滩度假村；

（18）临夏州和政县大南岔河水上漂流；

（19）临夏州和政县松鸣岩娱乐城；

（20）临夏州和政县铁沟风景区旅游综合开发；

（21）临夏州和政县松鸣岩滑雪场；

（22）临夏州和政县三岔沟农家乐开发；

（23）临夏州和政县金剑山公园；

（24）临夏州和政县三河春浪景观苑；

（25）临夏州和政县古动物化石博物馆三期工程；

（26）临夏州和政县松鸣岩大旅游区高档度假村；

（27）临夏州和政县古动物化石博物馆周边景区开发；

（28）临夏州东乡县开发区游乐中心开发；

（29）临夏州永靖县太极岛湿地公园高尔夫球场；

（30）临夏州康乐县貂蝉大酒店。

8.7.4 天祝县重点项目

（1）天祝县石门沟景区冰雪娱乐天地；

（2）天祝藏族自治县西大滩二郎池景区开发；

（3）天祝县民族文化广场建设工程；

（4）天祝小三峡深度开发项目。

8.7.5 民和、化隆、循化三县重点项目

（1）民和县文化旅游产品深加工项目；

（2）民和"古鄯八景"保护开发项目；

（3）民和县"喇家遗址"保护建设项目；

（4）民和县"大禹故里园"建设项目；

（5）民和县"卡地卡哇寺"保护项目；

（6）循化县黄河石艺、撒拉族刺绣工艺开发项目；

（7）循化县年产3 000万顶钩针帽项目；

（8）循化县藏式服装加工项目；

（9）循化县十世班禅大师故居保护开发项目；

（10）循化骆驼泉撒拉族民族文化园建设项目；

（11）循化县清水湾文化旅游景区建设项目；

（12）循化撒拉族民族文化风情园建设项目；

（13）化隆县中国青海土族纳顿文化保护和发展项目；

（14）化隆县李家峡北岸景区项目；

（15）化隆县黄河城建设项目；

（16）化隆县公伯峡开发项目；

（17）化隆县河群丹霞开发项目；

（18）化隆县阿河滩清真寺保护开发项目。

9. 大兰州文化圈建设的对策建议

人类生活需要物质,人类生活更需要文化。人类的发展目的其实就是让越来越多的人能够分享到自己创造的物质文明与精神文明成果,单纯的数字增长或者财富累积并不能代表社会发展的总体方向,缺乏人文精神驾驭的经济发展并不能给人类和社会带来普遍的福祉。实际上,文化资源的社会效益与经济效益并不是截然分开的,它们有时是分离的,有时又是合而为一的。在经济开发的同时,关注文化资源的开发,关注文化产业的发展,从文化沃土转化为文化高原,才是社会经济文化全面发展的可行之路。

为了更好地发挥大兰州文化圈的集群效应和中心带动作用,必须树立以下观念:一是在西部大开发的方位中构建大兰州文化圈。二是在文化体制改革的推进中构建大兰州文化圈。按照公益性文化事业和经营性文化产业"两手抓"的思路,文化体制改革将着力推动公共文化服务体系和文化产业体系的建设。三是在城乡一体化的格局中构建大兰州文化圈。推进大兰州文化圈建设是一项庞大的系统工程,涉及多地区、多领域、多层次,需要打好发展基础、抓住关键环节、采取有效措施、多方合力推进,为此,我们提出如下对策建议。

9.1 规划先行

建设大兰州文化圈必须以科学、详尽、符合实际、具有可操作性的整体规划和分项规划为先导。要充分认识规划工作的重要性,深刻认识规划的引导作用,高度重视规划的统筹功能,通过科学的规划,全面提高建设水平。一是要形成完整的规划体系,既要制定文化圈整体发展规划,又要有各地区、各城市的分区域规划,也要有各项文化事业发展规划和文化产业发展规划,既要有近期规划,也要有中长期规划;要把文化发展规划纳入区域经济社会发展整体规划中,统筹安排,整体谋划。二是规划要在盘点地方文化资源的基础上制定,要体现科学发展观要求,要具有地方特色,处理好局部与整体、近期与长远、需要与可能、现代化建设与历史文化传承等关系,使规划和建设经得起实践和历史的检验。三是要坚持以人为本,从解决好群众最关心、最直接、最现实的问题入手,从提高群众的生活质量出发,着眼于区域文化建设,着眼于扩大公共服务,把文化发展规划与改善民生紧密结合起来,让人民群众真正得到实惠,更多地享受到文化改革发展的成果。四是要追求一流标准,树立超前意识,进一步拓宽视野,使规划更加符合实际和发展需要,更好地体现时代性、把握规律性、富于创造性。要广泛发扬民主,充分尊重专家意见,群众积极参与,反复科学论证,定出最优方案。五是要突出特色,把握区域和各城市的个性和特质,把握资源禀赋,挖掘内涵和精髓,充分展现大兰州文化圈深厚的历史文化底蕴、独特的自然风貌和新世纪的现代化气息。注重设计个性化或差异化战略,因地制宜,以避免重复或盲目跟风,使规划的区域特色鲜明、发展个性突出,有效引领文化圈建设。

根据兰州都市圈的基本构架,甘肃省将在未来50年分段建设兰州都市圈。从都市圈的形成来看,都市圈是工业化和城市化的必然结果,大兰州都市圈以兰州为核心城市,由"四方六边"构成。"四方"即兰州、白银、定西、临夏四市,"六边"是在这四个城市的基础上,加上临洮县和永靖县。首先以兰州、榆中两大盆地为依托,建设人口规模可达400万～500万人的城市核心;其次,建成包括兰州、白银、定西、临夏等地的部分区县在内的兰州都市圈,总人口约800万;最后,在兰州都市圈发展的基础上,建设形成以兰州为核心,及各次中心城镇职能合理分工、有机协作,沿亚欧大陆桥发展的黄河上游城市群,并直接辐射拉萨和乌鲁木齐。兰州都市圈未来交通体系将是以铁路、公路和航空为主骨架的大交通运输网。可以规划建设环兰州快速干道网络,并修建环城高速。铁路分北线至北京、东线至上海、南线至成都和重庆、西线至西藏、西北线至乌鲁木齐。航线可通过中转直达多个国家及香港、澳门和台湾地区。

兰州都市圈以兰州为中心,分阶段逐步实施。近期目标是在2020年前后努力把兰州建设成一座生态环境优美、城市经济持续发展、城乡融合、社会文明、人居环境和投资环境皆佳,产业结构优化并具有竞争力的现代化、生态化的河谷型都市区。经济圈将按功能分别建成兰州综合性都市经济区、白银新型工业区、连城—海石湾—永登综合经济区、临夏民族工业区、定西

135

高新特色农业区。旅游资源方面以兰州百里黄河风情线为龙头,建设贯穿永靖、兰州、白银的数百里乃至千里的黄河风情线,构建榆中兴隆山旅游休闲文化、白银黄河石林、吐鲁沟风景区、兰州历史文化观赏农业风景区、定西安定区风景区、临夏少数民族旅游文化风景区等。大力发展现代高新技术、科教文化和卫生事业,积极支持兰州大学等高校拓展发展空间,建设更多的全国一流大学。有专家认为,当前,沿海地区规划建设大都市圈的浪潮方兴未艾,国内已形成长江三角洲、珠江三角洲、环渤海地区为代表的具有区际效应的大城市经济圈,以兰州为核心的黄河—湟水谷地是我国西北地区除了关中盆地以外,建设城市群综合条件最为理想的地方。

兰州是甘肃真正具有极化作用的城市,在甘肃经济社会发展上起着举足轻重的作用,甘肃的发展实际上主要依靠兰州的发展,因此,必须注重兰州的定位问题,也就是兰州的都市圈和城市群的发展问题。兰州要实现进一步发展,比较可行的一个方法就是通过交通的改善,把白银等周边地区纳入1小时交通圈之内,进而将西宁、银川纳入圈内,建设次中心,乌鲁木齐和拉萨则将成为战略意义上的兰州经济圈副圈。对于重新树立甘肃的经济通道来说,兰州的发展重点在于培养它的市场问题。兰州的商贸中心地位,不应该局限在甘肃境内,而是要跳出兰州看兰州和发展兰州,使它能够带动银川、西宁和西藏、乌鲁木齐等地区的经济发展。青藏铁路建成后,西藏的货物运输发生了一定的变化,以后兰渝铁路的开通,兰州的这种交通枢纽地位会进一步提高。所以,要确立"大兰州"的概念,赋予它与西安、重庆同等重要的地位和权限,形成大的市场中心,使其真正成为区域经济金融中心、西部发展中心、西北商贸中心和中国西北国际交通中心。

一个地区的经济发展到一定阶段,原先分散的、独立的经济实体在国际一体化的重压之下很难抵御经济危机和企业风险,重复的产业结构和繁复的管理体制抵消了企业的生产力和创造力,产业开发的盲目和无序带来资源和人才的闲置与浪费。另外,一个地区生产规模发展到相对阶段,这一地区最大的可利用资源是消费市场,人们的消费能力决定消费市场的繁荣,消费市场是公有性的市场,任何外地产品都可以自由地进入这一市场,如果一个地区的消费市场没有得到很好的培育和利用,其消费市场的能力并不对本地区的经济具有绝对的拉动作用,正是消费市场的这一特性决定了整合并利用一个地区的消费市场,使之与本地区的生产与发展水平相适应,这大概是建立经济圈的市场因素。区域生产力是一个地区经济综合指数的集中表现,区域生产力取决于核心竞争力,只有拥有核心竞争力的地区才能将自已的产品销往本地区以外的其他市场,建立经济圈的目的就是使本地区的产品在市场上具备竞争能力,以产品和市场的双重力量向经济的更深层挺进。

从区域生产力和区域市场的角度来理解,兰州都市圈不仅仅是在地利上包括了那些县和地区,更重要的是对圈内的产业结构和资源优势的重新调整和合理配套。对兰州市而言,就是如何利用现有的资源,包括产业资源、土地资源和林草资源来对兰州市重新定位。由于地形的限制,兰州市区基本上在兰州盆地之内,兰州盆地之外就是农村。兰州市在城市市区的扩张上要有大视野和大思路,城市的扩张是城市的外延部分不断城市化的过程,城市的扩张使原先的农田和村庄变成了城市的一部分,这一城市化的过程会给周边的百姓带来实惠,农民能够从农村土地补偿上和城市公共设施中得到实惠。周边地区的农民变成市民的进程越快,幅度越大,中心城市的辐射力也就越远。

根据规划,兰州都市圈周边范围在150公里左右,这一地区除了白银并没有中等城市存在,大都是以县一级经济为主的小城市,这些县城经济实力对外的辐射力不够,全要靠外来资本和外来企业去撬动和激活当地经济,这些地区可利用的是消费市场和土地资源以及廉价的人力资源,这就使得兰州都市圈的建设有其特殊性。以珠江三角洲为例,广州、肇庆、东莞等城市工业实力雄厚,多为外向型加工企业,已经形成了电子产品和加工制造业的优势,也就是说在城市化和工业化的基础方面,兰州都市圈是有巨大差距的。建设兰州都市圈,兰州市最能利用的是土地资源,而现在恰恰是土地资源没有充分发挥作用,如在兰州市区一亩地拍卖价高达四百多万元,而在兰州市中心10公里的皋兰西北边白龙口以及20公里的什川镇一亩土地才拍卖到20~30万元,离中心城市20公里以内的土地差价如此之大,这在全国城市中是极为罕见的。兰州城区虽然有最新的城市规划,但是这些城市规划是在陈旧的城市理论指导下做出的,已经跟不上形势发展的需求。现代城市外延部分是规划最出彩的地方,很多新城区都是建立在城乡结合部,甚至一个新的地域里。

兰州都市圈涉及白银、定西、临夏、武威等四方六地,有些事是兰州市能办到的,有些事则是无能为力的,如何协调行政区划间的利益将成为兰州都市圈的难题,大兰州文化圈又吸纳了邻省的市县,这必然更进一步增加了建设的难度,规模也越来越大,因此,规划工作就显得尤为重要。

137

9.2 政策引导

　　区域内各级政府要树立全新的文化发展意识,制定和完善扶持公益性文化事业、发展文化产业、鼓励文化创新、加大文化人才培养的政策,形成推动文化大发展大繁荣的政策体系。要特别重视文化产业发展的政策,把文化产业作为调整区域经济结构的重要举措,出台一系列鼓励文化产业发展的政策措施,包括设立文化产业发展专项资金,采用贴息、补助、奖励等形式支持重点文化产业项目,有力地推动文化产业发展。要制定和完善文化投入扶持政策,一方面加大政府对文化事业的投入,扩大公共财政覆盖范围,形成稳定的经费保障机制,另一方面制定税收优惠等政策,吸引、鼓励各类经济成分投资文化产业,促进其尽快做大做强。要积极争取国家的支持和政策倾斜,争取国家有关部门加大对兰州文化圈内教育、文化、科技和社会事业的扶持力度。放宽文化企业准入,文化产业各领域都应当允许外资、民营资本投资。消除市场壁垒,鼓励跨行政区创办文化事业和文化产业实体,并给予优厚待遇。积极调动社会力量参与文化建设,完善社会力量投入公益文化建设的政策环境,鼓励社会力量以建立文化基金、建设文化设施、兴办实体、赞助活动、免费提供设施等多种形式参与文化建设。要加强对民间文化组织和民间文艺团体的引导与扶持,促进民间文艺团体增强自我发展和开拓市场的能力,加大对民间文艺团体和个人开展文艺精品创作的支持力度,共同促进兰州文化圈的繁荣与发展。争取国家和地方政府在兰州文化圈范围内实施特殊的文化人才政策,对本区域内的文化人才和有志于投身兰州文化圈建设的外地、外国文化人才,给予必要的补贴和扶持,使他们的生活待遇和创业环境达到乃至超过东、中部地区,彻底遏制本地区人才外流,并实现东、中部地区人才回流。

　　国务院办公厅发布的《关于进一步支持甘肃经济社会发展的若干意见》(以下简称《意见》)肯定了甘肃是"中华民族重要的文化资源宝库",并提出甘肃建设"文化大省"的明确目标。建设文化大省首先要成为"文化热省",形成人人讲文化的良好社会氛围,把它上升为全省行为。甘肃省要以国务院办公厅的《意见》为契机,开发中华民族重要的文化资源宝库,努力走出一条符合自身实际、具有甘肃特色的跨越式文化发展之路。毫无疑问,《意见》的出台,为大兰州文化圈的建设带来了前所未有的历史机遇,对兰州周边的白银、临夏、定西、天祝及邻省相连县市来说也是发展当地文化事业和文化产业的大好机遇。

　　大兰州文化圈内的各地应尽早通过政府间正式接触,就相互间的合作模式达成共识,政府间能够以文件法规的形式对达成的共识予以定型。"兰白经济区"建设"三不变、五突破"的工作思路,即在行政区划、管理体制、利益格局不变的前提下,率先在基础设施建设、产业布局规划、文化旅游合作、物流发展和公共服务等方面实现突破,使经济区建设由易到难稳步实施、协调推进。可以说这是行之有效的尝试,也是比较好的范例。

9.3　体制保障

　　文化体制和机制的改革创新是文化发展的保障条件,是发展文化事业和文化产业、提高文化竞争力的根本。近年来,大兰州文化圈区域内各地文化体制和机制已经进行了一些改革,但相对于经济体制改革依然滞后。文化体制机制不健全、不完善,文化圈建设就没有出路,只有不断改革创新才能为多元的文化大发展创造条件。一是转变政府文化管理职能,把政府职能真正由主要办文化转到加强文化管理和提供公共服务上来,实现政府由直接管理向间接管理转变,通过"服务、咨询、监督、协调"等方式把文化市场的管理纳入规范化、法制化轨道,建立强有力的宏观调控。二是建立多元化的投资融资体制,拓宽融资渠道。鼓励、支持和引导社会资本、非公有资本进入城、乡、区域等文化领域,改变主要依靠财政投入和文化企业自身积累扩大再生产的方式,运用投资控股、金融信贷、资本市场融资等手段,加快建立和发展公益性文化基金组织、文化产业基金组织、文化投资公司和资本市场融资等多元投资主体,尤其是民间资本的参与。在文化圈内,鼓励和支持非公有资本进入文艺表演团体、演出场所、博物馆和展览馆、互联网上网服务营业场所、艺术教育与培训、文化艺术中介、旅游文化服务、文化娱乐、艺术品经营、动漫和网络游戏、广告、电影电视剧制作发行、广播影视技术开发运用、电影院和电影院线、农村电影放映、书报刊分销、音像制品分销、包装装潢印刷品印刷等领域;非公有资本参与文艺表演团体、演出场所等国有文化单位的公司制改建,非公有资本可以控股。非公有制文化企业在项目审批、资质认定、融资等方面与国有文化企业享受同等待遇。三是按照政企分开、政事分开原则,积极推进经营性文化事业单位的企业化改造。建立文化单位注册登记制度,合理划分文化单位的类型与功能,实行分类指导。对于公益性单位要加大财政支持力度;对于竞争性单位要更多运用市场机制。

但由于文化产品的特殊性和弱质文化产业的现状,也应本着"放水养鱼"的原则给予优惠。通过推进文化体制机制的创新,形成各种文化市场主体,通过市场机制平等竞争、相互促进,形成各类文化产业互补的新格局。文化市场体系方面,应打破市场的条块分割、地区封锁、城乡分离的市场格局,加强文化产品和要素市场建设,形成统一、开放、竞争、有序的区域文化大市场体系。

大兰州文化圈地区文化底蕴深厚,具有发展文化产业的雄厚基础。文化产业有巨大合作潜力,亟待协调发展,区域内有相近的文化背景、相连的地域人缘,但目前在发展文化产业上仍不够协调。各地文化产业各有优势,可以互相补充、共同发展,但目前自成体系,未能实现区域合作共赢。区域内还缺少在资本、人才、管理、运作、品牌等方面联系密切的连锁文化企业和企业集团,企业之间的合作多为一次性或短期的,缺乏长期、规范、稳定、深入的联系,巨大的合作潜力有待进一步挖掘。应积极搭建政策、资本、人才、技术等公共服务平台,通过建立文化产业合作机制、设立区域协调资金等手段,增强区域文化产业的实力、活力、竞争力,最终将大兰州文化圈区域打造成中国文化产业区域协调发展的示范区。

9.3.1 促进资源合理配置,实现资源优化整合,营造统一、开放、竞争、有序的文化市场环境

合理的资源配置,可以有效提高区域的生产效率,进而提升区域的经济发展水平。一个区域的范围狭小并且封闭,就难以实现合理的资源配置。而在一个范围大且较开放的区域,资源流动的障碍就会减少,资源配置则更趋于合理。兰州都市圈的构建是经济增长、城市化扩张以及资源流动的客观要求,它的构建和发展又可以为资金、信息、人才、技术、土地等生产要素的流动减少阻碍,使资源在更广阔、更自由的空间流动配置。兰州作为中心城市,其在人才、技术、信息以及文化等方面的辐射作用,不仅可以推动圈内的信息共享,而且有助于腹地产业的培育和发展提供良好的大环境。都市圈的建设必然促使大量资金注入,既有利于改善圈内的基础设施,尤其是交通运输、信息通讯等方面的建设,又有利于金融保障的支持力度不断加大,为区域经济的发展提供更完善的金融保障。伴随都市圈建设而出台的一系列优惠政策将会作为一种制度资源,可以为整个区域发展提供更健全的制度保障。加快区域文化产业协调发展,营造统一、开放、竞争、有序的文化市场环境相当重要。应重点从以下几个方面优化区域文化产业发展环境:一是以资本为手段切实统筹跨区域、融合性文化产业项目的投资与开发,利用

大兰州文化圈文化产业带项目带动区域合作,将项目统一布局;二是以市场化手段促进文化资源的优化配置,鼓励企业组建跨区域经营的现代文化企业;三是运用现代信息技术手段推动各种文化生产要素市场的联网,形成各类文化专业市场的联合体;四是合力推进区域性文化产业园区联盟,进行信息交流和资源协作,分享文化产业园区建设理念的研究成果。

9.3.2　推动城乡统筹,弱化二元对立的发展结构

兰州都市圈覆盖的地区二元结构显著,主要体现在交通、通讯等硬件基础设施,教育、医疗卫生、文体、环境治理、园林绿化等社会公共事业,城乡文化素质、思想观念差异,就业岗位难易程度和收入分配悬殊等方面。建设以兰州为核心城市,周边城镇共同作用的城市群,增强核心城市的辐射功能和辐射范围,使都市圈具有更强的聚集能力,促进较发达地区和欠发达地区的共同发展,提高和完善甘肃的城镇化体系。二元结构的弱化一方面可以让更多的农村劳动力安居乐业,在较短的时间内改变他们的生产方式和生活方式,改善落后地区的文化、教育、卫生条件,提高人口素质;另一方面,可以为城市人口提供更多的就业和创业机会,为个人发展提供更广阔的空间。总体上促进区域经济社会的协调发展。

9.3.3　优化区域分工协作,提升区域竞争力

兰州都市圈作为一个相对大的区域,其内部的分工协作可以使单个行政区域的力量有机结合,以系统整体的力量提升区域整体的竞争力。兰州都市圈为"四方六边"以及周边更多的地区进行分工协作提供了良好的基础。一方面,在兰州市与周边地区形成的自然经济圈基础上,把兰州都市圈纳入区域经济的范畴,促使各地区间开展自觉有效的分工协作,从而实现地区间资源的有效配置、经济的有机整合。另一方面,分工协作不仅可以促进兰州都市圈内部形成科学的运行机制,还可以推动区域内产业结构的全面调整。产业结构的调整优化与地区间的分工协作相辅相成,为中心城市与腹地之间实现共赢,城乡之间实现协调发展起到了助推作用,可以更快速、更有效地提升区域的整体竞争力。

9.3.4　拓展经济发展空间,推进空间布局合理化

兰州市中心城区处于两山夹一川的河谷盆地,兰州的城市面积和城市人口不断攀升,城市规模已接近饱和,不只体现在城市交通拥挤、城市地价高等方面,还体现在生态环境差等问题上。城市人口、空间等方面的膨胀是城市化的必然过程。这就要求城市发展和经济建设必须跳出峡谷,加强有机疏散,在更大的范围寻求新的发展空间。伴随第三产业特别是金融、信

息、科教文化等现代服务业逐步向核心城市和各城区集中,促进了空间布局的逐步合理化,使各区域的功能定位更加清晰明确。跳出兰州市现有的城市范围,在更广阔的领域内整合资源,兰州作为省会城市和重要的经济支撑点,形成以其为核心的经济圈,有利于解决城市空间拓展和产业结构、功能布局调整问题,有利于水源保护、综合交通等重大基础设施发展战略的设计和实施,有利于兰州资源环境承载力与人居环境适宜性的不断改造完善。

9.3.5 建立促进大兰州文化圈各县市文化产业协调发展的联席会议制度

资料显示,美国的文化产业产值占到整个 GDP 的 25%,日本也达到了20%。大兰州文化圈区域内各地市文化产业对经济的贡献率还比较低,还有很大发展空间。建议在编制"十二五"规划过程中,应按照科学发展观的要求,结合各地实际,统筹规划区域文化产业,使各地错位发展,把"短板"变长、优势做强。文化产业协调发展,离不开好的协调机制。应建立促进大兰州文化圈文化产业协调发展联席会议制度,定期召开会议,在政策制定、规划设计、项目立项、资金安排等方面对这一区域给予支持。同时,引导区域内真正建立起文化产业发展信息互通机制,明确各自的分工,建立有效的文化资源整合、生产要素重组、流动和创造机制。

9.4 多方共建

大兰州文化圈地域广大,辐射范围更为广泛。建设大兰州文化圈,推进文化繁荣发展,是区域内各城市、各地方的共同愿望,也是要靠各级政府、单位、企业和各界人士共同努力才能做好的事业,必须发挥各方力量,共同建设文化圈。各地政府间应加强交流合作,尽早通过政府间正式接触,就相互间的合作模式达成共识,以文件法规的形式对达成的共识予以定型。要按照兰白都市经济圈发展的模式,在行政区划、管理体制、利益格局不变的前提下,率先在文化基础设施建设、文化产业布局规划、文化旅游合作、文化公共服务等方面实现突破,使文化圈建设由易到难,稳步实施,协调推进。应建立促进大兰州文化圈各县市文化产业协调发展联席会议制度,定期召开会议,在发展规划、项目立项、资金安排等方面协商沟通。要鼓励区域内各研究机构、实际工作部门和各方面的专家学者,积极开展有关文化圈建设的理论研究和对策思路研究,为推进实际工作提供有意的信息、经验、咨询和参考意见。要鼓励和引导区域内不同城市、不同隶属关系的文化单位、文化企业相互之间建立合作关系,加大人员往来的力度。要鼓励中心城市的文化人才到其他城市、县域、乡镇兼职挂职,或开展各类文化活动。要通过多方沟通、协商研究、相互支持、取长补短,逐步营造区域无差异的文化体制和文化政策环境,制定统一的文化产业政策、文化财政政策、文化企业招商引资政策,认真梳理各城市地方性政策和法规,取消各城市在文化企业税收等政策方面的差异,对各种文化企业实行国民待遇。同时,进一步深化行政审批制度改革,减少审批环节,规范审批程序,加强各城市间政策的互联互通互用,构建行政服务和政策支持的绿色通道。

省委、省政府提出陇原大地整体发展的"中心带动、两翼齐飞、组团发展、整体推进"区域发展战略,其中,在首要战略"中心带动"中将兰州与毗邻的白银市纳为一体,共同承担全省经济的"引擎"带动作用。构建兰州都市圈是推动甘肃经济社会实现跨越式发展的有效途径。根据专家预测,未来15~20年,区域将成为我国产业技术的主要支撑,成为整合各种资源促进发展的主战场。而中心城市在区域经济中的主导作用日益增强,中心城市和城市群将成为我国知识和技术创新中心、先进制造中心,成为带动区域发展的火车头。为此,首先应该加速若干大城市的发展,形成"经济集聚中心",通过城市扩散和引导作用,带动西部地区的经济发展。西部地区经济虽然落后,但是几个中心城市的活力,尤其是各个省会城市的壮大,给西部地区形成若干以都市为中心的经济圈提供了可能。如西部地区部分省区逐步建设和正在考虑建设中的大都市圈就是很好的例证。2002年12月28日,《西安—咸阳经济一体化协议》签字,标志着西北地区的第一个大都市圈正在形成。西安、咸阳共辖11区14县1个县级市,面积2.01万平方公里,人口1 205.1万。近在咫尺的咸阳与西安产业布局和发展方向相似,相互竞争的态势不仅限制了西安,也限制了咸阳的发展。西安、咸阳两市连体后,将逐步实现规划衔接、交通同环、通讯同网、环境同治、金融同城、信息同享等。目前西安市已将西郊定为工业发展的轴线,咸阳的制造业已初具规模。而西安则定位和发展成信息中心、金融中心、商贸中心、高科技中心,与咸阳错位。西安与咸阳的大"都市圈"行动,已经激发了西北的其他几个省会城市,于是,宁夏很快推出了"大银川"计划。2002年11月,"大银川"概念出现:首府银川作为宁夏经济发展的首位中心城市,是培育和提升全区社会生产力和经济竞争的主要载体,是最活跃也是最具有潜质的经济增长因素,是实现工业化和现代化的突破口,也是带动全区社会经济以及周边地区社会经济发展与繁荣的龙头城市。应当发挥银川中心城市在宁夏区域100公里以内的核心经济圈、周边方圆300公里内的内经济圈、300~500公里范围外经济圈的集聚力、辐射力和带动力作用,发挥大银川的城市综合优势,努力建设现代化区域中心城市,构建符合宁夏未来经济发展需要的大、中、小城镇协调发展的城镇结构体系,形成重点产业的合理布局与超前发展,实现全区社会经济的跨越式发展。2003 年 6 月 24 日,乌鲁木齐市、昌吉市、阜康市、石河子市、吐鲁番市等 7 个城市的党政官员,在加快构建乌鲁木齐城市经济圈的主题下,就 7 个城市经济合作相关事宜进行了探讨和磋商。会议通过了《乌鲁木齐城市经济圈协作委员会章程》《乌鲁木齐城市经济圈经济合作协议》《乌鲁木齐城市经济圈旅游合作协议》,意味着乌鲁木齐和他周边的 6 个城市在宣告西北又一个城市经济圈找到了圆心点。重庆正在思考构建成渝经济圈,认为"成渝经济"是西部地区迄今为止最为活跃,最具竞争实力的区域经济。中共十六届五中全会顺利通过"十一五"计划草案,将"成渝经济区"列入继长三角、珠三角、京津冀之后的第四个全国性经济区,着力打造中国经济增长"第四极",以此推动西部大开发纵深突破。中共中央在关于制定"十一五"规划的建议中指出:西部地区要加快改革开放步伐,加强基础设施建设和生态环境保护,加快科技教育发展和人才开发,充分发挥资源优势,大力发展特色产业,增强自我发展能力。还指出,有条件的区域,以特大城市和大城市为龙头,通过统筹规划,形成若干用地少、就业多、要素集聚能力强、人口分布合理的新城市群。构建兰州都市圈正是增强西部自我发展能力的有效举措。从西部来讲,应形成以兰州、西安、重庆为中心和龙头的城市群和都市圈,成为西部经济发展的极,带动西部区域经济发展。

我们认为,建设大兰州文化圈,不仅仅是兰州及周边地市的事,应该上升到甘肃省乃至国家整个西部大开发的战略高度,从中央到省上都应该给予相应的政策和金融支持,在此基础上区域内部应该尽快实现"一体化",这主要包括:

一是推进基础设施建设一体化。尽早形成以兰州市为中心、以国道主干线和城际专线为主轴、连接兰州周边城市、通达周边省会城市的高速公路主骨架。逐步实现轻轨、城市间铁路动车组新建项目建设。加快信息基础设施建设。加强城市圈的公共信息平台建设,实现城际和城乡之间互联互通。

二是推进产业布局一体化。以兰州高新技术开发区和区域内各产业园为主要辐射极,向周边八城扩展,做大做强区域性先导产业、支柱产业和优势行业。

三是推进区域市场一体化。以省城兰州的甘肃会展中心为枢纽并在适当的时候建立产权交易中心,建设区域产权交易市场网络。组建区域性金融机构。构建城市圈中小企业贷款担保体系。组建区域性银行集团,提高城市圈内城市商业银行整体资金实力。加强银企合作,积极开展异地贷款业务,推动信贷市场跨地域融合。在这方面,兰州银行将大有作为。

四是推进城乡建设一体化。通过文化产业园区和产业群的建设,构架各级各类城市功能分工有序、布局合理、协调发展的城镇体系。

五是推进体制创新一体化。启动兰州城市圈空间一体化发展规划编制工作,统筹圈内城市体系、功能分区、产业重点、基础设施、要素流动等,实现优势互补。各城市要加快修订和完善各自的总体发展规划和各重点专项规划,实现规划对接、协调发展。清理城市圈现行各项政策规定,消除各地对人才、资本、资源等跨地区流动的限制和市场准入等方面歧视政策。积极探索区域合作中的利益分配和财政支持政策。

六是推进招商引资一体化。建立城市圈重点建设项目库,联合招商引资,共同优化投资环境。转变投资调控和项目管理模式,放开社会投资领域,放开非政府投资项目审批。除国家有特殊规定外,所有投资领域一律向社会开放,打破地区、所有制界限和行业垄断。

七是圈内信息一体化。尝试电信共区号、手机不漫游等方式。以电子政务建设为先导,以企业信息网为重点,积极促进城市圈电子商务和电子政务的发展。同时,开发建设人才、教育资源网络,旅游等产业专用信息网,交通、医疗、治安、社保、社区等公众服务网络。增加投入,加快区域内农村通信建设,加强本地传输网建设。优化现有干线传输网,建立兰州城市圈统一的电话网增值平台和信息资源平台。条件成熟后,圈内实现电信共区号、手机不漫游、电视统一传送。

9.5　金融支持

文化产业是国民经济的重要组成部分,也是社会发展到现阶段的精神支柱,文化产业的多元化涵盖了整个社会发展的方方面面。那么,如何快速地推动文化产业是我国未来文化市场的关键性问题,文化产业的发展壮大与经济、金融有着密不可分的必然性,因而,需要大量的资金给予实质性的支持,让文化产业的高树在金融沃土上不断成长,从而推动整个经济市场跨越式飞速发展。

2010 年 3 月 19 日,由中宣部、中国人民银行、财政部、文化部、广电总局、新闻出版总署、银监会、证监会、保监会九部委联合颁发了《关于金融支持文化产业振兴和发展繁荣的指导意见》（以下简称《指导意见》），明确指出"文化产业快速发展迫切需要金融业的大力支持。金融是现代经济的核心，金融引导资源配置、调节经济运行、服务经济社会，对国民经济的持续、健康、稳定发展具有重要作用。"《指导意见》对我国文化产业的发展提出了切实有效的金融解决方案，是政策层面的重大创新，无异于为我国文化产业发展装配上了功率强大的"金融引擎"。《指导意见》提出要加大有效信贷投放、发展多层次资本市场、扩大文化产业的直接融资规模等多项创新举措。《指导意见》分为七部分内容，分别指出在信贷支持、授信模式、资本市场、文化产业保险市场、配套机制、效果评估等多方面促进文化产业发展的方向、方针。

在融资扶持方面，《指导意见》提出："加大金融业支持文化产业的力度，推动文化产业与金融业的对接，是培育新的经济增长点的需要，是促进文化大发展大繁荣的需要，是提高国家文化软实力和维护国家文化安全的需要。各金融部门要把积极推动文化产业发展作为一项重要战略任务，作为拓展业务范围、培育新的盈利增长点的重要努力方向，大力创新和开发适合文化企业特点的信贷产品，努力改善和提升金融服务水平，促进我国文化产业实现又好又快发展。"《指导意见》鼓励私募和风投等风险偏好型投资者积极进入新兴文化业态，并提出要积极培育和发展文化产业保险市场。与此同时，建立文化企业无形的资产评估体系，为金融机构处置文化类无形资产提供保障。对于具有优质商标权、专利权、著作权的企业，可通过权利质押贷款等方式，逐步扩大收益权质押贷款的适用范围。

保险公司在风险可控的前提下，可投资文化企业的债券和股权，符合条件的保险机构还可以参与文化产业投资基金，并与信贷、债券、信托、基金等多种金融工具相结合，为文化企业提供一揽子金融服务。同时，中央和地方财政拟通过文化产业发展专项资金和文化产业投资基金，对文化产业发展进行财政支持。

9.6　人才支撑

人才是文化发展的动力。从大兰州文化圈在建设文化大省中的重要地位和关键作用出发，为更好地推动文化事业和文化产业发展，进一步提高区域文化软实力，着眼于培养造就、留住用好有较高造诣、特色鲜明、成就突出、影响广泛的文化领域优秀人才,定期选择一批哲学社会科学、文化艺术、新闻出版、广播影视等方面的专业人才,通过开展创作研究、展演交流、出版专著等活动,予以重点扶持,打造文化精品,培养文化名家。要制定政策、出台方案、筹措资金,在丝绸之路和敦煌学研究、西北地方文史研究、戏曲曲艺舞蹈创演、期刊编辑出版等优势行业,使用好现有人才,培养后续人才;在地方特色非物质文化遗产方面,开展传承人的抢救性保护、扶持、培养;在文化旅游、新型传媒、动漫产业、影视、体育等薄弱环节,加大扶持力度,培养、引进、留住人才。要特别重视培养、引进有较高文化艺术素质、创新能力,同时又要懂得文化产业经营管理规律、有产业经营管理素质和能力的复合型文化经营管理人才,推动文化产业发展。要大力争取国家扶持,力争国家"文化名家工程"和其他国家级项目的立项资助。使兰州文化圈各城市文化人才优势得到提升、弱势得到加强、空白得以填补,逐步形成一支优势明显、特色突出、实力雄厚的文化人才队伍。要坚持用事业激励人、用感情凝聚人、用待遇吸引人、用市场感召人,营造有利于出精品、出人才、出效益的良好环境,形成有利于文化队伍人才辈出、富有生机活力的体制机制。

文化产业被公认为21世纪最具发展潜力的朝阳产业,是知识经济的重要表现形态,文化产业迅速发展已成世界性趋势。甘肃拥有丰富的文化资源,在西部大开发中应该可发挥重要的作用。众所周知,文化产业是智力密集型产业,人才是影响文化产业发展的核心要素。根据我们前期调研,人才问题已经成为当前制约甘肃文化产业发展的巨大瓶颈,在调研中我们发现从各地市到省级主管部门的文件中均强调甘肃文化产业人才的匮乏对当地发展文化产业的巨大制约。由于文化人才匮乏,使得甘肃文化产业发展陷入一种恶性循环:因为人才匮乏,文化产业发展缓慢,又因文化产业发展缓慢,导致不仅不能引进新人才,反倒使一些优秀人才纷纷流失。就甘肃省目前的实际情况来看,在甘各高校均未开设文化产业管理的相关专业,从地市到省上,均无专门的文化产业人才培养培训机构。

甘肃发展文化产业的关键是如何留住人才、用好人才、培养人才,从而破解制约甘肃文化产业发展的人才难题,可采用的人才培养模式,一是探究利用高校教学资源,设立"文化产业专业"进行专门人才的培养,造就一批熟悉市场经济规律,懂经营、善管理的文化产业人才;重点培养具有创意的设计人才、懂经营善管理的人才和中高级技术人才。二是探究如何建立长期培训机制,对从事文化产业的相关人员进行专业培训。

文化产业的核心是内容创意,它是创意人才利用自己的智慧、技能和才华,通过灵感和想象力的发挥,并在借助高科技的情况下对文化资源进行创造与提升,从而生产出符合市场需要的具有高附加值的文化产品。要将文化产业链有机地协调起来,必须拥有具备深厚文化艺术修养和拥有扎实文化产业经营管理知识、丰富经验的复合型人才。无论从地缘关系还是经济发展水平看,甘肃都不具备留住人才和吸引人才的条件,好不容易培养的文化人才也纷纷"孔雀东南飞"了。导致专家型人才大量外流,现有人员老化严重,文化产业出现人才断层断档,青黄不接,导致甘肃文化产业可持续发展能力严重不足。因此,当下,我们必须深入研究甘肃文化产业发展的人才战略与文化产业人才培养问题,为甘肃文化产业发展提供人才资源保障,有力推动甘肃文化产业又好又快发展。

近些年来,从地市政府到省上主管部门对于甘肃文化产业人才问题都给予很多关注,甚至不惜花大代价引进人才,可是当这些人才引进后往往出现"水土不服",还未来得及甩开臂膀干事业,就早已"雁南归"了;有些人才则满腹国际经纶,对甘肃却所知甚少,结果外来和尚同样也念不了甘肃的"文化产业经",高端人才变成了高居云端的"空才";以往的人才培训也只限于简单的普适性质的会议方式,并不能针对甘肃文化产业现状对症下药。

基于以上种种情况,结合前期对甘肃省河东、河西及兰州经济文化圈的实地考察,我们认为快速实现甘肃文化产业人才本土化,是破解制约甘肃文化产业发展的人才瓶颈的必由之路。我们的基本构想是:建议政府主管部门尽快在省属高校中确立一批"文化产业人才培养培训基地",尽早建立"甘肃文化产业人才库(专家)",建议教育主管部门尽快在省属人文积淀深厚的高校开设"文化产业"专业,并组织专家学者就甘肃文化产业人才培养出版专门教材,加大人才培养的针对性、有效性、应用性,从而为有力助推甘肃文化产业发展做出贡献。

从战略高度探寻甘肃文化产业发展的人才培训和培养路径,建构甘肃文化产业人才培养模式。树立"以人兴文"和人才是文化产业发展核心资源的文化产业人才观,实施甘肃文化产业人才"123"工程,"1"是指在全社会营造良好的文化生态空间,形成重视人才的氛围;"2"是指所培养的人才既要有国内国际的学术视野,又要具有深切的甘肃情怀,能立足甘肃实际,"3"是指在文化产业人才建设上,实现"留住一批、引进一批、培养一批"的人才战略。通过以上努力,实现甘肃文化产业人才"快速本土化",使得真正了解甘肃实情的人才成长成甘肃文化产业发展的生力军。

文化产业和文化事业"两翼"齐飞,平衡发展,才是文化大发展大繁荣。

文化产业和文化事业分工不同、运行方式各异,是各具特色的文化形态,却又相互依存、融合发展。文化产业既能推动经济社会发展,也能满足公众的精神文化需求;文化事业的发展为文化产品消费提供了广阔的市场空间,涵养了文化源泉,奠定了发展之基。当今世界,文化与经济、政治的关系愈加密切,文化竞争的地位和作用日益突出。文化产业在国民经济中所占比重越来越大,地位越来越重要。"仓廪实而知礼节,衣食足而知荣辱"。随着人们对精神文化的需求与日俱增,支付能力增强,文化产品已成为新的消费热点。低投入、低消耗、高效益、可持续的文化产业,年均增长速度连年高于同期国内生产总值增速,并成为一些地方新的经济亮点。在城市经济发展和人口膨胀的过程中,经济发展战略和城市规划必须适应城市可持续发展的需要。兰州作为"一五"时期开始建设的新兴工业城市,工业建设从无到有,从新到兴,与周边市县已初步形成了"自然经济圈"。但远不能承担核心辐射周边、周边反哺核心的经济圈职能。在此基础上,兰州必然会在空间和对外经济合作中进行扩张,跳出有限的市域范围,寻找新的拓展空间。在文化建设上兰州同样也存在资源储存总量不足、发展空间受限的问题,这就需要从周边地市借势生威。

建设文化大省是国务院办公厅《关于进一步支持甘肃经济社会发展的若干意见》中提出的甘肃经济社会发展三大目标之一。文化大省的美好前景已经展现,文化资源的众多"富矿"期待开掘。时不我待,倾力打造陇原腾飞希望之翼的时机已经到来。文化产业和文化事业"两翼"齐飞,平衡发展,才是文化大发展大繁荣。文化产业和文化事业分工不同、运行方式各异,是各具特色的文化形态,却又相互依存、融合发展。文化产业既能推动经济社会发展,也能满足公众的精神文化需求;文化事业的发展为文化产品消费提供了广阔的市场空间,涵养了文化源泉,奠定了发展之基。

10.　兰州新区文化建设构想

　　兰州是一座位于黄河上游、两山夹一河的河谷城市,一直有地理条件狭长、空间不足的困境,在城市化向纵深开掘的今天,转变这种困境的考验,正接近着回旋腾挪的极限。2010 年 8 月 3 日召开的兰州市委十一届七次全委(扩大)会议上,从兰州市实际出发,经请示省委同意,市委决定把兰州新区的"主战场"选定在永登县的秦王川,兰州新区的全面建设正式踏上征程。从文化的视角考量,兰州不仅有着深厚的积淀,还有着令人向往的未来。古希腊哲学家亚里士多德曾说过:"人们为了活着而聚集到城市,为了生活得更美好而居留城市。"历史不仅仅表示着过去,文化需要代代传承,继往开来,随着兰州新区建设步伐的加快,更好地把软文化植入城市的硬建设,才能把兰州建设得更富神韵、更富魅力。

10.1　兰州新区的建设依据

　　进入新时期以来,兰州市在继续抓好老城区发展的同时,坚持寻求新的发展途径,加快转变发展方式,通过积极推进新区规划建设和高新技术产业开发区、经济技术开发区的增容扩区,以及产业园区的开发建设,着力拓展城市发展空间,培育新的经济增长极,先后建成了雁滩高新技术开发区、安宁高新技术开发区,规划建设兰州榆中新城和安宁新城,最终决定选择开阔的秦王川作为兰州新区。

10.1.1　兰州新区的建设是根据国家战略的需要和区域经济、社会发展的现实适时提出的

　　2010 年 5 月 2 日,国务院办公厅发布了《关于进一步支持甘肃经济社会发展的若干意见》(简称 47 条),充分肯定了甘肃在全国重要的战略地位。

意见开门见山地提到:甘肃是我国西北地区重要的生态屏障和战略通道,在全国发展稳定大局中具有重要的地位,改革开放特别是实施西部大开发战略以来,甘肃经济社会发展取得了很大成就,正处于加快发展的重要阶段。由于自然、地理、历史等原因,甘肃经济社会发展还面临许多困难和问题,与全国的差距仍在拉大。

根据区域经济学理论,一个区域的发展离不开中心城市的辐射和带动,放在全国大格局中去看,建设兰州新区,有利于兰州发挥西陇海兰新经济带特大型城市的辐射带动作用,有利于与成渝经济区、关中—天水经济区、北部湾经济区共同形成西部大开发的战略支撑。已被批复的重庆两江新区被定位成"一个门户,两个中心,三个基地",天津滨海新区也明确提出了"向东北亚辐射"的战略目标。兰州是甘肃的省会城市,也是唯一的中心城市。甘肃的发展项目上升为国家战略层面,兰州无疑是一枚重要的棋子。47条中也明确地提出了大力支持兰(州)白(银)核心经济区率先发展。建设兰(州)白(银)都市经济圈,积极推进兰州新区、白银工业集中区发展,做大做强石油化工、有色冶金、装备制造、新材料、生物制药等主导产业,把兰白经济区建设成为西陇海兰新经济带重要支点,西北交通枢纽和物流中心,在全省乃至西北地区发挥"率先、带动、辐射、示范"的中心作用。国办47条里就多次提到了兰州新区,并将其列为重点扶持项目。这对兰州新区的建设是极为有利的,可以看出,面对新的风云变幻的国际形势和全球经济衰退的阴影,兰州在全省、西部乃至全国的地位举足轻重。这对兰州新区获得国家在政策、资金、项目的支持提供了充分的依据。

同样,任何一个地区的发展都离不开国家的大力支持,追溯新中国成立60多年地区经济的发展历程,我们不难看出,只有关乎国家利益,地区经济社会发展上升为国家意志,那么这一地区就能得到快速的发展。兰州得天独厚的地理位置,使它自古就具有重要的战略地位。在新中国成立初期,兰州作为战时的大后方,基于其特殊位置,提升了兰州在国家战略中的地位。"一五"期间,国家将156个重点项目中的16个项目投入到了甘肃,仅西固区就有6个,使兰州成为"新中国第一座石油化工工业城",奠定了今日兰州的基础。还有后来的三线建设,国家投入近百亿元把13个大中城市的一批重要项目迁至甘肃。随之而来的是资金、人才、政策的支持。以至于在20世纪50~70年代,兰州成为中国发展最快的城市,这种现象被称之为"兰州现象",在那个特殊时期,兰州为国家经济建设做出了积极重大的贡献。随着国家战略向东南沿海的调整,甘肃在改革开放后成为全国乃至西部名副

151

其实的欠发达省份,曾经辉煌一时的兰州也很快沉寂和落后了。如今,充分利用国家战略的再次调整,借新一轮西部大开发之机遇,再造兰州,成为甘肃人,尤其是兰州人的共同心声。

10.1.2 兰州新区的建设是甘肃和兰州发展的现实要求

从现实看,经过60多年的积累与发展,兰州综合实力大大提高。然而,兰州市老城区的发展空间已经成为制约兰州发展的瓶颈,为解决兰州发展的空间不足问题,兰州市先后在安宁、榆中等地寻求空间拓展的可能性,但是因为交通、水源等问题,诸多规划蓝图最终都没有落地。经过充分调查研究,形如"琵琶"的秦王川成为兰州新区。选择在秦王川建设新区,是兰州市政府在解决发展瓶颈时,跳出峡谷、另谋出路的主动选择,是新机遇,也是新挑战。兰州人把这一重大举措称之为"反弹琵琶",通过秦王川新区的开发建设,拓展兰州城市的发展空间,使城市布局更加合理。

兰州新区的建设要找到符合国家的宏观思维和战略契合点,目前兰州新区从微观到宏观有三个定位:建成国家向西开放的战略平台,国家经济转型和承接东中部装备制造业转移的先导区;建成发展战略性新兴产业、高新技术产业和循环经济的重要集聚区,沟通西部地区的重要交通枢纽和物流中心,"两型"社会和城乡统筹发展的重点示范区,生态建设和未利用土地综合开发实验区;建成传统优势产业和现代化服务业的扩展区,沟通全省的重要交通枢纽和物流中心,实现甘肃和兰州跨越式发展的重要经济增长极。

大兰州文化圈描绘出了一幅宏伟的蓝图,把未来15年文化兰州的美好前景展现了出来,大兰州文化圈应当是以兰州为中心、包括周边环绕的市州和部分县域、辐射全省和西北部分地区的大文化区域。它具有发挥区域文化资源优势、提升区域文化竞争力、推动区域经济社会协调快速发展的一系列重要功能。大兰州文化圈的主要功能可总结为:一是整体提升区域文化竞争力的功能。文化竞争力是未来发展的核心竞争力之一。通过建设大文化圈,能够最大限度地利用本地丰富的文化资源,聚合要素、突出优势、带动支撑、形成合力,在做大做强中心城市的同时,发展区域文化事业和文化产业,整体提升区域文化产品竞争力、文化企业竞争力、文化品牌竞争力和文化形象竞争力。二是支撑和推动经济社会发展的功能。文化发展能够提升人的素质、满足人们的精神需求、创造良好的社会环境,为经济社会快速、协调、持续发展提供强大的精神动力和智力支持。同时,文化产业本身就是经济的重要组成部分,是未来重要的经济增长点。通过建设文化圈,充分挖掘和利用文化资源,推进文化事业和文化产业繁荣发展,将使区域经济社会发展获得持久的动力和不竭的源泉。三是推进特色文化资源整合和共享的功能。大兰州文化圈蕴含黄河文化、丝路文化、历史文化、民族文化、革命文化和宗教文化等丰富的文化类型,建设文化圈,能够通过对特色文化资源的梳理整合、科学规划、整体开发、共享共用,充分发挥这些特色资源的价值,使大兰州文化圈成为全省乃至全国具有自身优势和重要特色的文化区域。四是保护文化资源、传承文化精神的功能。本区域是中华文化的发祥地之一,是中华民族重要的文化资源宝库。保护珍贵的文化遗产、传承优秀的文化精神,是我们的重要责任。以大兰州文化圈建设为载体,必将使区域文化保护和传承工作,获得新的发展条件、丰富的发展手段和广阔的发展空间。五是加强民族团结、维护社会稳定和构建和谐社会的功能。大兰州文化圈所处的区域历来是我国各民族人民交流融合、共同发展的舞台。今天,这里依然承担者维护祖国边疆稳定、带动引领西北少数民族地区共同繁荣发展的历史重任。通过建设文化圈,使不同民族文化和宗教信仰的民族在一个文化圈内互相包容、互相支持、和睦相处、和谐共进,能够极大地促进民族团结和社会稳定,共建和谐社会。这些都为兰州新区的文化建设打下了一定的基础。

"跳出老城建设新区,跨越发展再造兰州",举全市之力,开发秦王川,建设新城区,实现大跨越,真正把兰州新区建设成为现代产业发展的集聚区,统筹城乡发展的示范区,生态环境建设和未利用土地开发建设的试验区,循环经济和综合配套改革的先行区,并使之成为全市乃至全省重要的经济增长极。这又为把大兰州文化圈绘就的蓝图变成现实,提供了强有力的保证。

10.2 兰州新区的战略定位

城市定位是确定城市发展的全方位坐标,具有整体性、宏观性和政策性,准确的城市定位是城市整体发展的重要战略。自古以来,兰州对于中原王朝的政治统治和华夏民族文明的传承保护都具有重要的战略意义,兰州以其坐中四连的独特地理位置,不仅成为军事要地,更是文化交流的中心和商贸活动的枢纽。放眼全国,建设新区已是各地突破旧的发展模式、实现快速发展的比较成熟的做法。对甘肃而言,建设兰州新区,其意义将远远超出新区建设本身,它将是带动全省经济文化发展的重要引擎。

10.2.1 兰州新区在西部大开发整体布局中的地位

兰州位于我国陆域版图的几何中心,随着新亚欧大陆桥的开通,兰州已成为我国东西部交流合作和通往中亚、西亚、中东及欧洲的重要通道,战略地位和桥梁纽带作用更加突出。高度重视并优先加快兰州的开发和建设对促进区域经济合作开发,带动甘肃乃至西北地区经济发展,具有十分重要的战略作用。从区位看,兰州处于大西北"坐中四连"的特殊位置。从历史看,兰州始终在国家战略中占有重要地位。选择秦王川作为新区,是兰州市瞄准西部大开发的历史性机遇,增强危机感和紧迫感,增强信心、振奋精神,扬长避短、迎难而上,开拓进取、力争挑战,在竞争中闯出一条新路。兰州新区建设必须放置在整个西部大开发的格局中予以考虑,要把"兰州新区"建设成为一个国家级新型示范区,积极争取成为国家实施西部大开发的首选地和突破口。兰州确定的城市发展目标是保持经济和社会持续、健康、稳定、快速发展,基础设施完善,生态环境良好,城乡协调发展,人民生活更加殷实,现代化都市格局基本形成,力争把兰州建设成为国家向西开放的战略平台,西部区域发展的重要引擎,西北地区的科学发展示范区,历史悠久的黄河文化名城。很显然,随着新区建设的一步步加速,这一目标不再仅仅是蓝图和梦想,而是切切实实的改变,是人人受益的国家工程。

10.2.2　兰州新区在甘肃发展战略中的"中心"地位

甘肃省"中心带动、两翼齐飞、组团发展、整体推进"区域发展战略,给兰州发展提供了新的挑战和机遇。根据区域经济学理论,区域发展同样需要自己的"龙头",兰州之于甘肃,犹如东部沿海之于全国,是"龙头"的必然之选,立足甘肃,放眼西北,应该是兰州的战略选择。甘肃省区域发展战略支持兰州率先发展,既是"兰州战略"的新接力,又是兰州、甘肃发展的再出发。作为省会,兰州一直是甘肃省的发展引擎。以经济总量论,三分甘肃,兰州占其一。但近几年,兰州逐渐被省内其他地区超越。从"六五"时期的51%,到"十一五"时期的27%,兰州的工业增加值占全省的比例一直在下降。在国内27个省会城市中,兰州市的GDP总量,由2008年的第二十二位降到了2009年的二十三位。土地奇缺是最大的发展瓶颈,目前180平方公里的面积,已经难以承载开发、建设和发展的需要。新区的建设无疑会为兰州经济社会的发展提供广大的空间。

10.2.3　兰州新区绘就城市未来发展的宏伟蓝图

长期以来,"两山夹一河"的独特地貌特征,在给兰州城市增添独特风情的同时,也日益显露出在发展空间上的制约和局限性,兰州发展遭遇了一些挥之不去的"死结",患上了越来越严重的"城市病":空间不足、环境污染、交通堵塞、房价高涨、产业升级缓慢等问题日益凸显。经过充分调研,结合兰州实际,兰州市委市政府适时提出在秦王川建设兰州新城区的战略构想。2010 年 11 月 16 日,甘肃省政府正式印发《关于加快推进兰州新区建设的指导意见》,从省级层面正式启动了兰州新区建设。根据国家、西部、甘肃的不同层面,兰州新区的发展定位分别是:在国家层面,新区是国家向西开放的战略平台,国家经济转型和承接东中部装备制造业转移的先导区。在西部层面,新区被定位为发展战略性新兴产业、高新技术产业和循环经济的重要集聚区,沟通西部地区的重要交通枢纽和物流中心,"两型"社会和城乡统筹发展的重点示范区,生态建设和未利用土地综合开发实验区。在甘肃层面,新区将成为传统优势产业和现代化服务业的扩展区,沟通全省的重要交通枢纽和物流中心,实现全省跨越式发展的重要经济增长极。

10.3　兰州新区文化形象的塑造

　　根据兰州新区的战略构想和兰州实际,秦王川成为"跳出老城建设新区,跨越发展再造兰州"的最终确定之地,未来的新区必将成为兰州开发建设的基础设施完备、现代企业集聚的新区。

10.3.1　新区的规划蓝图:反弹琵琶

　　根据规划蓝图,兰州秦王川新区形如一把"琵琶",控制范围达 806 平方公里,核心区 460 平方公里。新区的基本范围:东边由皋兰县西岔川东缘向北延伸至永登县秦川镇;西边由尹中高速公路向北沿秦王川盆地西边缘延伸至引大东二干渠;南边到树屏镇尹家庄至皋兰县水阜乡涝池公路北缘;北边则是引大东二干渠一线。东边最宽处达到 23 公里,南北长约 49 公里。根据初步规划,新区被分成了一般农业区、空港物流园区、临空产业园区、装备制造业园区、新兴产业园区、循环产业园区、生态休闲区等十个园区,其中仅生态休闲区就占地 50 平方公里,将依托现有的一块湿地,建成主题文化公园,此外还有 248 平方公里将被储藏起来,表面是生态修复,其实质是未来发展的预留地。

　　根据兰州新区的科学规划设计,随着新区建成,最终形成兰州市"一河两岸,三心六组团"的多中心组团型的城市空间结构。所谓一河两岸,就是要依托黄河形成城市主要的景观、人文、活动轴线;所谓三心,就是以城关核心组团、安宁—七里河核心组团和西固核心组团构建城市发展的三大中心圈;所谓六组团,即盐场—九州组团、和平组团、定远组团、彭家坪组团、河口南组团、沙儿组团,通过组团发展,变指头为拳头,形成合力,共同发展。

10.3.2 新区的区位优势

兰州新区的选址,相对可操作的只有榆中和秦王川两个盆地,北面的皋兰属于山地,东面的榆中是传统农业区,人口密集,再加上和平镇已几无空间,定远、夏官营、三角城等处空间也不大,不是理想之地,而秦王川地势平坦,人口稍少,又是目前兰州最大的盆地,是佳选之地。同时加上其在交通、区位、水利等方面的条件,总体讲,秦王川适合开发是肯定的。

位于兰州北部秦王川盆地,地处兰州、西宁、银川三个省会城市共生带的中间位置,是国家规划建设的综合交通枢纽,也是甘肃与国内、国际交流的重要窗口和门户,距兰州市区38.5公里,距西宁198公里,距银川420公里。规划面积806平方公里,辖永登、皋兰两县五镇一乡,北接景泰、南临皋兰,西衔庄浪河的黄土丘陵山地,年均气温6.9℃,年降水量220毫米,年均蒸发量达到2 000多毫米。无霜期约在150天左右。核心区平均海拔约2 000米。作为新区区位优势明显,承东启西,连南接北,是西陇海兰新经济带的重要节点;土地和水利资源丰富,地势开阔,适宜大规模集中连片开发建设,引大入秦水利工程横穿新区,水资源完全能满足新区未来发展需求;交通便利,连霍高速、京藏高速以及中川机场构成了立体综合的交通网络体系,是兰州、白银两市的接合部,地处兰州、西宁、银川三个省会城市共生带的中间位置,也是甘肃对外开放的重要窗口和门户。

10.3.3 新区全力打造现实版的"海市蜃楼"

21世纪的城市建设已经进入了城市主题文化时代,特色城市建设要站在世界的高度来规划城市,只有用世界最前端的城市主题文化发展战略规划才能保证特色城市建设的成功。有人说:城市千规划、万规划,没有城市主题文化都是白规划。城市主题文化是城市文化建设、城市文化崛起最重要战略支点。城市主题文化从根本上讲,是一个城市独特气质、独特禀赋、独特资源、独特形态的一种塑造过程,它作为城市认识和改造的内在尺度,用城市主题文化框限出城市发展建设的思想蓝图。它是城市文化建设和特色城市建设的依据,是一个城市最深层次的文化战略追求标准,它是城市文化建设和特色城市建设的思想基础和行动方略。在兰州新区建设过程中要深刻理解城市主题文化的科学性和历史必然性,在城市文化建设中高扬城市主题文化理想,高举城市主题文化旗帜,在多元化的文化格局中牢牢把握文化话语权,坚定自觉地沿着城市主题文化发展道路不断谱写城市文化建设的新篇章。兰州新区,虽然叫作新区,但是从发展空间和地理位置而言,其定位显然得从完整的"城市"概念出发,在继承旧城区的文化根脉和城市精神的基础上必须形成自己的文化特色和城市精神,绘就自己文化建设的底色。

在古代,因秦王川地势平坦,在几十里的平川之上,晴天远望,有时会出现一种海市蜃楼的幻境,古人第一次给它起名,就叫作晴望川。古时,该地草木较好,因土地相对肥沃,一马平川,又称作黑川,黑川挈牧,也是文人墨客描述的景象。历史上的晴望川,为古永登八景之一。据清《永登县志》载:"秦王川原名黑川……每值雨霁清晓,登高远望,辄见城郭楼台,人马旌旗之状,若海市然……。亦称晴望川。"今之秦王川,在隋朝以前,并不叫秦王川,而叫"晴望川"。另据《秦王川上空的"山市"》也记述"清代著名小说家蒲松龄《聊斋志异》中有一篇题记'山市'的小说,记述了一个叫'鱼山'的地方忽然出现'海市蜃楼'的故事,形成和消失都很快,这是一篇难得的'山市'的记述"。秦王川的"海市蜃楼"或"山市",在近代也是常出现。由永登杨培基先生撰写的《秦王川幻景》,文中写道"大凡生长在秦王川一带和常来往于那里的人,对那里的'海市蜃楼'之幻景,已是屡见不鲜,不以为奇了"。若适逢一个雨后晴朗的天气,便会看到一幅幅天然图画。据说有人见到秦王川的幻景,东北方向,远处隐隐约约的景物,好像一座座古城堡,星罗棋布,宏伟壮观。城廊之上,不仅有楼阁亭台,高低错落,金碧辉煌,偶尔会瞧见旌旗飘扬,人马奔腾之状,往南望犹如一碧海洋、水天一色,烟雾迷蒙。忽儿呈现出船只行驶,忽儿是崇山峻岭,巍然屹立,苍松翠柏,浓荫密布,变幻异常。明朝杨一清曾赋诗道"平沙落日路漫漫,千里风光一色看。刚道雨来翻见雪,偶尔热后忽生寒"。在气候干旱又多变的大西北山区,尤其是兰州地方出现"山市"、"幻景"实属罕见。

海市蜃楼之传说与海市蜃楼一样,充满着梦幻色彩,从某种意义上说,在域外人士认为一缺水源二没资源的秦王川建设新区,本身就是一种浪漫情怀的体现。由此我们认为结合秦王川的具体地理和气候特征,可以给新区的文化建设确定"梦幻底色",在此基础上给新区寻找城市精神、建筑风格、城市色彩、文化项目,进一步做出新区科学合理的文化规划。

10.4　兰州新区文化建设的基本思路和发展战略

思路决定出路,战略就是谋略。没有科学合理的发展思路,就不能形成可学可行的发展路径,没有超前的战略眼光,不仅会造成重复建设、短命工程等人力物力的极大浪费,还会影响未来城市的谋篇布局。

10.4.1 兰州新区文化建设的基本思路

兰州历史悠久,文化底蕴深厚,但遗憾的是,在一轮一轮的城市建设中,固有的文化遗址和遗存,因为现代城市建设的需要,遭到严重的开发性破坏,文化变成了"文献",也就是说:书中记述言之凿凿,现实遗存却荡然无存。兰州在历史上虽是丝绸之路上的重镇和西北交通枢纽,但由于城址的迁移多变,历史的陈迹多数已淹没在过往的尘埃之中而无法考证。当前在大兰州文化圈建设中,我们一定要弘扬特色,培育具有地域和民族特色的文化产业集群,构建兰州中心文化产业圈,建设西部文化大都市,实现文化资源大市向文化产业大市的转变。要做到文化建设与科学、人才、资本、中心相结合,与旅游发展、赛事节会相融合,加快推进文化兰州建设,充分发挥兰州在全省文化建设中的"中心带动"作用。新区建设不能重蹈旧城传统的模式,成为旧城的复制品,其定位一定要符合实际,具有前瞻性和战略眼光,新区建设要凸显一个"新"字,新区规划必须坚持高标准、高质量、高水平。有一种说法很是恰当:新区是特区,是兰州的特区,甘肃的特区,是一项开创性的事业,是关系全省经济社会又好又快发展的大事,只有创新发展,才能对全省经济发展起到"中心带动"的作用,才能发挥兰州在全省乃至西部地区的文化引领作用。

文化是凝聚人心的纽带、引领前进的旗帜,是社会发展的动力、文明进步的标志。兰州市是一座具有2 200多年历史的文明古城,文化底蕴深厚,既是中华民族文化的重要发祥地,也是黄河文化、丝路文化、中原文化和西域文化的重要交汇地,被誉为"丝路重镇"、"黄河明珠"、"山水名城"、"水车之都"。在新区建设中要力争实现"经济跨越、文化繁荣、环境一流、人民幸福"四大目标,在城市园林绿化、环境卫生、市容秩序、市政设施等方面狠抓落实,以饱满的热情,务实的作风,创新的思维,团结的状态,营造新区良好的文化氛围。

10.4.2 兰州新区文化建设的基本战略

文化是城市的灵魂,体现着城市的形象和品位。一个城市的发展,不仅要有经济这个"硬实力"做支撑,而且要有文化这个"软实力"做引领。兰州的文化资源相对较为丰富,要充分挖掘好、整合好、利用好这些资源,从战略高度切实加快"文化兰州"建设,加快发展文化事业和文化产业,努力实现由文化资源大市向文化资源强市的转变。

一是文化资源整合战略。加大兰州新区的历史文化资源的研究和开发,要学会借力发展,人为我用,放眼大兰州文化圈,甚至整个华夏文明区域,用大手笔做大文章,建设大项目。一个城市要宜居宜休闲才能宜创事业,例如规划中的"千塘百湖"项目就属于大制作大手笔,必将成为新区未来休闲旅游文化的龙头项目之一。根据"特色鲜明、宜居宜业的生态绿城、多湖水城、现代新城"的建设要求,兰州新区规划在位于新区南部湿地生态旅游观光区建设生态湖项目——"千塘百湖"。项目将通过构建城市人工水系,力图改善小气候,形成独特城市生态景观。"千塘百湖",就是对新区现有的1 000多座砂坑进行改造,使之成为能够养殖和灌溉的调蓄水塘,同时开发建设一大批具有相当水面的大小湖泊和湿地公园,把新区建设成为碧水环绕、碧波荡漾的多湖水城。据介绍,新区"千塘百湖"项目在新区纬一路以南、行政中心以东、经十二路以西,利用大片低洼地带,规划建设4处首尾相连的人工湖面,总面积200亩(约133万平方米)。其中:水体1 200亩(约80万平方米),景观绿化800亩(约53万平方米),总体平面布置近似甘肃省版图,南北总长约3 000米,东西宽约280米,总蓄水容积约160万立方米;单处最大面积近850亩,最小面积约70亩。新区"千塘百湖"由四个板块组成,分别是:1号湖滨区(公园)、水巷邻里(水系),2号湖滨区(滨湖),3号湖滨区(湿地)。兰州人有一个美丽的梦想:建设"如兰之州"、"如家之城"。兰州新区未来顶层设计的终极定位,应该是:未来之都,千湖之城。定位"未来之都"就是树立了发展新兴产业的旗帜。未来的兰州新区将成为环境优美、功能完善、特色鲜明的现代化新区。贯穿其中的就是规划中的"九镇一中心",这九个以休闲、居住为主的小镇各具千秋,其中的"玫瑰小镇",还将通过发展第三产业打造成"中国的浪漫之都"。新区以行政中心为中心点,各具特色的小镇辐射状点缀其间。目前已签约的小镇(城)有金融小镇、兰州古镇、玫瑰小镇、华夏园文化广场、金城国际贸易城、汽车城、科技城、大学城等。兰州,应该以全省政治经济文化中心的姿态,在提升兰州的辐射能力中,围绕建设一流省会城市的目标,全力打造"新兰州速度",努力成为具有国际影响力的区域性现代化大都市从而成为大兰州文化圈共同发展的一个重要的支点。

二是文化人才战略。文化要发展,人才是关键。当今世界,人力资源是当之无愧的第一资源,人才优势才是最根本的优势。历史上在兰州地区曾经涌现出许多文化名人,历届市委、市政府都十分重视文化人才队伍建设,培养和引进形成了一支门类齐全、素质优良的文化人才队伍,涌现出了一批在各自专业领域取得优异成绩的优秀人才,其中既有享受国务院特殊津贴的专家,也有全国宣传文化系统精英管理人才,还有入选我省"333"人才工程的著名艺术家,这些都是我们发展文化事业最宝贵的财富。兰州文化教育资源相对集中,兰州拥有 30 所高等院校,人才密度和科教实力居全国大中城市前列,已经初步建立了一个比较完备的文化人才培养、教育、培训体系,这为我们做大做强文化产业奠定了坚实基础。通过体制机制的保障来释放文化生产力的内在活力。兰州新区建设必须确立人才在经济社会发展中优先发展的战略布局,充分发挥人才的基础性、战略性作用,做到人才资源优先开发、人才结构优先调整、人才投资优先保证、人才制度优先创新,促进经济发展方式向主要依靠科技进步、劳动者素质提高和管理创新转变。坚持"以用为本"来激发文化生产力的创造力。留住了人才,还得会使用人才。只有人才各尽其用,文化生产力的创造力才能不断被激发出来。用"科学发展,以人为本;人才发展,以用为本"的发展理念,突出以用为本,不断创新人才发现、培养、使用、评价、激励等机制。以用为本,强调把最大限度地发挥文化人才作用,尤其是创新的作用。同时,进一步解放思想,大力营造尊重知识、尊重人才、尊重劳动、尊重创造的良好环境,创造人才辈出的良好条件。不断完善优惠政策,充分发挥市场机制的作用,更好地培养人才、吸引人才、留住人才,要更加关心人才成长,及时为他们解决实际困难,创造良好的学习、生活条件,在全社会营造一个人尽其才、才尽其用、各得其所的良好氛围。

三是文化品牌战略。美国品牌专家凯文·莱恩·凯勒(kevin lane keller,杜克大学教授)在《战略品牌管理》一书中指出,地理位置或某个空间区域像产品和服务一样,也可以成为品牌。要想使城市焕发独特的魅力和萌生鲜活的生命,要想在未来的城市商业化竞争中取胜,一个城市首先必须提炼出与众不同的核心价值,必须给予人们一种独特体验,否则城市之间将缺乏本质上的差异性,失去吸引力,流于平凡。什么是城市品牌?中国社会科学院中国城市发展研究会分析认为:一个城市在推广自身城市形象的过程中,根据城市的发展战略定位所传递给社会大众的核心概念,并得到社会的认可。它是城市地域、性质、功能、精神的外在表现和内在品质内涵的集中体现,是一座城市区分其他城市的识别体系。基于现今中国城市品牌树立的需要,城市品牌的策划与传播应运而生,并且发挥着重要的作用,通过一系列的公关、媒体、活动等整合营销方式,把目标城市的优势、潜力有步骤地传达给相关的客户群,从而达到吸引目标客户群前来旅游、消费、投资等目的。从短期效用上说,成功的城市营销对刺激整个城市的旅游业与相关服务行业的增长有重要作用,从长远来看,更是大大提升了该城市的品牌影响力,对其未来的发展有不可估量的影响。从区域经济的层面看,城市品牌的发展和振兴将促进区域经济和旅游的繁荣,促进投资增长,有力地带动商业、娱乐业、餐饮业、休闲服务业等各相关产业的发展。城市旅游的增长是城市品牌目标的重要组成部分,随着全球化和国际交流的日益频繁,城市的建设发展、城市品牌的传播对城市旅游未来前景具有重大意义。目前,中国已经有不少城市成功地树立了自身品牌。根据数年来城市品牌建设的成功案例,中国首次提出了"宜居、宜业、宜学、宜商、宜游"5个指标,来衡量城市品牌的价值,"五宜"指数是基于"以人为本"的城市发展价值取向建立起来的,不同于传统的品牌资产价值评估的市场导向,充分体现了以人为本的原则,有助于帮助城市发展需求,进一步推进城市发展与完善管理,进而实现城市价值的最大化。

通过多年的发展,兰州已经培育形成了《读者》《大梦敦煌》、兰州太平鼓等一批国内外有影响力的文化品牌。以《大梦敦煌》为例,到目前为止,已经在国内外演出近千场,先后荣获中国舞蹈"荷花奖"、中宣部"五个一工程"奖和文化部"文华新剧目奖"等多项国家级大奖。这些文化精品、文化名牌,不仅为我们加快发展文化事业积累了经验,而且为我们做大做强文化产业提供了示范。近年来,兰州坚持以公共财政为支撑,以公益性单位为主干,着力构建公共文化服务体系,已经建成了以市级文化馆、博物馆、图书馆、少年宫、工人文化宫等为主体,比较完备的公共文化服务设施和爱国主义示范基地,兴建了一批群众性公共文化场所。新区是有别于旧城区的新辟城区,除了依托旧城区母体形成的文化品牌外,还应该形成自己的文化精神和文化品牌。结合兰州老城的文化历史底蕴形成以休闲游乐为主的新的文化格局。

四是文化创新战略。创新型国家建设是我国重要的奋斗目标和战略。城市是国家和区域的经济、社会和文化中心,是产业、资金和人才的空间载体,也是创新的主要集合体和落实国家创新战略的重要平台,因此,城市创新是推进国家创新型建设的主导力量。与旧城区相比,兰州新区文化建设就如同在白纸上作画,具有巨大的发挥空间和创新自由,因此,新区文化建设必须坚持创新战略。所谓新区,就是创新之区、智慧之区、文化之区、特色之区、首善之区、现代之区、未来之区。据资料显示:人类最早的城市是以建筑美学为主体形成的,当人类文明发展到工业革命的时期,功能主义的城市涌现,也就是我们所说的资源型城市。在新城区主要街路临街建筑物立面、商业牌匾设计以及楼体亮化美化工程中,按照统一规划、统一设计、统一施工的原则,多形式融入具有甘肃文化底蕴的敦煌元素、书法元素,增强新区的文化艺术气质。近年来,随着环境和景观美学的勃兴,以及中国城市化的迅猛发展,城市艺术逐渐成为学界关注的热点问题。日常生活审美化的趋势,也推动了艺术的个体性与城市的公共性之间的融合,城市本身成为艺术品。在城市文化建设中,创新还表现在对现有资源的艺术创新。如果意大利文艺复兴先驱但丁的著名诗篇《神曲》被转化为画作或者雕塑,将会是怎样的宏伟巨制?意大利艺术家贝内托·罗扎在全球范围内首次完成了这一伟大的艺术尝试,《神曲》是一部充满隐喻性、象征性的史诗作品,贝内托·罗扎在将其具象化的时候,更多地运用现实主义风格,通过人物写实的表情,充满张力的动作,将但丁《神曲·地狱篇》的内容描绘出来。贝内托通过精湛的雕塑技法将堪称时代丰碑的《神曲》的精髓表现出来,使其在艺术创作本身之外更具有艺术史与文史上的意义。这一创意完全可以移植在我们已有的经典作品中,比如《大梦敦煌》《丝路花雨》等歌舞剧还有陇剧精品剧目的具象化,增加城市的人文艺术景观。文化创新的意义不只限于文化自身,它对经济和社会发展,对改革开放和社会主义现代化建设具有基础性的作用,文化创新要在理论创新的引导下,站在整个国家创新的先导位置和上游环节上,造就一种有利于社会创新的创新文化,要锻造创新理念,培育创新精神,营造创新环境,引领创新风气。

根据研究,一座城市的历史文化、发展变迁、功能地位、社会结构、人口构成、文化产品、精神风貌,还有市民的思维方式、生活方式、行为方式、人格类型、价值准则及其人际间的交流等都可归入城市文化的内涵之中。城市文化可划分为互动共生、有机联系的三个层次:一是表层的物质文化;二是中层的制度文化;三是深层的精神文化。从理论层面看,城市文化是一个价值概念,是城市市民在长期的生活过程中,共同创造的具有城市特点的文化模式。而从实践层面看,城市文化就是城市的精神、特色、市民素质、大众文化、历史文化遗产、建筑文化等编织而成的城市图景。国家以文化比强弱,城市以文化论输赢。城市文化"唱主角"是21世纪城市化的必然趋势。兰州新区要想在城市文化竞争中抢得一定先机,就必须下大力气进行城市文化建设。"历史是根,文化是魂"。进行城市文化建设,首先应追寻其"根"——历史根脉,然后再结合现实条件,明确其"魂"——文化定位。

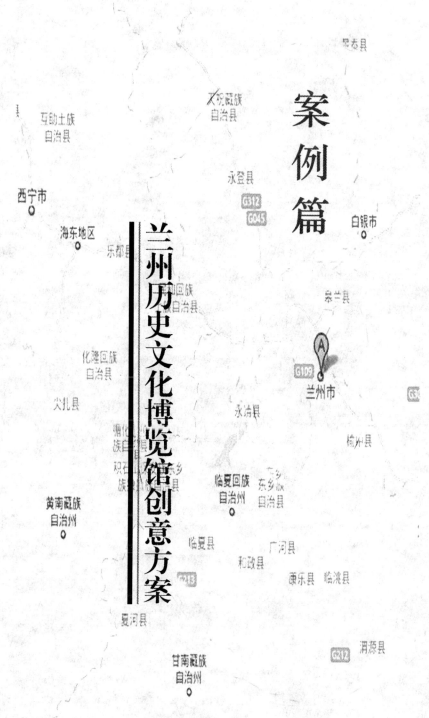

案例篇

兰州历史文化博览馆创意方案

兰山公园作为兰州具有地标性质的自然和人文遗存,其基本定位应当是以观光与休闲为主,重点展示兰州历史文化为辅。兰山公园为兰州市区最高点(主峰海拔2 129.6米),登高望远,北可俯瞰整个城市主城区的形貌,南可观览阿干河谷的田园风光、缅怀丝绸之路遗风。一面是现代化的工业文明,另一面是传统的农耕文明,兰山既是分界线,又是观察点,观光当是其功能之一。而缺少文化含量的纯粹休闲,难以给游客留下深刻印象,所以通过博览馆在兰山集中展示兰州的辉煌灿烂的文化,既能使前来休闲的市民了解自己所栖身的城市历史,亦可使外地游客前来观光时对兰州深厚的文化底蕴有一些最基本、最直观的了解和体验。

　　兰州的文化特色主要表现为四种形态:反映农耕文明为特色的黄河文化、标志中西文化交流的丝路文化、集中展示西北各民族风情的民族文化、作为古代中原王朝开拓和经营西北的桥头堡的军事文化四大部分构成。令今人称道的是兰州山河之城的独特自然风貌,现在正融入日渐丰富的文化内涵,近年来兰州市提出"山水城市"的理念,以百里黄河风情线为标志的水文章已经显示出巨大的社会效益,而以南北两山为标志的山蓝图还尚未绘就。山为城之魂、河为城之魄,山魂河魄有机地融合,才能真正地彰显兰州城市的文化精神和气韵。所以在兰山公园的文化塑造中突出兰州的山水城市特色,突出有地域特色的文化形象和多元文化交织的地方风貌,突出富有黄河文化、丝路文化、民族文化、军事文化内涵的城市文化形象。这对兰州市创建全国文明城市、申报全国历史文化名城、提升城市的知名度和"文化兰州"的建设都有积极的助推作用。

　　截至目前,在兰州城区还没有一处集中展示兰州文化的景区,选择在兰州市区的最高点,重点展示兰州文化,使游客在眺望兰州城市新貌的同时,通过文化园区的观览和参与,了解兰州的过去,使兰山公园不仅成为兰州市的最佳观景点,同时成为展示兰州历史和文化的山地公园。为充分展现兰州历史文化的深厚、民族文化的丰富、地方文化的独特,应该着手主要从城、人、俗三大板块去展现丰厚的兰州文化。

　　兰州历史文化博览馆将努力达到人文与自然的结合,历史与现实的结合,文化与科技的结合。兰州历史文化博览馆创意方案分五部分:地理形貌、历史脉络、城市变迁、名人踪影、民族风情。

1. 地理形貌

地理,从来不单是方位和地区的概念,一个区域的气候、物产、土壤、植被、资源等自然环境条件,深刻地影响和塑造了人类的生存方式和文化行为。兰州位于中国陆域版图的几何中心,地据南北之中,为东西咽喉扼塞,东连陕豫,西通新青,北接宁蒙,南达川藏,自古以来就是连接中原和西域的交通要道,为中原王朝控制西北、屏障内地的重镇,在西北具有重要的政治、经济和军事地位。兰州是甘肃省省会,市区南北群山环抱,东西黄河穿城而过,具有带状谷地城市的特征,地处黄河上游,属中温带大陆性气候。兰州市"两山夹一河"的地域空间和作为沿黄地带唯一一个黄河穿城而过的省会城市,使得兰州在全国各大中城市中的形象鲜明独特。

1.1　陆域版图的几何中心

兰州位于黄土高原、青藏高原、内蒙古高原三大高原交会地,是中国陆域版图的几何中心,即北纬34°,东经103°40′,距西北其他四省(自治区)省会(首府)的平均距离最近,是西北地区重要的交通枢纽和重要的中心城市。是黄土高原、青藏高原、内蒙古高原三大高原交会地。1919年2月,孙中山写就了《实业计划》一书,后来此书和《孙文学说》《民权初步》两书一起,合称为《建国方略》。这部书中,关于未来中国的发展,孙中山托出了自己的宏大构想,其中就有关于未来城市布局中的海都、陆都说,海都是指南京,兰州则被孙中山先生誉为"陆都"。1925年3月12日,中山先生病逝于北京,临终所留《总理遗教》中尚念念不忘地说:"中国的国都,须建在兰州"。

可以在展览馆的广场或者馆内建中国陆域版图几何中心的标志,在全国地图上标示清楚这一中心位置,通过这一形象展现兰州自古到今在维护

166

祖国版图完整性中的巨大作用。

设计建议：以此为素材在博览馆广场或室内显著位置建造带有标识性质的雕塑。其形状可以设计成一个巨大的"心"形，因为中国地图陆域部分从轮廓上看很像一个"心"字。然后用一个小"心"标出兰州的位置，表达和祖国心心相印之意。也可考虑在适当位置摆放孙中山先生头像，若有可能也可找到《建国方略》予以陈列。此景落成后既可以担当起爱国主义教育基地功用，也必然成为城市旅游的新景观。

1.2 地理形貌

兰州市位于甘肃省中部，祁连山东延和陇西黄土高原的西北部，地域结构经过漫长的演化，在由峡谷、宽谷相间一束一放串珠状的黄河河谷上，逐渐形成了兰州市的主城区。兰州南北群山环抱，东西黄河穿城而过，具有带状谷地城市的特征。"两山夹一河"的地势结构，为兰州增加了独特的魅力，随着南北两山绿化工程的开展，"水光"之外又多了"山色"。本馆所在地，位于市区正南皋兰山巅的兰山公园，沿龙尾山脊东起龙须老狼沟，西至龙尾山枇杷岭，是兰州人民辛勤建造的一座人造森林公园。黄河穿城而过，又为兰州这座古城增添了水的灵性，近年来兰州市进一步加紧两山绿化和黄河风情线的建设工作，这一举措对兰州这样一座高原城市来讲，有着非常重要的意义。

设计建议：可用沙盘模型将兰州的自然地理特征呈示出来。沙盘中要把兰州重要的文化遗迹以立体形式予以直观展现，可以考虑以木制模型标示兰州的名山、名谷、名滩。也可以采用电子声像技术，通过声电感应的方式展示兰州"两山夹一河"的带状谷地城市特征。

1.3 大河之都

黄河文化是兰州文化的根基和灵魂。黄河从市区穿流而过，兰州因河而生，因河而存，因河而盛。孙中山先生在其制定的《建国大纲》中，称兰州为"陆都"。《中山全集》中的《建国方略》部分，孙中山先生又试图通过铁路这条途径，将兰州建成祖国北方的一个中心地带、一个物资的"大型中转站"。《建国方略》虽然仅是一个构想，但我们从中可以看出兰州在中山先生心中的分量。兰州被称为"黄河之都"，就是因为它是唯一的黄河穿城而过的省会城市,而且据地理学家研究认为:黄河兰州段是最早发育生成的一段河系,证据就是在兰州的九州台一带发现了黄河的最高阶地,证实黄河的生成时代距今有160万年。

设计建议:在这一部分主要展示兰州作为黄河之都的魅力,同时辅以黄河文化介绍。可以在展馆内部运用三维或者四维技术,或航拍片形式,通过音配像的方式把兰州"两山夹一河"的地貌特征予以动态展示,通过视频形式展示黄河文化的精髓和兰州在黄河文化传承脉络中的地位与作用。

1.4 自然景观

该部分主要通过三个层面对兰州自然景观予以展示。

1.4.1 兰州八景图,以线刻的方式进行表现

兰州八景图分别为:五泉飞瀑、兰山烟雨、白塔层峦、梨苑华光、河楼远眺、古刹晨钟、虹桥春涨、莲池夜月。可供参考的画本有清末民初画家何海楼创作的《兰山八景》,现存甘肃省图书馆。画作上有杨思、裴建准、范振绪、张建、贵薰等诸多书画名家为八景题跋赋诗,盛赞其笔墨技法。此外,清嘉庆年间兰州画家王晓霞《兰州十景》(题有自作诗,画册摹本现藏西安美院)、清末民初兰州画家温晓舟《兰州十景》(册页共十条幅,现藏兰州民间,)可以作为借鉴参考资料,学界认为何海楼作品是临摹王、温二人之作。当代兰州画家孔祥元、许正元之创作对何海楼的作品亦有超越。2009年,我省剪纸大师叶长友还以何海楼的"兰山八景图"为依据创作了剪纸《兰州古八景》,这也是兰州古八景第一次以剪纸的形式出现在世人面前。兰州八景中既有季节性的,包括了春夏秋冬的景色,又有不同时辰,即清晨、黄昏以及夜晚的景色;既有自然风光,又有人文景观;既有色彩上的,同时还兼顾了声音上的,可以说全方位立体地展示了兰州的美景。

(1)五泉飞瀑

"苍崖百丈泻飞泉,可是骊龙乍吐涎。误认光明一段锦,回波漩伏瀑珠穿。"这是何海楼在"龙泉瀑布图"中的描述。对于"五泉",很多兰州人都很熟悉,皋兰山麓下有五眼清泉,名为甘露泉、掬月泉、摸子泉、蒙泉、惠泉,五泉山也因此得名。曾几何时,五泉山东西两涧,瀑布倾泻而下,交错辉映中透着壮观。后来在清末,"五泉山人"刘尔炘主持重修了五泉庙宇,又为"五泉飞瀑"景色增添了更多的雅趣。"五泉飞瀑"也因此成了兰州八景之首。

（2）兰山烟雨

"山色空濛雨亦奇，浓烟漠漠更相宜。峰峦遮处楼台隐，多少芳胜透沃时。"从何海楼的诗句中，我们感受到了"海市蜃楼"般的景致。兰山就是皋兰山的简称，每遇秋霖夏雨，淡雨散于天空，浓云锁于山巅，云带缠绕于山腰，整个兰州城的山水人家，尽在这烟雾中。山间重台复阁，或露其顶，或现其角，云雾在其间缥缈出没，隐隐约约，此情此景正所谓"多少楼台烟雨中"。

（3）白塔层峦

"七级浮图出岫巅，风摇铃语个个圆。慈恩寺里炊钟动，惊起寒鸦拍暮天。"位于兰州城黄河以北的白塔山的白塔为明景泰年间（1450—1456年）镇守甘肃的太监刘永成所建。清康熙五十四年（1715年），巡抚绰奇重修增新，扩大寺址，并起名为"慈恩寺"。山下有气势雄伟的金城关、凤林关、玉垒关、王保保城；山上有层层峰峦，在"白塔层峦图"中，白塔居高临下，前有兰山为屏，城郭历历在目，下有黄河如带，浮桥似蛇。

（4）梨苑华光

"晴雪团花万朵攒，香生不断曙光寒。满川玉误瀛州雨，犹带华林日影看。"春季，是赏花的好季节。早在明清时期，兰州就有"梨苑华光"的盛景。在明清时，兰州城的东、西、南三面都是果园菜地，今中林路至上、下沟一带；上、下西园；鼓楼巷至颜家沟一带，北园大教梁水道一带，在20世纪五六十年代，原是一片果园，其中以梨树最多。在龙尾山山腰高低错落构筑着一系列庙宇，其间有悬楼，名为梨花馆，是暮春赏梨花、深秋观红叶的最佳去处。

（5）河楼远眺

河楼指望河楼，在明肃王府、清陕甘总督署、民国甘肃省政府的北城楼上面，也就是今天的兰州市委招待所大楼。清光绪年间（1875—1908年），陕甘总督升允有一副题联："陇云秦树穷千里，河声岳色共一楼。"对望河楼的妙处做了高度概括。登楼向北眺望，白塔耸立，黄河绕城下，铁桥如长蛇，风光无限，如诗如画。何海楼用他那精致的笔墨绘制了下来，并题诗一首：晚来散步望河楼，两崖风光一览收。言念贺兰山下客，忍将斗志付东流。1959年，为了拓建滨河路，北城墙和拂云楼都被拆除，"河楼远眺"景观也随之消失。

（6）古刹晨钟

"岩城依旧枕边关，万里黄河九曲湾。白浪涛顷拖正练，谁留玉带控金山？"旧时兰州的寺庙很多，约有20余座，寺里都有铁钟、青铜钟，尤其是普照寺、庄严寺、嘉福寺（也叫木塔寺，今木塔巷内）三寺鼎足相望，每到清晨和黄昏,三寺金钟齐鸣,高低远近,钟声悠长,声浪覆盖全城,真所谓"万籁此俱寂,惟闻钟磬声"。在钟声中人们感受到了一种净化心灵的力量,那时兰州人一天的生活就在这钟声中开始了。

(7)虹桥春涨

旧址位于今天西津桥处的握桥(也称卧桥)。握桥东西横跨在雷坛河上,桥全长 27 米,净跨度为 22.5 米,宽约 4.6 米,高 4.85 米。桥上建有桥屋,两侧修有卫栏,桥端筑有翼亭。该桥是唐代仿吐谷浑"河厉"桥(无墩、虹梁、木拱桥)修建,明、清两代曾多次重修。握桥可以说既是多民族文化融合的产物,也是兰州人自己的杰作。之所以称之为握桥,是因为纵列的巨木由两岸层层向河心挑出,最后经由弓形的桥面连接在一起,也就是"握"在一起。因为从侧面看去,桥身呈弓形,犹如新月、彩虹,所以又叫虹桥。清末民初兰州著名画家何海楼在其所作的国画《兰州八景》中,对于"虹桥春涨"一景有这样的诗句:"卧虹一道压西津,聚里成桥画里真。三月风光桃浪暖,泛槎谁是武陵人?"

(8)莲池夜月

有诗云:"西湖十里好烟波,散作兰波漾一窝。莲叶田田人对月,分明清影今宵多。"所谓莲池,又名莲荡池,位于现在的兰州军区总医院、兰州文科职业中学、小西湖一带。据元代文献记载,这里原是一片天然湖塘,方圆 5 里,有各种水鸟、鱼虾,四周芦苇仿佛青纱帐。光绪七年(1881 年),杨昌浚自浙江移督甘肃后,在湖中新建了来青阁,湖西新建了临池仙馆,湖北新建了螺亭,并在池东建坊,题额"小西湖",以此与杭州西子湖作比。民国十三年(1924 年),督军陆洪涛又继续修建了很多胜景。

关于老兰州八景图的特别说明:因兰州八景中的许多景致现已无存,加之近年来兰州市新建景区大都有兰州八景的景观,本部分是否需要,请建设部门和设计部门斟酌。

1.4.2 兰州新十景图,以浮雕的方式进行表现

1984 年 8 月,《兰州晚报》和市园林局联合举办了一次全市性的兰州景致征选命名活动。在群众投票的基础上,经有关方面的专家认真讨论,最后评出了十处最佳景致,并分别敲定了景点名称。当时评出的"兰州十景"是:栖云耸翠(兴隆山)、兰山烟雨(皋兰山)、五泉飞瀑(五泉山)、白塔层峦(白塔山)、芳洲思雁(雁滩)、丝路金波(滨河路)、天斧沙宫(大沙沟)、红雨流丹(安宁桃园)、花海玫香(苦水玫瑰)和石壁泻珠(吐鲁沟)。老八景里的景观许多已时过境迁,现已无从看到。但随着经济的发展,在新时代里兰州又

"新生"了一些景观。这些景观为兰州历史文化注入新的血液。

（1）栖云耸翠（兴隆山）

兴隆山两峰耸峙，一水中流，历史上誉其高峻，西峰称"栖云山"，东峰称兴龙山。清康熙年间，出于"败而复兴"之意，改为"兴隆山"。乾隆年间，又出"龙生云而云从龙"之意，称东峰为"兴龙山"，西峰为"栖云山"，清末又统称为"兴隆山"。兴隆胜境历史悠久，宋代就有道人隐居修行。清乾隆年间，山西曲沃人刘一明（道号悟元子）苦修三十余年，起造建筑七十余座，著书三十余部，为后人研究医学、道教历史留下了珍贵文献。

（2）兰山烟雨（皋兰山）

皋兰山海拔 2 129.6 米，是兰州城南的天然屏障和兰州城区的第一高峰，古代林木苍翠，明清以后成为荒山秃岭，后来兰州人民上山植树，终于将这里变成一片绿树葱郁、万紫千红的人工山林。公园就位于山顶制高点上，绝对高度近 500 米，占地 5 200 亩。它东起龙须老狼沟，西至龙尾山枇杷岭，沿山脊有公路相通，公路两侧依山布景，亭台楼阁错落有致；公园内依次建有山门、蝴蝶楼、龙尾山庄、小牌楼、叠翠园、望河楼、钟院、六角亭、三角亭、石牌坊、游乐城、跑马场、龙首山庄等仿古建筑群。山顶公园气势雄伟，远眺俯瞰，兰州全景尽收眼底。

（3）五泉飞瀑（五泉山）

五泉山是兰州的名山胜境，其建筑绝大多数是纪念历史人物的祠堂和佛教殿堂。现存历史人物祠堂 13 座，最古老的寺院是建于明朝的崇庆寺，俗称浚源寺，它建于明朝洪武五年（1372 年）。

（4）白塔层峦（白塔山）

白塔层峦，是著名的兰州八景之一。位于兰州市黄河北岸的白塔山上，因山头有一明代白塔而得名。白塔山山势巍峨起伏，蟠结城郊，有拱抱金城之势。现存白塔系明景泰年间（1450—1456 年），镇守甘肃内监刘永成所建。清康熙五十四年（1715 年），巡抚绰奇补旧增新，扩大寺址，起名慈恩寺。山下为中山桥，二者已连为一体，成为兰州旅游的必游之地。

（5）芳洲思雁（雁滩）

"芳洲思雁"雕塑，又名平沙落雁，位于兰州市滨河路东段，雁滩尖子南面，由王志刚作于 1987 年 10 月。雕塑呈不规则形，置于浅水塘中，大小不等的三只不锈钢大雁作离水展翅奋飞状，塘西畔点缀以五枚"雁卵"，错落有致。雕塑取材于兰州新十景之一的"芳洲思雁"景观和雁滩的传说，寄寓兰州人民恢复生态平衡、大雁重返雁滩的愿望，并使人们能联想到大雁从孕育

171

到雄飞的生命演替过程。

（6）丝路金波（滨河路）

黄河自西向东蜿蜒横贯市区，城市与田园在南北群山之间、黄河河谷中交错分布，依山傍水，形成了"两山夹一川"的城市风貌。黄河两岸为丝绸之路旧址，自20世纪50年代修筑滨河路，逐渐形成以南北滨河路工程为代表的黄河风情线建设，将兰州城市建设引领到生态和自然的新领域。1985年，滨河路被评为兰州新十景之一——丝路金波。经过多年建设，现已成为点、线、面结合的风景带，是一条兼具交通、游览、护城与保护水源等多种功能的道路。"丝路"指南北滨河路原为"丝绸之路"旧址，"金波"指黄河。

（7）天斧沙宫（安宁大沙沟）

位于市安宁区桃花园仁寿山东面的龙凤峡里，有一处距今约2 500万年的红色砂岩，经过长期的风化水蚀而成的一组类丹霞地貌奇观。因成自天然、如神斧凿成的沙宫宫殿而得名。早在清光绪十八年（1891年）10月11日，地理学家陶保廉考察过这里后，在《辛卯侍行记》中有了这一奇特地貌景观的较早记载。根据其地层结构和形态特征，称之为"类丹霞地貌"。

（8）红雨流丹（安宁桃园）

《兰州市志·园林绿化志》记载：红雨流丹，即安宁堡的桃林。东西达到十多里，南北宽一里，形成全国最大的一处桃园。每逢春风浩荡，暖日融融之时，桃花盛开，十分壮观。晚清时当地百姓就有去安宁堡赏桃花的习俗，人称"桃花会"。"红雨流丹"，这个名字来源于唐朝诗人李贺的《将进酒》中的一句"况是青春日将暮，桃花乱落如红雨"。安宁堡是明代时候建立的，主要是为了抵御鞑靼骑兵的进攻，当时朝廷移民屯田，同时种植桃树，面积广而成林。

（9）花海玫香（永登县苦水乡）

兰州市永登县苦水镇是全国著名的玫瑰之乡，玫瑰文化历史悠久。苦水玫瑰引种于清道光年间，成熟于20世纪六七十年代，扬名于20世纪八九十年代。苦水玫瑰形象火红质朴、色彩绚丽、洋溢着浓郁的西北民俗风情。苦水玫瑰更是以其花瓣大、肉质厚、产量高、含油量高、香气浓烈而独领风骚。20世纪30年代，天津酒厂用苦水玫瑰酿制的玫瑰酒，曾在巴拿马国际博览会上荣获银质奖章。从此，苦水玫瑰名扬海内外，成为玫瑰品系中的著名品牌。20世纪80年代，永登"玫瑰花香"被列为兰州十景之一，并被评为市花。

（10）石壁泻珠（吐鲁沟）

位于兰州市西北 160 公里处的永登县连城林区内,属祁连山脉的东麓,是一个以奇山秀水为主体的自然景观旅游区,被誉为"神话般的绿色山谷"。跨越大通河桥,即进入前吐鲁沟森林风景区。从大桥至三岔旅游村 6 公里,便分成大小两沟,左侧是大吐鲁沟,全长 14.7 公里,是以奇特地貌风景为主的公园主要赏景区,共计有 24 处景点。从三岔右行即进入小吐鲁沟林区。沟长 7 公里,有 12 处景点。小区内有 1 600 多种树木花草,栖息着数十种珍稀动物,俨然一自然画廊。

1.4.3　兰州代表性自然景观,以图片的方式进行表现。

兰州代表性的自然景观有徐家山国家森林公园、吐鲁沟国家森林公园、兴隆山国家森林公园、石佛沟国家森林公园,还有九州台、马啣山、桑园峡、猪驮山等兰州特有的自然景观予以展示。

徐家山国家森林公园,距市中心仅 3 公里,是兰州市南北两山绿化创造的闹市"桃花源",自 1941 年开始造林,为兰州第一座人造森林公园。徐家山国家森林公园绿化始于 20 世纪 40 年代,现有"全国支援甘肃绿化树种纪念林"、"中日友好纪念林"、"三八纪念林"等林地 2 000 多亩。山上建有思源亭、纪念碑,将规划建设成为森林公园旅游景区。

石佛沟国家森林公园位于兰州市七里河区南部的阿干林区内,面积 6 373 公顷。全园由石佛沟、天都山、大沟三个主要景区组成。公园内的植被属草原植被带森林类型,为温带阔叶林向草原过渡地带,阔叶林分布在温湿梁峁的阴坡,主要是栎树林、山杨林和白桦林。石佛沟还盛产药材,有猪苓、秦儿、麦冬等二百多种药材。

九州台是一座典型的黄土峁阶地高山,海拔 2 067 米,峰顶似台,平坦如砥,略呈长形,东接城关,西起安宁,总面积约 5 000 余亩,与皋兰山相对峙,形成两山夹长河,拱抱兰州城的态势,巍峨峻秀。登高远眺,九曲黄河,繁华市容,一览无余。传说大禹导河积山,路过兰州时曾登临此台,眺望黄河水情,制定治水方案,并在台上将天下分为九州,故以九州台名之。如今的九州台峁林苍翠,山腰草花辉映,山底黄河相伴,已成为兰州市民避暑休闲的一块"宝地"。

马啣山为甘肃省榆中县与临洮县交界之分水岭,地处兴隆山南侧,呈西北、东南走向。其高耸的地势和严寒的气候条件,使马啣山的地貌景物与周围截然不同,而与号称地球三极的青藏高原类似。马啣山历史悠久,文化灿烂,留传有大石马、小石马、石棺材、金龙池等民间传说。唐代《故交河郡夫

173

人慕容氏墓志序》中称马啣山为"热薄寒山";宋、明、清以来称"马寒山",以"寒山积雪"列入榆中八景,沿用至今;因兰州方言读"衔"、"啣"为"寒",地图标为"马啣山"、"马衔山"。

兰州桑园峡有上下之分。上桑园峡在兰州市区以东26里,峡长10里,也叫小峡;下桑园峡在小峡下游10里,峡长60里,也叫大峡。桑园峡两岸石壁峭拔,岩层嶙峋,浑似神工鬼斧凿成,是黄河兰州段最为狭窄的地方,宽度仅75米,因此,也称为百峻口峡。

猪驮山旅游景区在苦水镇西边,距兰州、永登均为50公里,离中川机场20多公里,兰新铁路、312国道从不远处经过。从明代以后,有关"萱帽猪驮"的说法一直很盛行,猪驮山也因此被称为兰州地区名胜,永登八景之一。

2. 历史脉络

兰州,别名金城,自古在西北就具有重要的政治、经济和军事地位,是我国古代中西贸易"丝绸之路"上的重要商埠和贸易集散地,也是唐代"唐蕃古道"的经行之处。兰州的历史文化资源非常丰富。早在 15 000 年以前的旧石器时期晚期,兰州已有先民繁衍生息。距今 5 000 年前后,黄河两岸有众多的新石器时期马家窑文化等类型的村落,创造了灿烂的彩陶文化。自夏、商、周至春秋时期,兰州属羌戎牧地。战国时期匈奴人入据,始皇帝三十二年(前 215 年),蒙恬击败匈奴,次年在东岗镇一带设陇西郡榆中县,兰州地区第一次有了行政建制,并开始首次移民,至民国时共有八次大的移民,使兰州成为移民城市。汉武帝元狩二年(前 121 年)在西固城附近设金城县,向湟水流域发民,"金城"一名沿用 860 多年。隋开皇元年(581 年)在皋兰山下设兰州,至今"兰州"一名已沿用了 1 400 多年。清康熙五年(1666 年)设甘肃省,兰州始为省会。1941 年,兰州始设市。新中国成立后,兰州为省会和兰州军区驻地,成为西北地区的交通枢纽和政治、经济、文化中心。

2.1 历史沿革

兰州是一座历史悠久的文化古城,15 000 年前已有先民繁衍、生息,距今 5 000 年前后,兰州的远古居民创造了灿烂的彩陶文化——马家窑文化。始皇帝三十三年(前 214 年)秦军占领"河南地",设榆中等县,是兰州及其以西广大西北地区最早的行政建制。

楚汉相争时,匈奴重占"河南地"榆中等县,兰州仍为陇西郡辖地。元朔二年(前 127 年),汉军收复"河南地",复置榆中县。到了元狩二年(前 121 年),霍去病率军两次西征匈奴,控制河西走廊,析榆中县西部为金城县,东部为勇士县。元鼎二年(前 115 年),在兰州西筑设令居以西塞,开始经营河西地区。昭帝始元六年(前 81 年),设金城郡领金城等 6 县。西汉末金城郡领金城等 13 县。

东汉建武十二年(36 年)并金城郡于陇西郡。安帝永初四年(110 年),西羌起义,金城郡地大部被占,郡治由允吾迁至襄武(今甘肃陇西县),十二年后又迁回允吾。东汉末年,分金城郡新置西平郡,从此,金城郡治由允吾迁至榆中(今东岗镇附近)。

西晋建立后,仍置金城郡。西晋建兴四年(316 年),前凉张寔分金城郡枝阳、令居二县,立永登县,三县合置广武郡。金城郡领金等 5 县。

隋文帝开皇元年(581 年),以皋兰山为名,置兰州,领金城郡,金城郡领子城县。大业三年(607 年),改子城县为金城县,复改兰州为金城郡,领金城、狄道二县,郡治金城。

唐统一中国后,于武德二年(619 年)复置兰州,并金城入五泉县,为州治。兰州领五泉、狄道、会宁 3 县。天宝元年(742 年)复改为金城郡。乾元元年(758 年)改金城郡为兰州。次年改广武县为金城县。广德元年(763 年)兰州被吐蕃所占。大中五年(851 年),张义潮起义,收复陇右十一州地,兰州又归唐属。然而此时的唐朝已衰落,无力西顾,兰州仍为吐蕃所据。宋景祐三年(1036 年)党项族占据兰州。元丰四年(1081 年)宋收复兰州。

天会九年(1131 年)金占领兰州。元太宗元年(1234 年),洪武二年(1369 年)降兰州为兰县。成化十三年(1477 年)升为兰州。清初依明建制,兰州隶属临洮府。康熙五年(1666 年),陕甘分治,设甘肃行省,兰州为省会。从此,兰州一直为甘肃的政治中心。乾隆三年(1738 年),临洮府治由狄道移至兰州,改称兰州府,兰州降为皋兰县。兰州府辖管狄道、河州二州、皋兰、金县、渭源、靖远四县。乾隆二十九年(1764 年),陕甘总督衙门自西安移驻兰州,裁减甘肃巡抚,由总督兼巡抚事。

辛亥革命后,于民国二年(1913 年),废府设道,并兰山、巩昌二府为兰山道,辖管皋兰、红水、榆中、狄道等十五县。道尹驻省会皋兰县。民国十六年(1927 年)改道为区,改兰山道为兰山区。民国二十五年(1936 年),划甘肃省为七个行政督察专员公署,皋兰、榆中属第一行政督察区(专署驻岷县)。民国三十年,即公元 1941 年 7 月 1 日,将皋兰县城郊划出,新设置兰州市,与皋兰县同治今兰州城关区。

1949 年新中国成立后,兰州为省会和兰州军区驻地,成为西北地区的交通枢纽和政治、经济、文化中心。

设计建议:用图表和文字的形式对兰州历史沿革做出清晰的描述。尤其注重以下几个节点:公元前 214 年秦设榆中县;公元前 121 年设金城县和公元前 81 年汉设金城郡;公元 581 年,隋文帝置兰州,领金城郡;1399 年,肃王移藩兰州;1666 年,康熙设甘肃省,省会为兰州;1941 年设立兰州市;1949年,兰州解放。

2.2　重大事件

此部分实为"历史沿革"的图画表述,主要通过历史变迁过程中发生在兰州的重大事件,进一步叙述兰州的文化历史底蕴。初步遴选出恐龙之乡、先民制陶、羌戎耕牧、秦设榆中、汉置金城、丝绸古道、前秦重镇、隋设兰州、宋夏之战、肃王移藩、清设省会、近代工业、抗日后方、解放兰州、工业之城等。

设计建议:可将兰州历史上的重大事件"故事化",以浮雕的形式展现出来。

2.3　文化遗址

古文化遗址是古代人类的建筑废墟以及在对自然环境改造利用后遗留下来的痕迹,如民居、村落、都城、宫殿、官署、寺庙、作坊等。由于自然和人为的因素,这些遗迹大都埋藏在地下,少数在地面上残存一些高台殿基或残垣断壁,有的则沦为废墟。有人说,在文化遗址抓一把土就是文物,拣一块瓦就是历史。兰州虽然是一座狭长的河谷城市,但文物古迹却相当丰富。1986 年至 1989 年兰州市文物普查资料显示,全市境内共发现各类文物景点 1 023 处,其中古遗址 440 处。

2.3.1　旧石器遗址

旧石器时期,兰州先民已经创造了太古开端文明。近一个世纪以来,在兰州地域,多次发现旧石器时期人类化石和文化遗存;西固区陈坪乡深沟桥、榆中县垱坪沟、城关区长沟发现的三处旧石器晚期遗址,征求到了石核、刮削器、细石器等具有明显使用痕迹的旧石器时期生产工具,这些遗迹与出土文物说明,早在 15 000 年前居住在兰州地域的羌族人民,已经使用石器等工具从事生产活动,而且石器制作技能已经比较先进。代表性的遗址有:

垱坪沟遗址　垱坪沟遗址是 1986 年 8 月文物普查时发现的,为旧石器时期遗址。垲坪沟位于榆中县垲坪乡垲坪村小学东约 25 米处,西依大山,东南临垲坪沟,相对高度约 10 米。遗址面积约 4 500 平方米。文物有"普氏马"和野驴臼齿化石各 2 件,石器 10 件。其中石核器 3 件,刮削器 7 件。刮削器用直接打击法加工而成,比较原始,刃部留有使用痕迹。

深沟桥遗址　遗址是 1988 年夏天兰州大学地理系师生和加拿大亚伯特省列必特大学地学考古博士威尔逊等发现的。遗址位于西固区陈坪乡深沟桥东约 800 米的范坪北缘,北临崔家大滩,属黄河南岸第三级阶地。文物有鸟、鼠类动物化石各 1 件,石器 10 余件。其中,石核器 5 件,刮削器 4 件、细石器 5 件。细石器先用间接打制法剥下石叶,然后双面加工,修整刃部,制作技术比较先进。

2.3.1　新石器时期遗址

据已发掘的考古资料,早在新石器时期,约 4 000 年前,今天的兰州已有人类居住,我们的祖先在这片广袤的黄土高原上繁衍生息,创造了璀璨绚丽的古代文明和富有地方特色的远古文化。在兰州黄河两岸第三阶梯上,分布着马家窑、半山、马厂、辛店、齐家文化遗址。代表性的遗址有:

西坡坬遗址　位于七里河区黄峪乡陆家沟村南部的山梁上,自然地形南高北低,东隔大沟与张家岭相对,西隔教场沟与北阳洼山相望。该遗址东西宽约 200 米,南北长约 400 米,面积约 80 000 平方米。中南部遗迹遗物分布较为密集,多处断崖上发现暴露的灰坑、房址等,距地表深 1~4 米,文化层厚约 30~120 厘米,属马家窑文化类型。

曹家咀遗址　位于兰州市西果园乡沙滩磨村。遗址东西宽 250 米,南北长约 300 米,面积约 75 000 平方米。1971 年甘肃省博物馆对此遗址进行了第一次发掘,开一南北长 3.7 米、东西宽 2 米的探方,发现有马家窑类型的陶窑 1 个,窑为横穴式,还出土一些陶、石、骨器等遗物。出土陶片均为马家窑类型遗物,是一处单纯的马家窑类型文化遗址。

红山大坪遗址　位于红古区窑街镇红山村西 30 米处。遗址所在台地开阔平坦。在遗址南侧台地边缘田埂断崖上发现灰坑一处。从灰坑中发现的陶片质地及彩绘图案分析,系典型的马厂类型;但从地表暴露的灰坑及文化层中的陶片看,则属马家窑类型。据此,该遗址应属马家窑、马厂类型。

把家坪遗址　位于凤山林小槽西约 1 公里的把家坪上。遗址南北宽 400 米、东西长 500 米,文化层距地表深 0.3~0.7 米、厚约 1 米。断崖和地面暴露较多灰层、灰坑、陶片、石器等遗物,属马厂类型遗址。

大沙沟遗址　位于中堡镇邢家湾村南约 1 公里的大沙沟口南侧,属庄浪河西岸第二台地。遗址北约 100 米为大沙沟,西临永(登)窑(街)公路而依将军山,东约 200 米为大沙沟沟口遗址,南为农田。遗址中部有一条水渠穿过,将遗址分为两块。文化层距地表深约 1~2.5 米、厚约 0.5 米,其范围南北约 500 米、东西 300 米,总面积约 15 万平方米。该遗址遗存丰富,断崖上可见到灰层、灰坑等遗迹,地面上有很多陶片、残石器等遗物。陶片以泥质黄陶为主,并见少量灰陶。其主要器形有侈口盆、双石斧等器物。属半山类型遗址。

杜家坪遗址　位于连城镇明家庄村西北约 800 米的杜家坪上,属大通河西岸第二台地。遗址高出河床约 30 米,东距大通河约 700 米,遗址南北长600 米,东西宽 400 米,文化层距地表深 1~1.5 米,厚约 0.3 米。地面遗物较丰富,有灰土层、灰坑、陶片、骨骸、石器等遗露。从出土器物及遗露的陶片看,主要器形有盆、壶、双耳罐、直口罐、瓶、瓮、钵等。其纹饰有平行线纹、斜线纹、折线纹、划纹、附加堆纹、绳纹等。属马家窑文化马家窑类型遗址。

蒋家坪遗址　永登县蒋家坪遗址发现小型铜刀,均为单范铸造,时间为前 3 000 年至前 2 300 年之间。该遗址位于大通河西岸第二台地,面积达6.5 万平方米。蒋家坪遗址的发掘为甘肃考古的一项重大工程和重大发现。

李家坪遗址　位于龙泉寺乡杨家营村刘家湾社西北约 1 公里的李家坪,属庄浪河西岸第二台地。遗址分上下两坪,面积较大,总面积约 40 万平方米。文化层深 0.5 米、厚约 1.5 米。断崖和地面可见灰坑、灰层及大量陶片、石核等。主要遗物为马厂类型,也见辛店类型。

团庄遗址　位于河桥镇独山村团庄社所在地。地处大通河西岸约 7 公里的高山顶上,相对河床高度约 1 500 米。遗址在独山村北的一座东西山梁上,北侧为大冰沟,南临庙儿湾,山梁地势起伏不平。遗址面积约 10 万多平方米,文化层距地表深 0.5~1.5 米、厚约 1~1.5 米。遗址内遗迹和遗物十分丰富,在断崖上可见到较多的灰土层和木炭渣,地面上有很多陶片、石核。1989 年 4、5 月间,遭盗掘,出土有各种陶石器 200 多件。主要是马厂文化类型的陶器。主要器形有卷沿盆、侈口罐、双腹耳壶、单耳高颈瓶、钵等。石器有石斧、石锛、石凿、石环、石珠等。地面采集的陶片中也见马家窑类型的彩陶片。该遗址属马家窑、马厂类型文化并存的居址、墓地遗址。

表2-1 兰州市新石器时代省级文物保护单位一览表

序 号	名 称	地 址	时 代	备 注
1	西坡坬遗址	兰州市七里河区	新石器时代	
2	曹家咀遗址	兰州市七里河区	新石器时代至青铜时代	包括黑毛岭、青岗岔
3	三家山遗址	兰州市西固区	新石器时代	
4	红山大坪遗址	兰州市红古区	新石器时代	
5	茅道岭坪遗址	兰州市红古区	新石器时代	
6	山城台遗址	兰州市红古区	新石器时代	
7	把家坪遗址	永登县	新石器时代	
8	大沙沟遗址	永登县	新石器时代	
9	杜家坪遗址	永登县	新石器时代	
10	蒋家坪遗址	永登县	新石器时代	
11	李家坪遗址	永登县	新石器时代	
12	团庄遗址	永登县	新石器时代	
13	方家沟遗址	榆中县	新石器时代	
14	郭家湾遗址	榆中县	新石器时代	
15	红寺遗址	榆中县	新石器时代至青铜时代	
16	马家坬遗址	榆中县	新石器时代至青铜时代	

　　设计建议：文化遗址部分主要通过文字说明与实物陈列相结合的方式全面展示兰州的文化底蕴，可以从兰州彩陶博物馆调阅相关资料。

2.4　丝路重镇

　　兰州作为丝绸之路黄金段、甘肃的省会城市和中国大西北的交通枢纽，是丝绸之路重镇，丝路文化在兰州留下了深深的文化印痕。"大道通西域"是兰州的地理特点。古代兰州是内地通往西域、欧洲的交通要道。从长安出发，经兰州等地到新疆天山南北乃至更远地方的路，就被人们称之为"丝绸之路"。兰州地区是丝绸之路的重要路段，境内丝绸古道遗迹众多，有道路桥梁、关隘渡口，也有计算历程的墩台，还有为迎来送往而修建的接官亭等建筑。在一些比较偏僻的地方仍保留着古道遗迹，给人们诉说着沧桑往事。其中保存比较完整的丝绸古道遗迹在西固区河口乡、阿干镇等地方。阿干镇地处兰州通往临洮的交通要道上。临洮古称狄道，最初是陇西郡郡治所在地，自古就是丝绸之路的交通要道。从兰州出发过阿干镇，经摩云驿，翻越摩天岭，就到了临洮的中堡。河口在历史上不仅有众多的黄河渡口，而且也有保存完整的丝绸古道遗迹。保留在河口乡黄河北岸的丝绸古道遗迹，位居河口乡咸水村附近。新中国成立前，黄河兰州段只有一座中山桥，从定西、榆中、临洮等地过来的人们，大多选择从中山桥过黄河，然后通过金城关，沿着大山和黄河之间的大道，经过安宁区的沙井驿一路前行，去永登、西宁等地。新中国成立后，人们在黄河上架设了大量的桥梁，黄河北的丝绸古道也因此而废弃。青石津北岸为八盘山，现在叫张家台；南岸为青石山，故亦称此峡为青石峡，渡口称青石津。由此再往下走，就是汉代的另外一个渡口八盘渡；也有人认为这里就是古代的八盘渡，再往下就是金城渡。从西固钟家河到青石津，沿途分布着众多的渡口，云遮雾绕的历史让人难以区分具体的名称，从黄河上游的青石津、石城津、金城津等古渡口名，仍可窥见当年的繁盛。

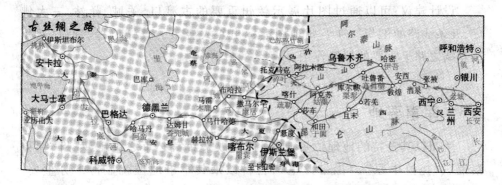

图 2 - 1　丝绸之路路线图

　　兰州是古丝绸之路的重要商衢，八大会馆留下老兰州的商业文化记忆。由于它特殊的地理位置，到清代，兰州地区就已是商贸发达，客商云集，成为横贯东西、连接南北的枢纽，商业活动更趋繁盛，很多南来北往的旅兰客商以同乡同行的名义集资建设的会馆便应运而生，成为集会、联络或寄寓同乡感情的重要活动场所。兰州为中原联系西北边陲地区之商埠，故兰州有很多外省外县的会馆，各地客商在今兰州市城关区建成的会馆有 20 多处。大量具有规模的会馆存在，充分体现出旧时代兰州商业的发达和客商云集的胜景。位于兰州市城关区贡元巷 56 号的陕西会馆、金塔巷 118 号的江西会馆、贤后街 28 号的四川会馆、山字石中街 17 号的皖江会馆、贤后街 6 号的两湖会馆，以及分布在城区各处的山东会馆、浙江会馆、广东会馆、八旗会馆、三晋会馆、云贵会馆等。其中，以陕西会馆和江西会馆建筑规模最大。兰州的会馆最早建立是在康熙四十七年（1708 年），山字石旁的山陕大会馆，是兰州最早最大的会馆，由于规模宏大，当局将其所在的街道命名为会馆巷，至今兰州市城关区还保留着这一地名。广东会馆始建于清光绪三年（1877 年），占地 1.995 亩。其旧址是目前西北地区唯一的粤商会馆，也是兰州市区内留存至今唯一的明清会馆遗址，同时也是兰州市区保存比较好的一座清代四合院院落。

会馆是旧时代兰州地方文化、商业文化的遗留，显得特别珍贵，它是反映兰州商业重镇作用和历史的缩影，兰州旧时代盛极一时的会馆文化、商业文化牵动着太多客商的感情。会馆的开设显示出参与甘肃投资开发的各地商人有着浓郁的家乡情结，保留和恢复会馆，不仅是保护兰州历史文化的需要，也凝聚着兰州包容外乡人来兰建设发展地方经济的情结与精神。

设计建议：可以通过图片展示兰州重要的古渡口、关城、驿站，三大佛寺，五条线路的汇集。在兰州地图上标出八大会馆的具体位置。凸显兰州在丝绸之路上重要的枢纽作用。

2.5 军事要地

兰州以其独特的地理位置，成为自古以来兵家必争之重镇，兰州"捍御秦雍"、"扼控中原"、"襟带万里"，自古以来其军事地位就显得十分重要。可分三个层面展示其军事要地的地位，重点突出历史上的著名战争、旧地名、军事设置。

2.5.1 古代兰州军事

据史料记载，兰州有文字记载的历史，是以记载战争为开端的。秦汉时期，金城西南为西羌之地，东北为匈奴之地。当时，西羌首领和匈奴贵族经常互相勾结，骚扰居住在西部和北部地区的汉族人民。为此，秦始皇统一六国后，曾派大将蒙恬率领 30 万大军，"西击诸羌，北却众狄"，攻占"河南地"，在"榆中并河以东"地区，对统一这个多民族地区起了积极的作用。汉武帝继位后，为了切断西羌同匈奴的联系，与匈奴开展了一系列战争。特别是元狩二年（前 121 年），霍去病两次"将万骑，出陇西"，一次逾焉支山，一次过居延海,大破匈奴,沟通了内地与西域的交通。公元前61年,西汉宣帝神爵元年,继匈奴后,西羌在湟水流域侵扰汉境。时已过古稀的名将赵充国向宣帝奋勇自荐,率军从金城(今兰州市西固城附近)渡过黄河,进军湟水流域,讨伐西羌。通过《兰州市志·军事》可知,汉代以来,兰州征战不已,太平之时较短暂。

霍去病西征匈奴之后,羌族人民陆续内附,与汉族人民杂居在凉州各郡县(当时金城郡隶属于凉州刺史部),并由游牧生活改变为农业生活。但是,由于东汉统治者推行民族压迫政策,因而激起羌族人民连续不断的武装反抗。仅延熹年间,在金城等地羌汉之战就达180多次。直至东汉灭亡,金城一带几乎未有安宁之日。

东汉以后,金城一带羌族人民的斗争逐渐低落,鲜卑等族的斗争日益高涨。从西晋泰始六年(270年)到太康元年(280年),十年之间,鲜卑首领树机能就曾数次"寇金城诸郡"。及至"十六国"时期,金城一带更是成了军阀混战的战场。而"十六国"中至少有一半,即前凉、后凉、西凉、南凉、北凉、前秦、后秦、西秦,先后将金城人民卷入战争。前赵、后赵和赫连夏,也曾多次在金城一带发动过战争。其中,河西鲜卑秃发部秃发乌孤曾一度以金城为中心建立南凉。一次,南凉秃发傉檀和大夏赫连勃勃在金城一带发牛战争,"自阳非至于枝阳三百里,杀伤万余人,驱掠二万七千口"。最后被赫连勃勃击败,赫连勃勃一次就杀死南凉几万人,把人头堆在一起,叫做髑髅台,其惨状可想而知。

唐天宝十三年(754年),著名的边塞诗人岑参在《题金城临河驿楼》一诗中这样描写了金城关:"古戍倚重险,高楼见五凉。山根盘驿道,河水浸城墙。"诗中的古戍即金城古关,因该关南阻大河,北临崇岭,故谓之重险。关城壁立于黄河北岸,控扼山河之间蜿蜒曲折的驿道,沿驿道向西北,就是十六国时争雄角逐于河湟和河西地区的五凉。唐朝初叶,突厥侵扰中原,武德九年(626年)侵犯兰州。唐太宗时,吐谷浑也一再发兵侵扰兰州。贞观年间,太宗李世民派遣李靖、侯君集等领兵十万,分六路出击突厥和吐谷浑,突厥可汗颉利被俘后投降唐朝,吐谷浑可汗伏允兵败后为左右所杀。此后,在北方,继突厥而来的是回鹘;在西方,继吐谷浑而来的是吐蕃和党项。高宗龙朔三年(663年),吐蕃将游牧于青海、甘肃边界一带的党项族各部逼往庆州(今甘肃庆阳)和夏州(今陕西横山)一带后,就向唐朝发动了争夺西域和甘肃的战争。唐朝政府派薛仁贵领兵十万进攻吐蕃,结果被吐蕃大败于青海。玄宗开元年间,吐蕃大酋达延等率众十万进攻临洮、兰州,则被薛仁贵的儿子薛讷击败而还。安史之乱以后,吐蕃乘虚而入,"尽取河西、陇右之地",而且战争越演越烈。以至到德宗建中元年,唐朝政府不得不遣使讲和,公开承认"蕃国守镇在兰、渭、原、会"诸州的权利。直到宣宗大中二年(848年),沙州(今甘肃敦煌)张义潮起兵赶走吐蕃守将,并略定瓜州、肃州等十州之后,兰州才复归唐朝所辖。

宋朝是我国历史上民族战争更加激烈的时期。夏、金奴隶主贵族为了争夺河陇地区,和宋朝进行了长期的角逐。北宋初年,党项先后从回鹘、吐蕃手中夺走了河西地区,并于仁宗宝元元年(1038年)建立了大夏国(俗称西夏),定都于兴庆(今宁夏银川)。景祐三年(1036年),西夏国君李元昊打败兰州吐蕃,进军马啣山,筑瓦川会城,屯兵隔断宋与吐蕃的联系。南宋初年,金兵大举入侵关陇,将战火引往陕西和甘肃的大部分地区。与此同时,北方的蒙古汗国相继消灭了西夏、金和南宋政权,建立了地跨欧亚大陆的大元帝国。

明洪武元年(1368年),朱元璋的北伐大军攻占河南后,沿运河由山东北上,直逼通州,进围大都。同年十二月,徐达攻克太原,留守太原的元将扩廓帖木儿败退甘肃定西车道岘。次年,徐达乘胜攻克西安,并分兵克复临洮、兰州。不久,徐达奉召南还,扩廓帖木儿乘机在兰州东关坡(今东岗镇古城坪)和白塔山东侧半山腰修筑城堡两座,以围攻驻守兰州的明将张温,并在定西驻军十万以阻挡援军。"土木之变"后,蒙古族的鞑靼俺答部又占领了河套、松山一带,并经常饮马黄河,进犯兰州。因此,驻兰明军在加固城垣、修筑边墙的同时,又陆续构筑了盐场堡、安宁堡等许多城堡,对阻止"套虏犯边"起了一定的作用。

直至清代,兰州一带的民族矛盾,主要表现为回族和清朝统治者的矛盾。顺治五年(1648年),驻防甘州的回族军官米剌印、丁国栋,因对清廷强制在军队中推行剃发令不满,领导河西回民开展了反清斗争,并很快占领了凉州。继而东渡黄河,破兰州,陷狄道,直逼巩昌。当义军攻打兰州时,兰州和榆中的回民纷纷高举义旗,驱杀官吏,占领城池,"举城迎之"。清政府对这次回民起义大为震惊,急忙派遣甘州提督张勇率重兵镇压,"尽诛其党,传道三边"。这次回民起义与东南、西南地区的抗清斗争遥相呼应,是清初抗清运动中的一支重要力量。乾隆四十六年,因为循化厅(今青海循化,当时属兰州府管辖)撒拉回民新旧两个教派发生冲突,清政府偏袒旧教,将新教宣传者马明心投入兰州监狱,于是苏四十三起兵反清,诱杀了前去镇压新教的兰州知府和河州协副将,乘势占领了河州城(今临夏市)。继而又进攻兰州,切断浮桥,攻破西关,并以西关礼拜寺为据点,直逼内城。清政府大为恐慌,急忙派阿桂为钦差大臣,李侍尧为总军响,率京师健锐营并携带火器前来镇压。由于起义回民寡不敌众,苏四十三只得率军退守华林山,最后全部牺牲。此后,清朝统治者便在龙尾山修筑了四个墩台,作为城防之用。兰州城关区现存的城堡墩台等遗迹,如盐场堡、头营、二营、三营、土门墩、拱星墩、四墩坪、王保保城、关山、将军山、营盘岭等等,这些富有军事色彩的地名,大都修筑于明清时期,是兰州城历史上战事多发的真实记录。

2.5.2 近现代兰州地区发生的重大战事和重要军事人物

一是兰州是国民党西北军政长官公署所在地,是甘肃省省会,也是国民党反动统治在西北的军事、政治中心。在军事上、地理上又为控制青海、河西走廊、新疆及宁夏的重要枢纽。二是抗日后方。五泉山公园的景点——猛醒亭,亭里挂着一口当年被日机炸毁的千年古刹普照寺里仅剩的泰和铁钟。1939年2月23日是中国人的大年初四,20架日军飞机又一次来到了兰州的上空,数不清的炸弹"疯狂"地落在了地面上,500多间房屋尽被炸毁。轰炸过后,人们清理废墟时,发现仅存了这口泰和铁钟,它成了"亲眼目睹"这次浩劫的"幸存者",同时也成了日军飞机轰炸兰州的铁证之一。1954年,兰州市人民政府将泰和铁钟迁移到了五泉山公园,并将安放铁钟的亭子命名为猛醒亭,将其保护了起来。1998年,兰州市政协提出议案为泰和铁钟树碑,要将它所经历的这段历史真实地记录下来,意在警钟长鸣,警示国人,勿忘国耻,振兴中华。因此,五泉山公园于2001年8月18日在钟侧树了碑。三是兰州战役。这场解放战争时期西北战场上的大决战,可供展示的内容同样不少。兰州战役的胜利,对彻底消灭西北国民党军,解放大西北,有着非常重要的意义。

2.5.3 当代重点突出介绍兰州军区在全国军事战略布局中的作用

一是兰州市烈士陵园是当年兰州战役主战场之一,坐落于沈家岭北麓,与横穿市区的黄河遥遥相对,规划占地面积28.7公顷。该陵园由著名设计大师任震英设计,一期工程于1952年动工兴建,1959年初建成对外开放;1972年二期工程建成,经过1997年的维修,目前基本实现了建园时的规划,红25军军长吴焕先、甘肃工委副书记罗云鹏、解放兰州时壮烈牺牲的王学礼等917名革命先烈安葬于此。二是兰州军区。作为全国七大军区之一,置于兰州,足见兰州的军事战略地位和意义。三是八路军驻兰州办事处。四是兰州境内其他红色景点。

八路军办事处纪念馆位于兰州市酒泉路互助巷2号(原南腔北调滩街

185

45 号),是一座普通的旧式四合院建筑。兰州八路军办事处于 1937 年 8 月
25 日成立,到 1943 年 11 月撤销,总共六年零三个月。办事处刚成立时谢觉
哉乘欧亚航空公司的班机抵达兰州,时任甘肃省政府主席的贺耀祖是毛泽
东青年时代的朋友,也是谢觉哉的同乡旧友,为谢觉哉举行了隆重的欢迎宴
会。从 1937 年 8 月到 1938 年秋天的一年时间里,谢觉哉在这里用佳金、无
奇、焕南、敦夫等笔名写了六十多篇宣传抗日的文章。办事处成立后,宣传
民族抗日统一战线,开展抗日救亡活动,输送进步人士到延安,指导和创建
了一大批进步团体,影响较大的有"甘肃青年抗战团"、"省外留学生抗战
团"、"妇女慰劳会"、"西北青年救亡读书会"、"伊斯兰学会"、"联合剧团"、
"回民教育促进会",创办的《妇女旬刊》是贺耀祖夫人倪斐君发起组织的
"妇女慰劳会"在办事处的指导下创办的,宣传妇女解放思想和全民抗战的
思想。1937 年 12 月,国民党第八战区司令长官朱绍良兼任省政府主席要解
散进步团体,查禁进步书刊,谢觉哉领导办事处进行了严正的交涉。1938 年
夏,伍修权接替彭加伦任办事处主任。同年秋天,谢觉哉回到延安。有"屠
夫"之称的谷正伦接任省政府主席,从 1939 年开始,办事处处境日益恶化,
"皖南事变"后,1943 年 11 月,兰州八路军办事处被迫撤销。

2.6 兰州文事

兰州自古以来就很重视文化教育和文化传承,本部分主要通过四个层
面展示兰州文事:一为兰州教育史简述,重点介绍兰州四大书院。二为兰州
重教弘文的实绩,重点介绍明清进士榜,在展馆制作兰州明清进士表,以彰
显明清之际兰州文事之盛。三为兰州著述家。汉至 1900 年兰州地区有著
述名家 308 人,著述机构 24 个,著编译书 638 种,今存 332 种。四为藏有《四
库全书》的九州台文溯阁。五为近代以来其他教育科研机构介绍。

2.6.1 兰州四大书院

书院制度源远流长,上溯到十六国时期,硕学宿儒隐居陇上名胜之区聚
徒讲学,著书立说的史实。书院制度的近源是唐代的官方藏书、校书机构。
唐玄宗开元六年(718 年),置丽正书院,藏宫廷图书、校勘图书,始有"书院"
之名。宋代以后书院转变为讲学、藏书、祭祀、考课之地。明清书院兴盛,成
为准备科举考试的场所。

明景泰年间(1450—1456 年),兰州进士、著名理学家段坚在东关段家
台(今兰州东方红广场西口)聚徒讲学,学而有成者颇多。戍卒周蕙(小泉)

就是其中的佼佼者,他后来也成为理学家。后人称此为容思书院,这是见于史料的甘肃最早的书院。

　　清代兰州成为陕甘总督、甘肃学政、甘肃布政使、甘肃按察使、兰州知府驻地(其衙署均在今城关区境内),兰州遂成为西北政治、军事、经济、文化中心。在这种形势下,兰州设有兰山、求古、五泉、皋兰四大书院,其院址都在今天的城关区境内。

　　兰山书院　清雍正二年(1724 年),甘肃巡抚卢询在明代红花园捐建正业书院,雍正十三年(1735 年)甘肃巡抚许容奉旨建为兰山书院。此后的120 年中,历经 5 次修建,使之成为规模宏大的官方书院,同时它也是甘肃最大的一所省立书院。兰山书院当时聘请品学兼优的翰林、进士及个别举人为山长。牛运震、吴镇、秦维岳等这些饱学诗书的山长都在兰山书院的历史上留下了浓重一笔。作为当时西北的最高学府,兰山书院学生也有限额,分为正课和副课两种。1905 年,停科举后,兰山书院停办。翌年,兰山书院改建为甘肃省立优级师范学堂。1913 年改为甘肃省立师范学校,1917 年,省立师范学校迁入畅家巷陆军小学堂(今兰州一中院内),兰州女子师范学校从南府街(今金塔巷)迁入兰山书院。1964 年,兰州女师正式改为兰州市第三中学。

　　求古书院　求古书院是甘肃省立书院。旧址在今天城关区三洲开发公司家属院。明代为行都指挥司署,清乾隆三年(1738 年)初为兰州府贡院。光绪八年(1882 年)甘肃学政陆廷黻在出巡平凉、庆阳、泾州、固原、临夏,案临考试,发现考生试卷上八股文浅薄,试帖诗多未押韵,回到兰州后,与陕甘总督谭钟麟商议后,就把兰州府贡院考棚改为为省立书院,次年正式建成求古书院。求古书院从全省各府厅州县招考贡生、监生、生员入院学业,准备考取举人。求古书院的学生以自习为主,山长讲解为辅。学院专门考课经文,山长着重讲解诗赋。1905 年求古书院改为甘肃初级师范学堂。1911 年春,初级师范学堂与优级师范学堂(原兰山书院)合并,改为甘肃存古学堂。1915 年刘尔炘改建为陇右实业待行社,1926 年又改为丰黎社仓、乐善书局。后改为贡元巷小学。

　　五泉书院　五泉书院是兰州府立书院。旧址在城关区贤后街东口北端,现在的贤后街 2 号,通渭路 221 号、223 号、225 号几座民居院落。嘉庆二十四年(1819 年),由甘肃布政使屠之申、兰州在籍翰林秦维岳利用宫后街官署建立了五泉书院。光绪三十一年(1905 年),改为兰州府中学堂。1912 年改为兰山观察使署。1919 年改为兰山道署。1928 年榆中进士杨巨川改为五泉图书馆。这是兰州仅存的书院古建筑。1999年,异地保护于雁滩公园。在"戊戌变法"的影响下,刘尔炘山长鼓励学生:欲为异日有用之人,则凡天算、舆地、军政、财赋、中外交涉之大端,固宜随其所近而专治焉。还要求学生要"立志"、"存心"、"有抉择"、"有次序"、"切己体察"、"宜随事力行"。

皋兰书院　皋兰书院旧址在兰州市城关区曹家厅。道光二十二年(1842年),皋兰县知县徐敬利用右营参将署之房舍改建为皋兰书院。皋兰书院是皋兰县立书院,只招收皋兰县籍生员、童生入院学习,以考取举人或进学。1905年,皋兰书院改为皋兰县高等小学堂,后又改为皋兰县立小学,1948年成为皋兰县政府驻地。新中国成立后,改为曹家厅小学,"文革"后成为城关区检察院。

青城书院　兰州地区书院除上述四大书院,在兰州城外还有著名的青城书院,位于榆中县青城镇,建于清道光十一年(1831年)。清道光十年,水烟巨商杨顺伦、顾永泰等倡导创建书院,以解本地学子负笈远奔他乡求学之苦,杨、顾等热心于地方公益事业的志士仁人带头捐款,动员社会各方捐资兴学,由热心教育的顾名(清嘉庆庚辰进士,曾任江苏宜兴知县,银山书院和柳州书院山长)和张锦芳(嘉庆丁卯解元、凉州府学教授)主持书院的创办事宜。地方有志之士经商议,首先恳请省府及皋、金(今榆中)二县县府批准,在本地水烟赋税中抽成,添作书院修金膏火(经费)。省、县批准后,正式创办青城书院,于清道光十一年(1831年)创办落成。书院落成后由顾名和张锦芳先后任山长,经当时科举考试,出了翰林罗经权1人、进士10人、举人29人、孝廉方正10人、共生82人,其他如廪生、秀才不计其数。清宣统二年(1910年),废科举,兴学堂。甘肃省督学杨汉公来院视察,与地方绅士王海岸、张乐天、杨巨川、刘觐丹、魏紫垣等商议,将"青城书院"改为"皋榆联立高等学堂"。1931年高等学堂更名为"皋榆联立青城小学校"。

2.6.2　兰州明清进士表

中国古代科举制度中,通过最后一级中央政府朝廷考试者,称为进士,是古代科举殿试及第者之称,意为可以进授爵位之人。隋炀帝大业年间始置进士科目。唐亦设此科,凡应试者谓之举进士,中试者皆称进士。元、明、清时,贡士经殿试后,及第者皆赐出身,称进士。且分为三甲:一甲3人,赐进士及第;二、三甲,分赐进士出身、同进士出身。

明、清科举制度推行以来,兰州学子从明洪武丁卯科到清光绪甲辰科517年间,共考中进士77名(其中翰林8名),举人361名(其中解元5名)。兰州的9名翰林是黄谏、段炅、田荆(以上明代)、梁济遽、秦维岳、曹炯、刘尔炘、张林焱、吴钧(以上清代)。乡试中解元是明代的陈祥、清代的梁济瀍、张绎武、张锦芳。明清两朝兰州文风之盛,居全省之冠,这里面涌现出一批国内知名的专家学者和高级别的官员,可以骄傲地说,兰州是甘肃省内科举人物最多、也是最集中的地方。附《兰州明清进士表》。

表2-2　兰州明清进士表

姓　名	年代及名次
黄　谏	正统七年壬戌科一甲三名
滕　佐	景泰五年甲戌科三甲四十三名
聊　让	景泰五年甲戌科三甲七十四名
段　坚	景泰五年甲戌科三甲一百七十名
文志贞	天顺元年丁丑科三甲二十七名
罗　睿	成化二年丙戌科三甲一百一十二名
邵　宗	成化五年己丑科二甲二十四名
赵　英	成化八年壬辰科三甲七十七名
李　宽	成化八年壬辰科三甲一百六十七名
陈　祥	成化十一年乙未科三甲六十八名
彭　泽	弘治三年庚戌科二甲四十六名
罗　璋	弘治三年庚戌科二甲八十名
段　炅	弘治十八年乙丑科三甲一名
田　荆	正德六年辛未科三甲八十九名
殷承叙	正德九年甲戌科三甲二百二十一名
刘　漳	正德十二年丁丑科三甲七十七名
段　续	嘉靖二年癸未科三甲二三百十六名
刘　耕	嘉靖二年癸未科三甲二百三十六名
吴伯亨	嘉靖十一年壬辰科三甲一百名
陆　坤	嘉靖十四年乙未科三甲七十八名
许登瀛	嘉靖十四年乙未科二甲二十五名
葛延章	嘉靖十七年戊戌科三甲七十八名
邹应龙	嘉靖三十五年丙辰科三甲一百二十六名
胡执礼	嘉靖三十八年己未科三甲七十九名

姓　名	年代及名次
段　补	隆庆五年辛未科三甲二百三十一名
王道成	万历二十九年辛丑科三甲九十七名
韩　谦	天启二年壬戌科三甲二百七十六名
杨泰升	天启五年乙丑科三甲三十三名
	（以上明代 28 人）
刘芳世	康熙十五年丙辰科三甲八十二名
刘云鹤	康熙四十八年乙丑科三甲四十八名
梁济瀍	乾隆十年乙丑科二甲九十名
秦维岳	乾隆五十五年庚戌科二甲二十八名
关元儒	嘉庆七年壬戌科三甲五十名
黄在中	嘉庆十四年己巳恩科三甲五十五名
巫　揆	嘉庆二十二年丁丑科三甲一百三十七名
徐　檀	道光六年丙戌科三甲一百三十六名
张　炳	道光十三年癸巳科三甲二名
张兆熊	道光十六年丙申科三甲七十三名
颜履敬	道光二十年庚子恩科二甲五十一名
曹　炯	道光二十年庚子恩科二甲八十二名
吴可读	道光三十年庚戌科二甲一百零一名
张照南	咸丰三年癸丑科三甲三十五名
周士俊	咸丰三年癸丑科三甲八十二名
鲁膺泰	咸丰九年己未科二甲八十五名
张炳星	咸丰十年庚申恩科三甲四十九名
张寿庆	同治元年壬戌科二甲二十四名
于　登	光绪二年丙子恩科二甲一百四十七名
万永康	光绪二年丙子恩科三甲八十三名
颜豫春	光绪二年丙子恩科三甲六十二名
周得程	光绪三年丁丑科三甲八十三名
张国常	光绪三年丁丑科二甲一百零五名

姓　名	年代及名次
秦霖熙	光绪三年丁丑科三甲八十名
金文同	光绪六年庚辰科二甲一百一十二名
陈彬	光绪六年庚辰科三甲一百三十四名
张树滋	光绪六年庚辰科三甲一百九十一名
李扬宗	光绪九年癸未科三甲九十名
滕尚诚	光绪十二年丙戌科三甲一百三十四名
宋万选	光绪十二年丙戌科三甲一百五十名
周毓棠	光绪十五年己丑科三甲五十一名
刘尔炘	光绪十五年己丑可二甲五十三名
黄毓麟	光绪十六年庚寅恩科二甲一百一十三名
谈廷瑞	光绪十六年庚寅恩科三甲七十四名
柴朴	光绪十八年壬辰科二甲一百零四名
孙尚仁	光绪十八年壬辰科三甲一百五十四名
王树中	光绪十八年壬辰科三甲七十三名
刘积义	光绪十八年壬辰科三甲一百四十名
张林焱	光绪二十年甲午恩科三甲七十六名
张协中	光绪二十年甲午恩科三甲一百五十三名
王玮	光绪二十年甲午恩科三甲一百三十名
吴钧	光绪二十一年乙未科二甲三十四名
王世相	光绪二十四年戊戌科二甲六十八名
郑元浚	光绪二十四年戊戌科三甲一百三十六名
王世奎	光绪二十四年戊戌科三甲一百八十名
段士俊	光绪二十九年癸卯科二甲一百三十二名
彭立柣	光绪二十九年癸卯科三甲一百一十五名
田树楒	光绪二十九年癸卯科（名次不详）
王烜	光绪三十年甲辰科三甲四十二名进士
	（以上清代 49 人）

大兰州文化圈建设研究

2.6.3　兰州著述家

兰州著述从明清时进入全盛时代。明代移民及随扈肃庄王的侍臣多来自江南、中原诗书之家，落籍兰州后，耕读传家，其后裔涌现出一批著作家；清代兰州成为省会，官员、学者、谪臣以及外国探险家，取道兰州往来新疆、青海、中原，编著行记，记录西北及兰州见闻。经济的发展，促进了教育的发展，明清时期兰州设立庙学、书院，处处弦诵，科甲迭起，自然促进了文化的发展，明清两朝学人辈出，著述丰赡，形成著述的兴盛期。据不完全统计，自汉以来到 1990 年，兰州地区有著述者 308 人，著述机构 24 个，著、编、译书 638 种，今存 332 种。关于兰州地区的艺文收录文章 166 篇，韵文 934 首。

明初，多有罪臣谪戍兰州卫、庄浪卫，他们不畏边塞生活的艰苦，奋笔著述。其中洪武初谪戍兰州卫的浙江开化进士徐兰著有《书经体要》《自鸣稿》，所撰《河桥记》为关于兰州黄河镇远浮桥最早的史料。洪武江西广信陈质谪戍兰州卫，著有《瓦瓴记》。同时昆山丁晋先谪戍庄浪卫，永乐初选为肃王府仪卫司校尉，著有《樵云集》，其诗散见于史志中。洪武间吴县沈绎谪戍兰州卫，为肃王府良医所医生，著有《绘素集》《芝轩馀兴》《医方集要》《平治活法》。明初浙江山阴戚景明谪戍兰州卫，著有《布鼓集》。嘉靖间，华亭进士包节流戍庄浪卫，著有《湟中稿》《陕西行都司志》等。这些著述涉及经学、文学、史学、医学等方面，把江南的先进文化输送到边塞兰州，为明代中期兰州文化的兴起奠定了基础。正统探花黄谏其先为扬州府高邮州人，洪武初因坐法，徙置兰州。黄谏官至侍讲学士，博涉诸经子史百家之书，著有《使南稿》《兰坡集》《书经集义》《从古正文》《月令通纂》、《亢仓子》等书，编辑《解学士集》。其传世诗文，多关明代前期兰州历史。景泰进士段坚，其祖父为山西阳曲县人，为肃庄王锦衣卫力士。段坚官南阳知府，为理学家，著有《容思集》《段容思先生诗稿》《柏轩语录》等。其《东园南村吟稿》，为致仕后结庐五泉山，设帐讲学之作。弘治进士彭泽，官至太子太保兵部尚书，左都御史、总督川陕三边军务，其祖父为湖南长沙人，明初以副千户兰州卫，遂落籍兰州。彭泽为官清正忠直，精研《易经》，为文雄浑敏达，著有《读易纷纷录》《幸庵行稿》《幸庵诗文稿》《怀古集》《读史目录》《西征纪事》《抚边须知》等二十多种，涉及经学、文学、史学、军事诸多方面。明初流落河西的蒙古贵族脱欢率部降明，受封庄浪卫连城，世袭土司，赐姓鲁氏。六世土司、陕西总兵鲁经编有《鲁氏忠贞录》，八世土司、凉州副总兵鲁光祖编有《鲁氏家谱》，记其世系，列其传略，收录明帝敕文、官宦文士赠序、赠诗，为研究明代土司制度、兰州及河西地区军事、政治、民族、经济、文化的珍贵资料。

清时兰州一地秉承了明朝的兴盛文风,著述立言者颇多。咸丰年间的近代甘宁青第一部西洋近代天文历算的自然科学汇编——《乾象古今集说》就是由甘肃皋兰县西固西柳沟人卢政编著的。兰山、求古、五泉、皋兰四大书院多聘德优学粹山长,课读诸生,诗书弦诵为一时之盛,兰州士人考中进士数为全省各州县第一。文风兴盛,著书立说者层出不穷。有的世家,因家学渊源代有学人著述。如顺治时拔贡王同春官至遵义知府,精兵法,工书法,著有《心远堂法帖》《心逸斋诗文集》。其孙王绶为康熙举人,官辽州知州,工诗词,曾与王渔洋唱和,著有《停云堂诗文集》。其子王效通为乾隆监生,官国史馆纂修,著有《阴骘文印谱》。王绶之孙王光晟为贡生,工诗善书,署理江宁县丞,与袁枚分韵赋诗,著有《晚翠轩诗稿》《国朝画后续集》。乾隆翰林秦维岳,官湖北盐法道,著有《听雨山房诗草》,编有《皋兰县续志》。其二弟秦维峻为举人,官山西阳城知县,著有《音韵正体》。其五弟秦维岩著有《妙莲馆诗文集》。秦维岳之子秦恩嘉官山西代州知州,著有《藏诗坞集》《灵云书屋集》《琴书琐言》。秦维峻之孙秦霖熙为光绪进士,官广西恭城知县,著有《外感辩证录》《惊风治验录》。光绪进士张国常,主讲兰山书院二十多年,成就甚多。著有《听月山房诗文集》《土司蕃族考》,编有《甘肃忠义录》《重修皋兰县志》。后者分图表志传四纲,依类相从,有条不紊;旧志讹误更正无遗;又始立方言、金石两目,义例谨严,文词渊雅,不仅为甘肃名志,亦为研究兰州历史的基本资料。其子光绪翰林张林焱著有《舣艇山房诗稿》《人伦道德讲义》等。

嘉庆、道光时兰州释通灵自幼出家,由儒学博涉佛学,云游青藏,研习藏传佛教,著有《五灯纂要》《焰口观象偈句》《惠泉笔录》《禅堂同参录》《同戒录》等。道光时白塔山慈恩寺主持兰州释归愿博通儒释,更定《禅行条规》,著有《法颠语录》。乾隆、嘉庆间金县(今榆中县)兴隆山道士悟元子刘一明,精研道教,旁涉儒释,为全真龙门派第十一代传人,著有《道德经会义》《指南三书》《周易阐真》等二十多部著作。清代督、抚延揽人才,在省会兰州开局,于雍正末乾隆初编印《甘肃通志》,光绪间宣统末编印《甘肃全省新通志》,前者为甘宁青首部通志,后者侧重乾隆至光绪间甘宁青事物,为后人存留了珍贵资料。康熙间陈如稷编成《兰州志》,为存世最早的兰州志书,保存了大量明代及清初的兰州史料。道光间秦维岳编成《皋兰县续志》,光绪间张国常编成《重修皋兰县志》,平番县、金县亦编成多部县志,形成省、府、县三级志书地情架构,为甘宁青及兰州地区保存了大量珍贵资料。鸦片战争后,列强侵凌,国势日弱,出现开眼看世界的著述。道咸间朱克敬编辑《边事汇钞》,从史书中选录先秦至元明的中外交往及中原与边疆关系之事,供朝官参考。编辑《边事续钞》,选录林则徐、魏源等有关中外关系的奏疏,以及外国人所著《万国总说》《万国公法》,供官方参考。其著作二十多种收入《挹秀山房丛书》中。咸丰举人卢政,从多种著作中辑录西洋传教士关于天文理论、天文仪器、天象观测方法,编成《乾象古今集说》,为近代甘宁青第一部西洋近代天文历算的自然科学汇编。同治时御史吴可读上《请令各国使臣进见不必跪拜疏》,建议各国使节觐见清帝,不必强行要求行跪拜礼,宜随各国礼俗以示宽大,不必以末节小事损害国家大事,其奏疏、诗文收入《携雪堂全集》中。

清代兰州成为省会,官员、学者、谪臣以及外国探险家取道兰州,往来新疆、青海、中原,编著行记,记录西北及兰州见闻。如康熙时浙江海宁陈奕禧的《皋兰载笔》、乾隆时西宁道杨应琚的《据鞍录》、嘉庆户部郎中祁韵士的《万里行程记》、道光时林则徐的《荷戈纪程》、道光时户部主事董醇的《度陇记》、咸丰时叶尔羌办事大臣倭仁的《莎车行记》、光绪时苏松太道冯焌光的《西行日记》、光绪时西宁办事大臣阔普通武的《湟中行记》、光绪时方希孟的《西征续录》、宣统新疆巡抚袁大化的《抚新记程》等等,以亲历、亲见、亲闻的方式,几乎记录了清朝各个时期关于兰州社会生活、政治、经济、文化、名胜等情况,为研究兰州历史提供了第一手资料。

2.6.4 九州台文溯阁《四库全书》藏书馆

坐落于兰州北山九州台的文溯阁《四库全书》藏书馆,投资 5 000 多万元,占地 3.126 公顷,总建筑面积 5 757 平方米,历时两年多建成。文溯阁藏书馆主要包括主楼、副楼、办公楼,主楼占地 1 900 平方米。一二层为展览厅、三楼存放《四库全书》影印本,副楼占地 1 400 平方米,主要用于学术研究,而《四库全书》的真本则藏在专门设计的地下室内。1966 年 10 月,基于战备的需要,为确保《四库全书》安全,经中央有关部门协调,辽宁省将总计 3 474 种、36 315 册的文溯阁《四库全书》以及 5 020 册清雍正年间所印铜活字本《古今图书集成》,长途跋涉,秘密运至兰州,拨交甘肃省保存在距兰州市 75 公里的山中。《四库全书》是清乾隆年间编纂的我国历史上卷帙最大的一部丛书,与万里长城、大运河一起,被誉为古代中国的三大工程。文溯阁《四库全书》是我国现存的《四库全书》三部半中的一部,为了更好地的珍存这部反映中华民族文明伟大成就的书,甘肃省委省政府拨专款修建新藏书楼,1999 年 5 月,甘肃省政府做出了在省城兰州立项修建文溯阁《四库全书》藏书库的决定,在兰州黄河岸畔北山九州台修建文溯阁《四库全书》藏书楼。2002 年 1 月,藏书楼奠基仪式在兰州隆重举行。2003 年 4 月 30 日正式开工建设。2005 年 7 月 8 日,新建成的仿文溯阁四库全书藏书馆正式开馆。

2.6.5 近代以来其他教育科研机构

兰州进入近代以来,为中华民族的教育科学繁荣做出了巨大的贡献,这主要得益于一批名扬海内外的教育科研机构的成立。

甘肃贡院 甘肃自明代起其行政管理就隶属于陕西,直到康熙二年,即 1663 年时才从陕西划分出来,成为一个独立的省。在明代至左宗棠任陕甘总督前(左宗棠于 1866 年任陕甘总督),甘肃一直没有自己的科举场所。同治年间(1862—1874 年),时任陕甘总督的左宗棠看到这种状况后,立即上书清廷,请求在兰设立贡院,朝廷批准后于光绪元年(1875 年)落成甘肃贡院,址在今兰大二院内。始丁隋代,唐时承袭隋制全面推行的科举制度,以后各代朝廷都沿用不废,明、清两代科举考试制度日臻完善,至光绪二十八年(1902 年)才停止。光绪元年(1875 年)由刑部主事腾烜、道台曹炯主持向全省各地募银 51 万余两,在兰州城西北角海家滩(今兰大二院)建成甘肃贡院。后来在光绪十一年(1885 年)任陕甘总督的谭钟麟,再次增修了甘肃贡院,这给当时甘肃士子参加乡试带来了更大的便利。甘肃贡院占地纵 140 丈、横 90 丈,外筑城垣,内建棘闱,棘闱即试院,中为"至公堂",堂前建有明远楼,楼左右为南北考试号房,举院的大门在城西,门楣上书"为国求贤"四个大字。

甘肃文科高等学堂 1902 年,在当时广办西学、兴建新式学堂的大环境下,甘肃文科高等学堂成立,校址位于兰州通远门外畅家巷内的南兵营旧址。当时的学校管理职位为总教习,刘光蒉任第一任总教习,直至逝世。后改名为甘肃省高等学堂,刘尔炘任第二任总教习。1911 年 10 月由于辛亥革命的爆发,学校停办,到 1912 年更名为甘肃省中学堂后复校。改总教习为校长,刘尔炘任首任校长。1913 年 10 月 29 日改名为甘肃省立第一中学校,将学制定为四年制普通中学。1919 年 6 月,时任校长的水梓制定颁布了《甘肃省立第一中学学则》,其中确立校训为"弘毅"。1937 年抗日战争爆发,中共在校内设立了党支部。1938 年冬,为避免学校遭受日军飞机轰炸,学校搬迁至甘肃省洮沙县辛店镇小学,作为临时校址,直至 1942 年回迁。1949 年 8 月随着兰州解放,中共军事接管组接管学校。

兰州大学 兰州大学是中国著名学府,32 所副部级大学之一,西北地区唯一一所教育部直属全国重点综合性大学,也是国家"985 工程"和"211 工程"重点建设高校之一,是经教育部批准建有研究生院的 56 所高校之一,国家"111 计划"和"珠峰计划"重点建设的名牌大学。兰州大学创建于 1909 年,曾用名:甘肃法政学堂,甘肃公立法政专门学校,兰州中山大学,甘肃大学,省立甘肃学院,国立甘肃学院,国立兰州大学等。学校始于 1909 年甘肃法政学堂,1928 年扩建为兰州中山大学,1946 年,成立国立兰州大学。1949 年国立兰州大学更为兰州大学,沿用至今。

西北师范大学　西北师范大学为甘肃省人民政府和教育部共同建设的重点大学、国家重点支持的西部地区十四所大学之一。其前身为国立北平师范大学,发端于 1902 年建立的京师大学堂师范馆。1937 年"七七"事变后,北平师范大学与同时西迁的国立北平大学、北洋工学院共同组成西北联合大学,国立北平师范大学整体改组为西北联大下设的师范学院。1939 年师范学院独立设置,改称国立西北师范学院,1941 年迁往兰州。1958 年前学校为教育部直属的全国 6 所重点高师院校之一,1958 年划归甘肃省领导,改称甘肃师范大学。1981 年复名为西北师范学院。1988 年更名为西北师范大学。1985 年教育部依托学校设立了教育部直属的、高等院校建制的"西北少数民族师资培训中心",与学校实行"两块牌子、一套班子"两位一体的管理体制。1987 年,国务院又在学校建立了"藏族师资培训中心"。

2.7　宗教文化

宗教是一种社会历史现象,是人类社会发展到一定阶段的产物,属于历史的范畴,有其发生、发展和消亡的客观规律。兰州是一个多宗教、多教派的城市。伊斯兰教、佛教、道教、天主教和基督教五大宗教俱全,教种齐,历史久,信徒多,分布广。

佛教概况　佛教是世界三大宗教之一,产生于公元前 6 世纪至前 5 世纪的古印度,以信仰释迦牟尼(佛)为特征。此后,佛教由印度逐渐传播于锡兰、中亚、南亚、东南亚等国家和地区,成为世界性宗教。甘肃是佛教在我国传播最早的地区之一。十六国时,西秦在苑川大兴佛教,供养玄高、昙弘、玄绍高僧为国师,弟子三百多人。唐代兰州有庄严寺、普照寺、嘉福寺(木塔寺)、长庆寺、万寿寺。元代藏传佛教萨迦派第四代祖师萨班贡嘎坚赞赴凉州与阔端王会谈途中,在庄浪(今永登)过却噶林寺,后为尕哒寺,兰州是当时中国与西域文化交流的必经之地,大月氏人到洛阳翻译佛经,对地处中西交通要道的兰州地区佛教的传播与发展都起到了不可低估的作用,也为后世留下许多佛教圣地,如佛教圣地五泉山及遍布各县区的佛寺。五泉山是享誉全国的佛教名山,其建筑绝大多数是佛教殿堂。现存最古老的寺院是建于明朝的崇庆寺,俗称浚源寺,它建于明朝洪武五年,也就是公元1372年。除此之外,还有千佛阁、地藏寺、卧佛殿、嘛呢寺等,使五泉山成为兰州佛教活动的中心。

道教概况　金章宗明昌六年(1195年)秦致通、李致亨在兴隆山修道。清世宗雍正年间(1723—1735年),在兰州榆中小康营龛谷峡修道的广东人樊某,接受全真龙门派教理教义,成为全真龙门派第十代传人。全真道嵛山派(又称"榆山派")传人,以兰州金天观为中心,其教派随后传播到榆中。清高宗乾隆十八年(1753年),山西曲沃人刘一明(原名刘万舟),听说秦致通、李致亨在榆中兴隆山修道,便来到榆中,在龛谷峡遇到樊老人,皈依门下,成为全真龙门派第十一代传人。刘一明在兴隆山住修四十余年,练功、授徒、行医,研究教理。明代镇守甘肃内监刘永成建白塔寺。清康熙五十四年(1715年),巡抚绰奇补旧增新,扩大寺址,起名慈恩寺。

伊斯兰教概况　据史籍《引日唐书》与《册府元龟》记载,唐高宗永徽二年(651年),伊斯兰教第三任哈里发奥斯曼派使节到唐首都长安,觐见了唐高宗并介绍了伊斯兰教义和阿拉伯国统一的经过。唐、宋、元三代,是伊斯兰教在中国传播的主要时期。伊斯兰教在甘肃的历史,最早可以追溯到唐代。甘肃是中国伊斯兰教各种派别的主要产生地之一,清末民初以来,相继形成40多个支系派别。兰州的主要伊斯兰派别有哲赫忍耶、虎夫耶、嘎的忍耶、伊赫瓦尼、赛莱费耶。兰州伊斯兰教经学院经国务院批准创办于1984年12月17日,是我省一所专门培养爱国爱教的年轻宗教职业者的高等学府。兰州市中心地带临夏路中段解放门广场东侧的西关清真寺,始建于清康熙二十六年,即公元1687年,距今已有三百多年,雍正年间扩建为"海乙寺",也就是中心寺。它是伊斯兰教的圣地,在宗教界影响颇大。

基督教概况　基督教新教在中国多用"基督教"代称,以区别于东正教和天主教,是鸦片战争以后由外国传教士传入甘肃的,信奉者多为汉族。清德宗光绪二十五年(1899年),英国内地会(西差会)传教士安牧师赴兰州途中夜宿三角城大兴营村传播教义,农民沈学廉、孙得温、孙得林等接受教义,组织教会,建造五间房屋为活动场所。"文化大革命"期间,活动中止。1983年恢复活动,加入兰州市三自爱国运动委员会。西关的山字石教堂闻名遐迩,成为基督教圣地。山字石礼拜堂位于兰州市中央广场东北角,毗邻甘肃省人民政府。其前身为内地会福音堂,1885年(清光绪十一年)内地会英国牧师巴格道在兰州建堂传教,最早在五泉山购置地皮,建堂传教,后来又在张掖路山字石路口西侧购置民房三院,计五亩地皮,建房 80 余间,称为"内地会福音堂"。1921 年投资四千多银元在原址上建成山字石礼拜堂,1923 年落成投入使用。因其坐落于山字石街,故取名"山字石礼拜堂"。改革开放以来,由于信徒激增,土木结构的教堂已经不能满足聚会的需要,1998 年 6 月,在原址上翻建。

天主教概况　天主教于唐太宗贞观九年(635 年)从波斯传入我国,时称"景教"。民国 18 年(1929 年)至民国 21 年,德国天主教神父濮登博在小沟头修建天主教堂,哥特式建筑,有钟楼,礼拜堂,砖石木混合结构。后重新修建。兰州教区是罗马天主教在中国甘肃省设立的一个教区。从地理来看,东西长两千多公里,所辖区域包括定西、兰州、武威、张掖、酒泉、敦煌五个地级市,包括二十多个县,共有教友三万多人。

2.8　近现代工业

兰州作为我国的老工业基地,拥有丰富的历史、社会和文化价值的近现代工业遗产。兰州工业遗产有五大重点:一是以晚清洋务运动为标志的兰州近代工业遗产以及之前的矿产开采业、加工冶炼场地、能源生产和传输及使用场所,交通设施、相关工业设备、工艺流程、数据记录、企业档案等物质和非物质遗产的保存状况,引用先进的测绘和记录手段收集相对完整的信息资料,并对其历史学、社会学、建筑学、科技审美价值予以客观评估。如清末兰州制造局、兰州机器织呢局、阿干镇煤矿、窑街煤矿等。二是以军事工业、机械制造维修业、毛纺业等现代工业为主要内容的民国时期的工业遗产。如兰工坪工业研究所、碱沟沿西北兽医学院、20 世纪 40 年代的"工合组织"等。三是新中国成立以来的门类各样的工业遗产,特别是国家"一五"、"二五"、"三线建设"期间在兰州建设的工业项目,如"兰炼"、"兰化"、"兰石"等。四是具有兰州地方特色的工业文化遗存,包括工厂车间、磨坊、仓库、店铺及工艺流程等,如兰州水烟加工作坊、羊皮筏子加工制造等。五是地方支柱性企业遗存。

阿干镇的采矿业　阿干镇位于兰州市区南部,距市区 21 公里,系独立于市区的一工矿区,现因资源枯竭退出历史舞台。据史料记载,自元代起,这里就有人用自制的铁器工具采挖煤炭。明代洪武年间,阿干镇的煤炭资源开始被成规模地开采,大量的煤炭在方便居民生活的同时,也很快带动了阿干镇制陶、冶铁、铁器加工等行业的兴起。从此,阿干镇商贸日渐兴隆,很快成为西部地区远近闻名的集镇,并延续至今。2000 年,这个我国历史上最久远的阿干煤矿因煤炭资源枯竭而退出了历史舞台。

兰州机械行业 兰州通用机器厂(以下简称兰通厂),20 世纪 90 年代之后,逐渐走向了没落。这个 134 岁高龄的老厂曾经拥有与"江南造船厂"同样的辉煌,它曾是清政府在西北地区开办的第一个洋务军用工业。据史料记载,同治六年(1867 年),陕甘总督左宗棠率军抵达西安镇压西北的捻军和回民起义,由于西北交通运输不便,军需供给困难,于是,左宗棠奏请清政府同意,于同治八年(1869 年)筹建了一座小型军工厂——西安机器局。同治十一年(1872 年)7 月,左宗棠移师兰州,同时也将西安机器局搬迁至兰州,更名为兰州制造局。该局制造的武器装备被左宗棠用于与俄、英支持下的新疆阿古柏反动政权及其侵略军的战斗中,这也是我国第一次在对外战争中使用自己制造的枪炮。光绪三十三年(1907 年),兰州道台彭英甲将该局迁至城内小仓子(今官升巷,通渭路北段),并更名为兰州机器局。1917年,甘肃军阀张广建又将该局迁至城西旧举院萃英门内(今兰大二院院内东部)。1926 年又改名为甘肃制造局。抗日战争爆发以后,甘肃制造局由国民党中央资源委员会和甘肃省政府接管,1941 年 9 月改名为甘肃机器局,1942年为免遭日寇飞机的轰炸,该厂迁至西郊土门墩。

兰州织呢局 兰州织呢局是左宗棠委派人员创办的官办民用工业。它是我国机器毛纺织工业的雏形和开端。1877 年冬,赖长以自行设计制造的水轮机织成一段呢片,进呈左氏并建议购机设厂自造。次年左宗棠奏请清政府批准,在兰州建立织呢局,局址定在通远门外前路后营旧址,即今畅家巷南侧,1880 年竣工投产。这是中国第一家近代毛织厂。全厂分为三部分:东部为纺线、织呢部分,西部为洗毛及整染部分,中部为动力、机修和办公部分。1883 年 8 月,织呢局因锅炉爆炸停工。不久,继任陕甘总督的谭钟麟利用中部厂房恢复了 1882 年停办的甘肃制造局。1903 年局址东部划出设立了"甘肃文高等学堂"(兰州一中前身),1906 年西部又划出设立了"陆军小学堂"(此处后为甘肃省立师范,今分划兰州一中和三十五中)。至此,原址只剩中部了。1907 年,机器局搬往小仓子。1908 年,织呢局又在清末的"新政"中修建恢复。此后,时办时辍,抗日战争时才走上了持续生产和有所发展的阶段,厂名为"军政部第二制呢厂"。兰州解放后,由解放军后勤总部接收,1951 年停办。

新中国成立后,经过近半个世纪的工业建设,今天兰州已经形成了一个以石油、化工、机械、冶金为主体的重工业,以制药等具有地方特色的轻工业,以及电力、煤炭、建材等工业组成的产业结构比较齐全的工业体系。如果说古代的兰州,曾以军事重镇、丝路商埠和茶马互市而闻名于世。那么,新中国成立后的兰州已逐渐发展成为黄河上游最大的工业城市和科研中心之一,经济发展突飞猛进,城市建设日新月异。随着西部大开发的进程以及新亚欧大陆桥的贯通,兰州的战略地位更显得重要。

3. 城市变迁

城市是一个自然和地理的单元,是一个独特的经济区域,也是一个有着自己历史的文化空间。自西汉筑城至今的 2 000 多年间,兰州城市建设历经诸多王朝的更替和几种不同社会形态的变革,历尽沧桑,几度兴废。本主题通过新旧对比的方式,着重反映新中国成立后城市基础建设所取得的巨大成就,集中表现兰州这个西北地区的交通要冲和商埠重镇,黄河上游最大的工业城,繁荣兴旺的商贸城,欣欣向荣的科技城。

3.1 历代古城

自秦始皇统一六国后,至明清时代,兰州地区先后出现了几座城池,基本上分布在黄河南岸。

秦设榆中城 兰州在先秦时期为羌戎族居地。在秦始皇三十二年(前215 年),秦始皇派蒙恬率数十万军队北击匈奴,占领"河南地"。所谓"河南地"就是黄河以南的地域,也就是河套至战国秦长城一带。蒙恬占领"河南地"之后,把匈奴赶到黄河以北。在秦始皇三十三年(前 214 年),秦始皇沿黄河至阴山建立了 44 个城,最西边的城就叫"榆中城",城中并设榆中县。当时的榆中城就在现在的东岗镇附近。这就意味着兰州黄河以南的地区第一次设立了行政建制,并且"因河为塞"。当时内地的移民进入这 44 个建立的新城。从此榆中县成为秦国最西边的一个县,被纳入中原的版图。

汉设金城 西汉初,依秦建制,兰州仍为陇西郡辖地。到了元狩二年(前 121 年),霍去病率军西征匈奴,在兰州西设令居塞驻军,为汉开辟河西四郡打通了道路。昭帝始元元年(前 86 年)在今兰州始置金城县,属天水郡管辖。西汉昭帝始元六年(前 81 年),又置金城郡。宣帝神爵二年,赵充国平定西羌、屯兵湟中后,西汉在金城郡的统治得到加强,先后又新置七县。东汉建武十二年(36 年)并金城郡于陇西郡。安帝永初四年(110 年),西羌起义,金城郡地大部被占,郡治由允吾迁至襄武(今甘肃陇西县),十二年后又迁回允吾。东汉末年,分金城郡新置西平郡,从此,金城郡治由允吾迁至榆中(今榆中县城西)。西晋建立后,仍置金城郡。西晋末年,前凉永安元年(314 年),分金城郡所属的枝阳、令居二县,又与新立的永登县(在今兰州市红古区窑街附近)三县合置广武郡,同年,金城郡治由榆中迁至金城,从此金城郡治与县治同驻一城。

隋唐兰州城　隋文帝开皇三年(583 年),改金城郡为兰州,置总管府。因城南有皋兰山,故名兰州。大业三年(607 年),改子城县为金城县,复改兰州为金城郡,领金城、狄道二县,郡治金城。大业十三年(617 年),金城校尉薛举起兵反隋,称西秦霸王,建都金城。不久迁都于天水,后为唐所灭。唐统一中国后,于武德二年(619 年)复置兰州。八年置都督府。显庆元年(656 年),又改为州。天宝元年(742 年)复改为金城郡。干元二年(759 年)又改金城郡为兰州,州治五泉,管辖五泉,广武二县。宝应元年(762 年)兰州被吐蕃所占,大中二年(848 年),河州人张义潮起义,收复陇右十一州地,兰州又归唐属。然而此时的唐朝已经衰落,无力西顾。不久就被党项族占据。唐代兰州成为州置,连同州属户口,户 2 889,口 14 226。城池因沿袭隋代城池制度,除了州府衙和一些庙宇建筑外,民居较少,只不过是唐王朝吐蕃和亲和进军西域的驿站而已,城池"东西约六百余步,南北三百余步"(明毕沅《续资治通鉴》卷七十六《宋纪》),假设以步代米,其城周迥不过 1 800,面积也只有 18 万平方米。

宋元兰州城　赵宋立国初,其西北边境不过伏羌(伏羌寨,今甘谷)。太宗时代,渐向西开拓,大中祥符元年(1008 年)收复古渭寨(今陇西)筑汝遮堡(今定西)。仁宗景祐五年(1038 年),西夏主元昊(即李元昊,宋赐赵姓)称帝,兰州为西夏占有。康定二年(1041 年),宋分秦凤、泾原、环庆等四路招讨西夏,旋败。神宗熙宁初,出于河湟用兵和巩固边防之需要,采纳王韶"制服河湟,进迫西夏"之建议,置洮河安抚使,王韶领其事。熙宁五年(1072年),复熙州(今甘肃临洮),升古渭寨(今甘肃陇西)为通远军。不久,吐蕃兵犯熙河,"种谊以平羌功,遣熙河副将使青唐自兰州渡河讨贼"(《宋史神宗本纪》)。六年,收复河州(甘肃临夏)、洮州(今甘肃临坛)、岷州(今甘肃岷县)、宕州(今甘肃宕昌)、亹州(青海门源)。元丰四年(1082 年),"西河经制李宪等五路讨夏国",史称"五路伐夏"。五月,经汝遮抵屈吴山"败夏人于西市（使）城（今甘肃榆中三角城）"。七月，神宗赐西市城为"定西城"。九月，收复兰州，"遣前军副将苗履，中军副将王文郁都大管司修筑，前军将李浩专提举"。之所以筑城，皆因"自夏贼败衄之后，所至部族皆降附。今招纳已多，若不筑城，无以固降羌之心"（明毕沅《续资治通鉴》卷七十六《宋纪》）。元丰五年（1083年），李宪经请奏，将古渭寨的通远军升为州，即巩州（今陇西），把兰州附近的定西城改为通远军，今甘肃榆中三角城为故地，汝遮堡改筑为定西城，即今定西古城，属通远军。兰州城在宋时的主要用途是屯军戍边，城内的重要建筑除了州府衙署和屯积粮草的仓储设施外，还有寺院庙观。从元丰四年到北宋灭亡的44年中，有记载发生在兰州的大小战争就有十余次，毁则再筑，筑城凡四次。由此可以看出，兰州城成也战争，毁也战争，主要作用在于军事。经元丰、元祐及徽宗政宣间的多次增筑、修筑，城内民居渐多。据《宋史地理志》记载，崇宁间兰州有户395，口981，城隍庙、寺观、监狱等感化、教化设施也建筑在城。其城大小，虽无记载，但从明清的考证、记载中可知一二。城内的东西相通，南北衔接的主干道和街巷与城外干道连接，成为城里连接城外通向黄河进行军事行动的通道，也是茶马互市的主要道路和兰州榷场的所在。宋代随着黄河干道的北移，城池离河越来越远，给防守带来了很大的困难。为此，元丰六年（1083年）在旧城西角另筑新城，城基建在红色砂岩上，因基石状如石龟伏城垣下，故又名石龟城。宋城建成后旧城址随即废弃。兰州附近唯一的铸造铜钱的铜钱监就设在城里。城西是炭市，城南是骡马市，城东是猪羊市。现时城内的一些主干道上都有遗迹可寻。绍兴元年，金人陷熙、河等州，兰州遂为金有。元代，除灭亡西夏，经营河西，统一中国的壮举外，无甚建树。唯一和兰州有关联的，是元世祖委派都实从兰州出发，完成了中国历史上大规模考察河源的第一要举。筑城功绩，因兰州已失去边疆的军事作用，除了城周边的兴隆山、阿干等堡外，无一留于后世。

明清兰州城　明洪武十年（1377年），指挥同知王得展筑，就是在宋城基础上筑成，城"东西长一里二百八十步，南北长一里八十二步，周迴六里二百步。城之北，因河为池。门四：东曰'承恩'，西曰'永宁'，南曰'崇文'，北曰'广源'。"宣德间，守备戴旺增筑关厢城郭。"自城西北至城东筑外郭凡一十四里二百三十一步"。正统十年（1445年），都指挥金事李进重修郭门并镇远桥门。十二年，又筑承恩门外郭为新关。"通为郭门者九：东曰'迎恩'，东北曰'天堑'，又东北曰'广武'，南曰'拱兰'，东南曰'通远'，西南曰'永康'，由西南曰'靖安'，西曰'袖川'，北曰'天水'"。嘉靖二十一年

203

（1542 年），"虏大犯临、巩，兵备副使朱旒倍为修筑，城高三丈五尺，阔二丈五尺，池深一丈五尺，阔倍之"（《皋兰县志》卷四《城池》）。留之于后世的，就是"朱旒倍为修筑"的城。从展筑的城郭、城墙看，城郭的作用已从纯军事转向保护城中居民不受侵扰的用途上来，虽说还是没有脱离军事，时有驻军3 489 名，但城中居住的居民增多，时有"州民凡八百七十有五户，含杂以共一千一百七十户，凡六千三百四十二名口"。此后，又经多次展修、增筑并甃以青砖，到清末道光年间，形成一面临河，东、南、西三郭护城的城防结构。至此，兰州城基本定型，后世在地图上看到的城池图就是它的缩影。将城池的所有门包括外郭连接起来，就不难看出兰州的棋盘式的道路交通网络。清初，成为省会城市后，户口增加，人口增多。据乾隆四十年刊行的《皋兰县志》记载，到乾隆三十七年编审民数时，有户 60 276 户，计 400 546 人，乾隆三十八年，驻军只有 477 名（骑兵 147，步兵 92，守兵 238）。为使户有所居，扩街筑道，陆续修建了东大街、西大街、绸铺街、县门街、北门街、炭市街、桥门街、鼓楼南街、南关、上东关、西关、新关等主干道及西城巷、木塔巷、玉石巷、山字石、道升巷等支路街巷。这些街巷道路，就留在了史籍的附图上。其街巷有的是官方命名的，而大多数是城中居民在数百年的历史变迁中，以居住地的特征或者特有事物为名，习以为是。如像官驿后、官园、黄家园、郑家台、碱滩、东栅子、西栅子、木塔巷、官升巷等。有些街巷在城市的发展中多次变换名称，其名称记载沉淀着一定社会历史时期政治、经济文化的特征，成为历史的见证。

民国兰州城　辛亥革命后，于民国二年（1913 年），废府（州）设道，并兰山、巩昌二府为兰山道，辖管皋兰、红水、榆中、狄道、导河、宁定、洮沙、靖远、渭源、定西、临潭、陇西、岷县、会宁、漳县等十五县。道尹驻省会皋兰县。民国十六年（1927 年）改道为区，变兰山道为兰山区。民国二十五年（1936年），划甘肃省为七个行政督察专员公署，皋兰、榆中属第一行政督察区（专署驻岷县）。民国三十年，即 1941 年 7 月 1 日，将皋兰县城郊划出，新设置兰州市，与皋兰县同治今兰州城关区。市区面积 16 平方公里，人口 17.2 万余人。民国三十三年（1944 年）市区扩大，东至阳洼山，西至土门墩（不含马滩），南到石咀子、八里窑、皋兰山顶，北至盐场堡、十里店，面积达 146 平方公里。

根据历代兰州城市规模变化的数据记载，建造模型进行展示。

3.2 旧城模样

明清以来是兰州建城以来,规模最大,文化经济最为繁荣的时期,可以分四个层面展示兰州作为一座有着两千多年历史的古城的文化记忆。

一是通过明清古城模型和古图复制展示兰州发展历史上的鼎盛时期的面貌。

室内可制作兰州地理位置沙盘,或者制作《兰州明清古城模型》,古城模型可依据《兰州文物》画册中的《兰州明清古城模型图》。以便游客在观览兰州城区现今新貌的同时,也能直观地了解兰州城区在明清时期的形貌。

图 3-1 兰州明清古城模型(图片来源:《兰州文物》)

《金城揽胜图》是清同光间,兰州民间画师马五绘制的甘肃省会、兰州

图 3-2　清末《金城揽胜图》

府治所在地——皋兰县城的山川形胜城郊图。其地正是当今兰州市小西湖以西至盘旋路以西地段,主体部分为兰州市旧城区。同时悬挂相关的兰州的老照片,如俄国马达汉、澳大利亚莫理循所拍兰州照片以及能反映兰州某一历史时期特殊景况的照片等,加深游客对兰州历史文化的印象。此图展示可借鉴上海世博会中国馆中清明上河图的艺术展现形式,以动漫形式予以展示。

二是通过对兰州老街历史的梳理,弥补断裂的城市记忆 为城市文明延续的载体寻踪觅迹。

有城市,就有老街。每个城市都有自己的历史,有着本地文化的细胞,从那些属于城市的古迹遗存中,我们可以清晰地瞥见它们对城市文明发展所发挥出的作用。随着兰州市旧城改造进程的加快,一些老地名逐渐被新的名称所替代,原有的地名都具有深刻的历史渊源,由于不断地更名,导致一部分老地名流失。此外,还有一些老地名随着道路扩建逐渐消失,比如安定门、南城根等。古老街巷,一砖一瓦记载着的,是这座城市的深厚文化底蕴与生活轨迹。

辕门　中央广场旧称,位于兰州市区中心,上溯明初,肃王开府时,这里便是当年殿阁巍峨、壮丽宏阔的肃王府。现为甘肃省人民政府所在地。

箭道巷　原同省政府、山字石连为一体,同属明肃王府邸。清康熙五年(公元1666年),肃王府被建为甘肃巡抚署。乾隆二十九年(1764年),陕甘总督移节兰州,兼管巡抚事,改巡抚署为总督署。

侯府宅 即今延寿巷,以清初靖逆侯张勇的府邸得名。乾隆五年(公元1740年),甘肃巡抚元展成将靖逆侯旧邸改建为皋兰县文庙。新中国成立后,这里改建为延寿巷幼儿园。

中山路 北起中山桥南端,向南伸至胜利饭店折而向东,直至南关十字西口止。自清末以来,该路西关十字北口至中山铁桥南口一段称"桥门街";西关十字南口至胜利饭店一段称"炭市街"(因其原为煤炭集散销售市场);胜利饭店至南关十字一段称"南关"(又称南关正街)。1942年,为纪念孙中山先生,将该路更名为中山路。同时,镇远铁桥被命名为中山桥。

张掖路 改名前的"张掖路"西段通渭路口到陇西路口被称为"侯府宅","酒泉路"北段则被称作"绸布街",大众巷北段则被叫作"官沟沿"。在兰州旧城西城门镇远门与东城门来煦门之间,清代陕甘总督署(现为省政府)、甘肃布政使署(现为警备区)均坐落于此街,是一条既悠久又繁华的街道。新中国成立前后一段时间称为中华路,五十年代借富庶的"金张掖"之名更名为张掖路。

官园 今民勤街原名官园。此街界于秦安路与南城根之间,早在明清民国时期,这里就是官府粮仓重地,计有丰裕仓、通庆仓、咸宁仓三处,共有39座仓廒。辛亥革命后,刘晓岚置丰黎义仓,用于防备灾年饥馑。清乾隆二十一年(1756年),曾在这里开办养济园,招纳收容孤者、流亡者。官仓和养济园是官园得名的由来。

盐场堡 明代时"盐场堡"北面石门沟和小沟内富蕴盐卤,当地居民很早即熬制成盐,于当地出售,久而久之这里便成了盐的交易地,因此得名"盐场堡"。盐场堡建于明代中期,主要用以军事防御,是为了防御鞑靼进扰兰州。

草场街 因为这一带原本是草料场及骆驼车马休息住宿的地方而得名。

五福巷 所谓"五福":封建时代以福、禄、祯、祥、寿为五福。此乃仅求幸福生活,无灾无患之奢望而已。此巷自清末以来,系骡马羊只交易市场,故名骡马市;其南段折西通向静宁路之小巷称羊市巷(以羊只交易之所,故名),又名五福街。建国后五福街、羊市巷统改为五福巷,沿用于今。

延寿巷 所谓延寿,即取延年益寿之意。为人类欲求健康长寿的一种愿望,沿用至今。该巷为东西走向东起道升巷,西至陇西路。

金塔巷 这条街主要呈东西走向,自清末以来,由东至西,分段称道门街(以兰州道台衙门驻此而得名),中有南北走向之仓门巷、横巷子两个小巷,南府街(即兰州府曾驻此)。民国三十四年(1945年),统称共和路。1958年以甘肃省金塔县命名为金塔巷沿用至今。东起酒泉路,西至永昌路。

金石巷　该巷多系银匠、铁匠、玉石匠及雕刻、纸货聚集之地,有董家菜刀、贾家铁勺等名牌产品,畅销西北,为小手工业者求师拜艺及销售产品之所,故名金石巷,沿用至今。其东起酒泉路,西至道升巷。

王马巷　该巷自清末以来,为官驿背后的一部分,系等候传递官方文书之所。新中国成立前后均称王马巷。其说有二;一说以该巷住有王、马二姓而得名;又一说相传此巷乃明肃王养马之所。其南通白银路,北接柏道路。

宁卧庄　新中国成立以前因为地势低洼,下雨积水成泥,故称:泥窝庄。新中国成立后才改叫宁卧庄。

贡元巷　原为清光绪元年前兰州府贡院所在地,后改为贡元巷。

三是风格独特的建筑及其文化内涵。

兰州是一个多民族文化交融的城市,体现在建筑上,就是既具有中国建筑的一般风格,又具有多民族、多地域建筑艺术融合的痕迹,形成兰州独特的建筑风格。鲁土司衙门建筑群为明代宫廷式建筑,但又融入了藏式建筑的装饰风格。西关清真寺建于清康熙二十六年,为"海乙寺",具有中国和伊斯兰教建筑的独特风格。白衣寺塔中,其须弥座、覆钵式塔身均为喇嘛塔样式,覆体塔身以上则为中国古塔传统样式的楼阁式塔身。光绪二十八年,英国基督教内地会建于山字石南口的基督教堂,融兰州地方传统建筑与西洋建筑于一体。兰州民宅建筑多为地方传统风格,但也有一些融入了其他民族和地方的特色。兰州孙家台、榆中青城乡等地的庭院建筑,多建于清代。兰州现存的数百座古近代建筑具有较高的文化价值。一是从一个侧面反映了兰州是一个历史悠久的古城,早在5 000年前,兰州先民的建筑水平已经达到一定的水平;二是兰州建筑体现了多民族、多地域建筑风格融合的特征,形成了兰州独特的建筑风格;三是兰州建筑集建筑艺术、工艺美术、文学、书法等为一体,形成了有较高价值的建筑文化;四是兰州的一些建筑以其年代的久远、风格的独特、造型的美观等饮誉全国,如明肃王府气势恢宏,为西北藩王府之最。

3.3　兰州新姿

新中国成立后,兰州市基础设施逐步得到完善,综合服务功能日益提高,城市面貌焕然一新。特别是改革开放以来,政府不断加大基础设施的投入力度,加大城市建设的步伐,突出了城市绿化美化和旅游资源的开发,使这座高原古城发生了翻天覆地的变化,逐渐呈现出现代化大都市的风貌。

一是标志性建筑。一座城市的文化底蕴,最直观的展示就是城市中的地标性建筑,新中国成立以来,随着兰州城市规模的增加,文化经济的繁荣,先后出现了许多有时代感的建筑物,成为兰州名副其实的地标建筑:西北大厦、兰州饭店、地震局大楼、西关大清真寺、南关十字建筑群、兰州火车站、甘肃国际会展中心、甘肃大剧院、雁滩高新开发区建筑群。

二是兰州的桥。黄河穿城而过,形态各异的桥梁,成为兰州城区的独特景观。自古以来,兰州与黄河桥梁有着密不可分的联系。兰州现有9座黄河桥。根据规划,到2020年兰州拟再新建桃园、固安、深安、世纪、金安、靖远、雁青等7座跨河大桥。桥梁设计分别采用提篮式连续钢拱桥、中承式钢管混凝土拱桥、独塔双索面异型塔斜拉桥、平行三拱肋钢箱系杆拱桥、双塔双索面斜拉桥、分离式连续钢构桥、双塔单/双索面组合桥,突出一桥一景特色。届时,兰州市的黄河大桥多达16座,金城将成为中国的"桥梁博物馆"。截至2000年年底,市区建成各类大小桥梁153座,市区跨黄河桥9座,黄河兰州段由此成为黄河上桥梁密度最大的河段之一。

中山桥　被誉为"天下黄河第一桥"的兰州黄河铁桥,俗称"中山铁桥"、"黄河铁桥",位于滨河路中段北侧,白塔山下、金城关前,建于清光绪二十四年(1908年),是兰州历史最悠久的古桥。1928年,为纪念孙中山先生而改名为"中山桥"。1954年,兰州市人民政府对铁桥进行了整修,将原有的梯形拱架换成了五座弧形钢架拱梁,将原来的木板桥面全部换成现在的铁板桥面。

雁滩黄河大桥　兰州雁滩黄河大桥享有兰州黄河"第一彩虹桥"的美誉,全长816米,桥型为三跨连续钢管混凝土刚架系杆拱桥,桥面宽31米,西引桥长75米,东引桥长440米,为钢筋混凝土连续梁桥,由主桥、引桥、引道、辅道、雨水、照明等组成。被列入兰州市"十大标志性建筑"之一。

东岗铁路黄河大桥　东岗铁路黄河桥为3孔53米上承式钢筋混凝土肋拱桥,全长221.9米,设计载重中－26级,按地震烈度8度设防。该桥拱轴采用恒载压力线。拱肋为两片工字形截面,拱上结构由刚架与桥面板组成。拱肋、刚架及桥面板均为30号钢筋混凝土,桥台为石砌,混凝土块镶面。1956年建成,是连接包兰铁路线的重要桥梁。

城关黄河大桥　1974年年底,国家批准修建兰州黄河大桥,新黄河大桥为五跨预应力混凝土连续桥梁。不论在跨径和跨数上,兰州黄河大桥在当时都是国内最大的一座。1977年9月15日,兰州黄河大桥动工。1979年9月25日,兰州黄河大桥竣工通车。1981年7月,在全国评选七十年代优秀设计活动中,兰州黄河大桥的设计被国家城市建设总局评为城市建设优秀项目二等奖。

小西湖黄河大桥　小西湖黄河大桥采用矮塔斜拉结构,是兰州市投资最多、规模最大、科技含量较高的一座互通式立交桥。造型独特的设计是我国第二座预应力混凝土塔单索部分斜拉桥,桥宽27.5米,双向四车道,为兰州黄河两岸的交通提供了方便。

七里河黄河大桥　该桥位于兰州市七里河,是连接安宁区和七里河区的重要桥梁。桥梁建造于1956年10月至1958年11月,上部结构为7跨钢筋混凝土双悬臂加挂梁结构,下部结构为重力式墩台。是当时国内新建的黄河上最大跨度的钢筋混凝土悬臂梁桥。

银滩黄河大桥　兰州银滩大桥北起安宁营门滩,南至七里河马滩,是黄河上游的第一座大型现代化斜拉式大桥。兰州银滩大桥全长1 391.41米,桥面宽25.5米,由主桥、引桥、引道三部分构成,于1997年3月15日开始修建,2001年8月18日正式通车。

西沙黄河大桥　位于西固区钟家河,南连环形路,北接安宁区和中川机场公路,修建于1971年,是连接西固区和安宁区的一座重要桥梁,也是西固区通往中川机场的主要通道。

天水路黄河大桥　桥梁位于兰州火车站前的天水北路,是连接兰州市区与国道312线的重要桥梁,也是通向兰州机场的主要出口。桥梁于1999年3月开工建设,2002年通车使用,桥梁结构形式为预应力钢筋混凝土连续刚构,上部结构为连续箱梁,下部为钢筋混凝土矩形柔性墩,钻孔灌注桩承台基础。

小西湖立交桥　位于西津东路小西湖十字,东起义乌商贸城人行天桥向西至兰州汽车西站;南起兰新铁路立交桥,向北依次通过碱沟沿路与西津东路相交后,通过小西湖东街再与滨河中路立交相接。本工程由桥梁工程、道路工程、雨水工程及照明工程组成,其中桥梁为三层互通式立交桥,由二条主线和八条匝道组成。

三是黄河风情线。中华民族的母亲河——黄河由西向东贯穿甘肃省会城市兰州,给兰州赋予了依山傍水独特的风情优势。自古就有"滔滔几万里,独秀金城关"的美誉(兰州古称金城)。兰州黄河风情线规划基于兰州城市"两山一川"的骨架,从自然与人文的和谐统一出发,结合兰州黄河文化、丝路文化的特点,提出了"飞天锦带串明珠"的总体设想,以黄河为飞天锦带的主骨架,以南北两山为依托,以城市主要功能区为明珠,使黄河兰州段游乐项目建设和景点改造开发统一规划,融民族风情、地方文化和现代化风格于一体,集旅游、休闲、娱乐、交流等多种功能于一身,具有鲜明兰州特色的标志性风情线,被誉为绿色长廊,现已成为全国最长的市内滨河马路。游览滨河路,可以欣赏黄河风情,参观沿途点缀的平沙落雁、搏浪、丝绸古道、黄河母亲、西游记等众多精美的雕塑,并参观中山铁桥、白塔山公园、水车园等景点。在旅游旺季,可看到古老的皮筏摆渡,体验"吹牛皮,渡黄河"的古韵;也可乘坐橡皮艇在黄河上漂流;滨河路被誉为兰州的"外滩",黄河风情线上的明珠,主要代表景观有:水车博览园、黄河母亲、龙源、兰州碑林、湿地公园等。

4.　名人踪影

人造城市,城市也反过来塑造着人,人和城市又共同造就了一个城市的文化。本主题拟选取兰州历史上具有代表性的名人,以画像或其他方式集中展示他们在历史上的丰功伟绩。

4.1　名人事迹

选取兰州历史上有独特贡献的名人,用塑像的形式表现,塑像下用木刻对其生平事迹做概要介绍,或者用画像与文字介绍相结合的方式,也可以考虑采用数字影像配合文字说明的形式进行展示。同时,也可以收集或复制名人的照片、画像、著述等将其一并展出。

赵充国(前137—前52年),字翁孙,原为陇西上邽(今甘肃省天水市)人,后移居令居(今甘肃永登县),西汉著名将领。公元前119年,跟随汉武帝取得了第三次大举征讨匈奴的胜利,并且在屯田等政策上显示出了他的远见卓识,征讨匈奴胜利后即移民七十万人口以加强北方边防,东起朔方、西至令居(今永登县)的地区内,设团官,且供给移民牛犁和谷种,变牧场为农业区。公元前99年,赵充国跟随贰师将军李广利攻击匈奴时,被匈奴围困数日,他带领壮士百余人突围陷阵,李广利和大兵紧随其后。之后,李广利将这一事迹启奏皇帝,皇帝面见赵充国并亲自查看伤势,叹为勇士,拜中郎,迁车骑将军长史。汉昭帝时,迁中郎将、水衡都尉,再次与匈奴作战并生擒西祁王归来,升为护羌校尉、后将军。公元前74年,因随大将军霍光定策迎立宣帝之功被封为营平侯。

韩遂(约永和年间—215年),又名韩约,字文约,东汉末年凉州地区的割据军阀之一。汉灵帝末年与边章、马腾等都一起在西州城起兵与天下军阀争雄。汉献帝初平三年，韩遂跟义兄弟马腾率领群众一起逼近长安。东汉朝廷封韩遂作为镇西将军，派遣他回到金城，朝廷封马腾为征西将军，派遣他屯兵郿。209年，韩遂派阎行朝谒曹操，最后听信其劝说送了自己的一个儿子到曹操那里为人质。后来，曹操派钟繇领兵出潼关，凉州军阀怀疑是针对他们进军，结果联合起来起兵对抗，推举韩遂为都督。在之后的潼关之战中，韩遂虽然因为曹操的计策，与马腾之子马超发生相互猜疑，但并没有投降曹操。韩遂、马超等十部联军兵败之后，韩遂逃往凉州，到后来被夏侯渊所打败，他作为人质的子孙都被曹操处死。建安二十五年（215年），韩遂完成了他悲壮的一生，在西宁病逝。

乞伏国仁（？—388年），十六国时期西秦国建立者，385—388年在位，陇西鲜卑人。乞伏国仁之父乞伏司繁被前秦天王苻坚封为南单于，前秦建元十二年（376年），其父死后，乞伏国仁继位。东晋孝武帝太元八年（383年）的淝水之战时，前秦一败涂地。时任前秦镇西将军的乞伏国仁乘后秦姚苌与前秦苻坚混战之机，并假借讨伐自己的叔父乞伏步颓之名，率师占据陇西。前秦太安元年（385年），前秦王苻坚被姚苌所杀，乞伏国仁便自称大都督、大将军、大单于、领秦、河二州牧，改元建义，且建都苑川（即今甘肃榆中）。

宗钦（？—450年），字景若，北魏金城（今甘肃兰州市）人。他少年勤奋好学，刻苦异常，饱读经书，涉猎非常广泛。宗钦受儒家影响较大，身在乡间，心忧天下，有儒家学者的风度，以才学闻名于河右地区。沮渠蒙逊时为中书郎、世子洗马，北魏拓跋焘荡平凉州后，赐封他为爵卧树男，并拜为著作郎。宗钦著有《蒙逊记》10卷、《东宫侍臣箴》等，《全上古三代秦汉三国六朝文》存其文二篇，《先秦汉魏晋南北朝诗》存其诗十二首。因崔浩国史案株连，被杀。

赵柔（生卒年不详），字元顺，北魏金城（今甘肃兰州市）人，年轻时就以德行才学闻名河西。世祖平定凉州以后，赵柔到京师任职。高宗即位以后，赵柔任著作郎。后来因为历任有政绩，出京任河内太守，仁厚的名声非常显著。赵柔曾经在路上捡到别人掉的一贯金珠，价值数百匹细绢，赵柔立即叫回失主，把金珠还给了他。后来有人赠送给赵柔数百枚铧（犁铧，翻土农具），赵柔于是同儿子善明去集市上卖。有个人要买赵柔的铧，赵柔向他要价20匹绢。另一商人见他的要价低，于是要给他30匹绢来买，善明便打算卖给这个商人。赵柔说："和别人做交易，一句话说了就好了，怎么可以因为利益而改变心意呢？"随即卖给了原来那个人。当时的读书人听说此事后，

大兰州文化圈建设研究

都对赵柔非常佩服。

麹允(？—316年)，金城人，出身凉州豪族。西晋末年官员，协助晋室收复长安，让汉愍帝在长安等位，之后还屡次成功保卫长安，但最终还是没能帮助汉愍帝复兴西晋，且与愍帝一同被俘往汉赵都城平阳，在狱中愤而自杀，汉赵皇帝刘聪因其忠烈行为，追赠他为车骑将军，谥为节愍侯。

辛云京(713—768年)，唐代将领，陇右道金城(今甘肃兰州)人，出身将门之家，世代为河西大族，兄弟数人皆有胆识。安史之乱前，为太常卿史。安史之乱时，率军与史思明大战，大败史思明，遂出任代州(今山西雁北地区)都督、镇北兵马使。继又任太原尹，封金城郡王。在任期间严于法制，军中上下，无不畏服。后累升检校尚书、右仆射、同中书门下平章事、检校左仆射等职。

朱楧(1376—1420年)，明太祖朱元璋第十四子，初封汉王，洪武十一年(1378年)，受封汉王。二十四年(1391年)，太祖命其偕卫、谷、庆、宁、岷五王练兵临清。明年，改封肃王。又明年，诏之国，以陕西各卫兵未集，命驻平凉。二十八年(1395年)，始就藩甘州。建文元年(1399年)乞内徙，遂移兰州。十七年(1419年)薨，谥号庄王。

黄谏(1403—1456年)，字廷臣，号兰坡，兰州市黄家园人。明正统七年(1442年)探花，授翰林院编修，迁侍读学士。是一位出色的外交家，受明王朝派遣多次出使安南(今越南)。同时更是知名学者，诗文皆佳、才华横溢，著有《书经集解》《诗经集解》《使南稿》《从古正义》《兰坡集》等。如流传颇广的《饶歌鼓吹》就是一首记述明将坚守兰州及徐达与王保保定西之战的史诗，其中的诗句"伊昔战定西，王师气百倍……势如山压卵，宵遁留空垒，兰州古金城，守将真雄伟"，音韵铿锵、气势磅礴，至今仍然被人们广为传诵。

聊让(生卒不详)，兰州人，明朝官吏、进士出身。景泰年间，明景帝惩罚王振余党后，大开言路，吏民均可上书言事。景泰元年，其上书请求罢免宦官宫妾，他在上书中说："大臣，阳也；宦寺，阴也。君子，阳也；小人，阴也。近日食地震，阴盛阳微，谪见天地。望陛下总揽乾纲，抑宦寺使不得预政，遏小人俾不得居位，则阴阳顺而天变弭矣。天下治乱，在君心邪正。田猎是娱，宫室是侈，宦寺是狎，三者有一，足蛊君心。愿陛下涵养克治，多接贤士大夫，少亲宦官宫妾，自能革奢靡，戒游侠，而心无不正矣。"以阴阳之理阐明忠奸之分，希望景帝能够抑制宦官，使他们不能够居要位，从而得到明景帝嘉奖。景泰五年(1454年)，登进士，后官至知县。

段坚(1419—1484年)，字可大，号柏轩，又号容思，兰州段家台人，明代

214

理学名臣。"早岁受书,即有志圣贤",明景泰五年进士,授山东福山县知县、莱州知府、河南南阳知府。一生信奉儒家的"仁政"、"爱民"、"洁身"等正统思想,在南阳为官九年,郡人皆敬之,并在这里创立志学书院,召集"府学"及属诸生,亲自讲解五经要义;还在兰州东关段家台创建书院,后人称为容思书院,桃李盈门,好多名士如彭泽等都出于段坚的门下。著有《柏轩语录》《容思集》等书。

彭泽(1459—1530年),名鄘,改名泽,字济物,早年号敬修子,晚年号幸庵,兰州西园人。弘治三年(1490年)中进士。正德元年(1506年)任真定知府,时太监仗权势,扰乱政令,彭泽在大堂上置一口棺材,以死捍卫政令,逼使朝廷权贵和宦官有所收敛。正德十三年(1518年),被王琼等诬陷,削职为民。正德十六年(1521年)明世宗即位,复职。任兵部尚书,整肃部务,部政焕然一新。又奉诏为九边守将。农闲时,征调农民筑边墙、挖战壕、修墩台,并整顿屯田,取消太监监军制度。次年(1519年),以少保衔退休归里,寄情山水、写诗作文。嘉靖七年(1528年),复被诬而革职。两年后,抑郁而死。葬于西川圊子湾(今上西园)。明穆宗隆庆初年(1567年)昭雪,复官,谥号襄毅。彭泽历仕弘治、正德、嘉靖朝,达35年,为人清忠正直、为文雄浑敏达。著有《读易纷纷稿》《幸庵文稿》《读史目录》《八行图说》《重修兰州志》《段可久年谱》等20多部、300余卷书稿。

鲁经(?—1556年),明清时期,统治今永登县西部地区的鲁土司是当时甘肃、青海交接颇有影响的重要人物,《明史》记载:"鲁氏世守西陲,有捍御功。"五世鲁麟之子鲁经,幼年即随父军中,屡有战功,袭父职为指挥使,历任都指挥佥事、都指挥同知。明武宗正德五年(1510年)以后,鲁经率领土军连续十年在庄浪境内作战,曾击溃进犯庄浪的蒙古人,追击于石棚沟,并在通远等处截击;战胜进攻西宁的蒙古部于马场沟;追击抢夺贡物的岔口驿藏部于沙金沟,将贡物夺回;击杀抢劫贡马的藏族捏都儿头目于火石沟,夺回贡马,升都指挥使、都督佥事、都督同知,又升协守庄浪、西宁副总兵、延绥总兵。明世宗嘉靖六年(1527年),鲁经告老还乡。

段续(生卒年不详),字绍先,号东川,兰州段家台人。明世宗嘉靖二年(1523年)癸未科进士,历任云南道御史、湖广参议后升密云兵备副使等。在治理地方时,不畏权势、革除积弊、公而忘私、颂声载道。他任湖广参议时,见当地竹木所制的筒车,利用水力激轮旋转,提水灌田,功效显著,便详察其构造原理,绘制图样,走访农户,求教工匠,学习制造方法。晚年辞官后,返回兰州,深感兰州地区黄河两岸农民屡遭干旱之苦,便自备木料,聘请

215

工匠,按图仿制。但因对构造原理未尽精通,几番失败,后经多次修改,终告成功。段续建造的第一轮水车,安装在教场河(今甘肃画院附近),后人称之为"祖宗车"。此后,兰州黄河两岸农民均依式仿造,用水车浇灌农田,收效显著。段续因地制宜,引进仿制水车,为发展水利,推进农业生产,造福桑梓,做出了重要贡献,兰州人民至今仍未忘其功绩。

邹应龙(1172—1244年),字云卿,皋兰人。明代名臣、诗人、书画家,工诗、善书,尤擅画梅,金山寺画梅石刻为其所绘。明世宗嘉靖三十五年(1556年)进士,授行人,后擢为御史,职掌弹劾纠察之权。严嵩把持朝政、排除异己,其子世蕃"凭藉父权,专利无厌,私擅爵赏,广致赂遗"。邹应龙不畏强暴,冒死上书,弹劾严嵩父子及其党羽,世宗阅其奏后,"勒嵩致仕,下世蕃等诏狱",旋又将世蕃斩首示众,严嵩革职为民,并查抄其家产。邹应龙劾倒了权倾朝野、贪赃枉法的严嵩父子,为国为民除了大害。万历初,邹应龙奉命平定了云南铁索箐及拇拨等人的叛乱,后"往剿广南依兵",部将为依兵所败,巡按御史郭廷梧、给事中裴应章等人弹劾邹应龙,遂"削籍"为民,卒于家。明神宗万历十六年(1588年),陕西巡抚王璇上奏,"应龙殁后,遗田不及数亩,遗址不过数楹,恤典未被,朝野所恨",神宗下诏,"命复应龙官,赐祭葬"。

岳钟琪(1686—1754年),字东美,号容斋,民族英雄岳飞的第21世孙、岳飞三子岳霖系后裔。明代时,岳钟琪的高祖宦游兰州,全家迁至甘肃。作为清朝著名军事将领、川陕总督的岳钟琪,一生戎马,平西藏,定青海,抗击新疆准噶尔部的分裂反叛,镇戍边疆,功勋卓著,为维护国家统一、稳定西部、开拓西部做出了重大贡献,历经康熙、雍正、乾隆三朝,所以乾隆皇帝御制怀旧诗,列五功臣中,称其"三朝武臣巨擘"。

秦维岳(1759—1839年),字觐东,号晓峰,清代兰州后五泉人。乾隆五十五年(1790年)考中庚戌科进士,选翰林院庶吉士,散馆,改授国史馆编修。嘉庆二十四年(1819年),他因母病逝回兰守制,再未出仕。一直兴学从教、培育人才,热心公益事业,续修县志,著文赋诗讴歌兰州。他向陕甘总督长龄等建议,并率先捐银1 000两,创建兰州府立五泉书院。他先后被聘为兰山、五泉两书院山长,辛勤课训士子。他的学生张廷选,后来成为翰林院编修,著有《北园文集》;陆芝田任蒲城教谕,著有《三百株梨花吟馆诗文集》。道光十三年(1833年),他以良史之才,受知县黄璟之邀,续修黄建中《(乾隆)皋兰县志》。他博采旁搜、严加考证、精心编纂,至逝世时,大体完稿。道光二十二年(1842年),由其弟子增补刊刻为《(道光)皋兰县续志》。

刘一明(1734—1821年),清代著名道士,号悟元子,别号素朴散人,山西曲沃人。全真道龙门派第十一代宗师。他自幼喜欢道学,曾拜龛谷老人、仙留丈人为师,并得其真诀。1765年,西学陇上,结庐于甘肃榆中的栖云山。当时榆中兴隆山经明末战乱,庙宇建筑破败不堪、所剩无几,他遍历兰州、临洮等地,广为募化,同时行医治病。在榆中把总林启明的支持下,筹集资财,于乾隆四十四年(1779年)组织人力修建庙宇,历经十余载,次第建成错落有致的殿、阁、楼、亭62座;又将募化资金购置田地出租,以供寺观修缮之费用。从此便隐居寺观,潜心研究医学、易学和道家经典。一面为人诊治疾病,一面著书立说。其著述除医学著作《眼科启蒙》《经验奇方》及《经验杂方》外,还有《三易注略》《道德经要义》《修真九要》《参同契直指》《阴符经注》《金刚经解目》《栖云笔记》和《会心集》等20余部道家著述。

　　唐琏(1755—1839年),字汝器,号介亭,别号栖云山人,号松石老人,甘肃皋兰人,清代陇上著名书画家。唐琏学书习画,非常用功刻苦。他的书法,古朴雅健、苍劲有力,楷书、行书和草书,"效法钟王,得其神髓";篆书"专学李斯,肖其古朴",而更"独饶秀逸之气"。他"尤善汉隶,特精小楷",书法体形特异,号为"童子体"。唐琏说:"学书不贵形貌,筋骨精神尚焉",论画则主张"骨格清奇,笔意生动",如他的《古木寒鸦图》,树身老状离奇,枝乱而整,简而有趣,寒鸦数十,姿态横生。清嘉庆时,国子监祭酒法式善对他画的《诗龛图》大为赞赏,称"眼空黄鹤楼,心荡洞庭水"。

　　马世焘(1809—1875年),字鲁平,回族,兰州人。咸丰五年(1855年),赴西安乡试,考中乙卯科举人,年已47岁,"一时汉族惊奇,而回教人尤为自珍"。同治五年(1866年),兰州被围,百姓惶惶不可终日。马深夜缒城而出,说服围兵,罢围而去。此举"不惟获免生灵涂炭,而回汉积年之忿隙亦融洽矣。"事后,同治帝御书赐"意气可嘉"匾额,予以褒扬;议叙五品衔,铨四川绵竹知县。马世焘生性恬淡,辞不就职。他操行高洁、绩学能文,先后被聘为县立皋兰书院、府立五泉书院山长。他授徒数十年、桃李满兰山,著名学者张国常、内阁中书陈彬等均出其门下。其著作有《四书集注解释切要》《日新堂诗文集》各4卷,都不幸佚失,现仅存《枳香山房诗草》2卷。他所写的《兰州竹枝词》十首组诗,对兰州四时八节、名胜古迹、民俗特产进行了生动描绘。

　　吴可读(1812—1879年),字柳堂,甘肃皋兰人。清代著名的死谏御史,以筹建甘肃贡院、尸谏慈禧太后名震朝野。吴可读于1835年考中举人,由举人官伏羌(今甘肃甘谷)训导,主讲朱圉书院近十五年。道光己本科(1849

年)进士,授刑部主事、晋员外郎,十年职未动。1861年,丁母忧,归讲兰山书院。1865年春再入都,补原官。1872年补河南道监察御史,冬因劾成禄降三级调用。1874年返里重讲兰山书院。1876年起用为吏部主事。1879年以死谏慈禧为太皇太后而废垂帘听政殉国。著有《携雪堂诗文集》。

左宗棠(1812—1885年),字季高,一字朴存,号湘上农人。晚清重臣,军事家、政治家、著名湘军将领、洋务派首领。左宗棠少时屡试不第,转而留意农事,遍读群书,钻研舆地、兵法。后竟因此成为清朝后期著名大臣,官至东阁大学士、军机大臣,封二等恪靖侯。一生经历了湘军平定太平天国运动、洋务运动、镇压陕甘回变和收复新疆等重要历史事件。1867年,左宗棠奉命为钦差大臣,督办陕甘军务,率军入陕西攻剿西捻军和西北反清回民军,平定了陕甘回民起义。陕甘任间,继续从事洋务,创办兰州制造局(亦称甘肃制造局)、甘肃织呢总局(亦称兰州机器织呢局),后者为中国第一个机器纺织厂。

卢政(1820—1891年),字敏斋,甘肃皋兰县西古柳沟人,咸丰壬子(1852年)举人。咸丰时任五泉书院山长,著有《学话》四卷(1843—1851年,1873年修补),《辨感琐言》(1856年),《儒家理气图说》(1856年),《皋兰续志稿》(1887年),并编有《陇学编》(1889年),《乾象古今集说》六卷(1873年以前)等。

张国常(1836—1907年),字敦五,号冬坞,兰州靛园寺人。清光绪三年(1877年)丁丑科进士,授刑部主事,"以父老求终养"为由,辞职归里。张国常学识渊博,娴熟经史,讲学兰山书院20余年,"从学者甚众,为一代宗师"。教学之余,他勤奋读书、潜心治学、精于考据,著述积数十巨册,其中《听月山房诗文集》30卷,《重修皋兰县志》30卷,《甘肃忠义录》30卷,《土司蕃族考》1卷。

周应沣(1861—1942年),字伯清,号棣园、鼎元、花萼大士,永登县树屏镇咸水河人。清德宗光绪二十四年(1898年)获大挑二等,始司铎静宁州,署阶州直隶州学正,选秦安县训导。清宣统二年(1910年),保荐为知县。周应沣任秦安县训导期间,积极倡导和实践科举制度的废除和新学堂的建立,利用旧祠堂、庙宇,督促、协助州县,将书院、私塾改组为官立小学堂,督导乡村捐资办义学、社学,为民众教育做出了努力。民国时期,周应沣先后被聘任教于甘肃省立法政专门学校、兰州中山大学(均为兰州大学前身)以及甘肃省立第五中学(今天水一中)。晚年任中山大学教授,讲授中国古典诗词。周应沣博学多才,精通内典、外籍,兼学西洋先进文化,能文善诗。其著述刊行的有《棣园文集》,收各类文章 62 篇;《棣园诗集》,收各体诗词计 204 首;还有《金刚经了解》《心经了解》各一卷;另有稿本《黑弱水源流考》《希腊哲学名人传》各一卷。

刘尔炘(1864—1931 年),字又宽,号晓岚,又号果斋,别号五泉山人,兰州人。光绪(1889 年)乙丑科进士,授翰林院庶吉士,光绪二十年(1894 年)任翰林院编修。三年后辞官返回兰州,应聘为五泉书院讲席,教学上严于督导,循循善诱,深受生徒的尊敬。他造福乡梓,为发展甘肃的文化教育事业,倾注了大半生的心血。辛亥革命后任甘肃省临时议会副议长,民国十七年(1928 年),任豫陕甘及行政院赈灾委员会委员。刘尔炘著述甚多,有《果斋前集》《果斋续集》《果斋别集》以及《果斋日记》《劝学迩言》等。此外,他擅书画、擅作楹联,平生所作楹联有二三百副之多,如题兰州白塔寺:"佛老识天倪,不受五行束缚;圣贤重人事,能开万世太平。",题兰州五泉书院:"不足供大雅留连,插架图书犹恨少;最难得高人来往,登门杖履敢嫌多。"

王树中(1868—1916 年),字建候,号百川,又号梦梅生,皋兰长川村人。曾祖父维杰,父亲茂杨,清廷皆予"诰封"。王树中三岁丧母,后由继母魏氏抚养。及长,续继母胜亲母。其先祖世系山东新城,即今桓台县人。宋末,其远祖先升,宦游来甘,始居甘肃皋兰长川村。他 19 岁入邑庠,22 岁中举人,1894 年,年仅 27 岁考中进士,以进士第出官安徽,代理颍上,摄阜阳,授太和两权亳州,一署颍州府。在官十余载,为官清廉、信守法规、勤政爱民,皖人呼之为"王青天"。政事之余,王树中还潜心学术研究,与乡贤、翰林刘尔炘相友善,为"道义交",学术问题上,独有见解,从不苟合。留有《梦梅轩诗草》《细阳小草》等诗作,其内容除一些酬唱应和之作外,多属生活纪实,朴素自然、不事雕琢,具有较好的思想性与艺术性。

范振绪(1872—1960 年),字禹勤,号南皋,晚年号东雪老人,太和山民,甘肃省靖远县人,故居在县城会馆巷。1881 年 9 岁时父亲病故,随母亲娄氏扶柩回故里靖远。于光绪二十八年(1902 年)考中举人。光绪二十九年(1903 年)癸卯科殿试考取进士,初任清廷工部主事。光绪三十二年(1906年),范振绪赴日本留学,在日本法政大学攻读法律。宣统元年(1909 年)回国,跻身仕途,任河南济源县知事。民国五年(1916 年),出任河南孟县知事,三年任期届满后回北京,深居荣宝斋以书画谋生。他擅长书画,绘画专攻山水。

彭述圣(1874—1960 年),象棋名手,甘肃兰州人。幼年时,彭述圣即显示出运思敏捷、悟性特强等特点,因而,虽仅上过几年私塾,但在通晓各种事理等方面却有过人之处。他曾学习过裁缝、烹调等手艺,由于接受能力强,很快掌握要领,不久便独自操作。并在珠算、拳勇方面也有过人之处,而心算被誉为"尤殊绝"。彭述圣虽读书时日不多,但写得一手小楷书,使他以后一度进法院、警察局供职(录事)时,能胜任工作。彭家几代人均是棋艺高手,彭述圣自幼钻研象棋,十几岁便以善弈著称。于是,兰州"彭高棋"便无形中成了"世袭"称号,且被福建的《象棋月刊》等刊物称为大国手。

王烜(1878—1959 年),光绪进士,民革委员王烜,字著明,号竹民,甘肃兰州人。光绪三十年(1904 年)中进士,授户部主事。辛亥革命后,历任甘肃省参议院候补议员、静宁县知事、护法国会参议院议员、剑阁县征收局长、灵台县知事、甘肃赈务会主席等职。1934 年辞去公职,1952 年被聘为甘肃省文史研究馆馆员,1955 年任第一副馆长,1956 年任民革甘肃省委员会委员,1959 年 6 月逝世。王烜始终是一个怀有济世之志的儒者,不仅在诗作中寄予自己的疑虑愤懑,还通过从事民间赈济工作为流离在甘肃的难民做了大量有益的工作。曾分纂《甘肃通志稿》《皋兰新县志》《皋兰名儒遗文集》《存庐诗文集》《存庐文存》《陇音》《陇右文献补录》《击柝集》《击柝续集》《竹民文存》等著作都成于他手。其中,《皋兰新志稿》是一部研究兰州地方志的专业必备文献。

魏振皆(1889—1974 年),名著中,字继祖,号振皆,别号睫巢、洞叟岩、冷岩等,甘肃皋兰县石洞乡人。1909 年入甘肃文科高等学堂(今兰州一中附设中学班)学习,后入北京高等师范学校历史系。1918 年毕业后东渡日本考察。新中国成立前曾任酒泉中学、武威师范、兰州一中、兰州女师、兰州师范、甘肃学院(兰州大学前身)等校教师、教育主任等职。新中国成立后,以其"具有相当学识"、"夙有声望的文人耆宿"被省政府聘为甘肃文史研究馆馆员。魏振皆毕生从事书法艺术的研究与实践,为国内外有名的书法家,他的书法,篆、隶、楷、行,无一不佳,功底扎实,结构严谨,笔法精到,并能神思独运,将楷、隶、行书体熔于一炉,创新出别具一格的"魏体",为人们所激赏。

邓宝珊(1894—1968 年),中国爱国将领,原名邓瑜,甘肃天水人。国民党军陆军上将。辛亥革命时,参加新疆伊犁起义。1917 年后,在陕西任靖国军第四路营长、团长、副总司令。1924 年,参加冯玉祥领导的国民军,任第二军旅长、师长。1926 年后,任国民联军援陕前敌副总指挥、国民联军驻陕副总司令、国民党陕西绥靖公署驻甘肃行署主任、代理甘肃省主席、杨虎城部新编第 1 军军长等职。1949 年 1 月起义,和傅作义一起促成了绥远起义。新中国成立后,历任西北军政委员会委员、甘肃省省长、全国政协第一届委员,第一、二、三届全国人大代表,第三、四届民革中央副主席和全国政协常委,中华人民共和国国防委员会委员等职,1968年11月27日卒于北京。

张一悟(1895—1951年),原名种德,字芸生,号玉圃,甘肃榆中人。1919年,张一悟参加了"五四运动",之后,经李大钊推荐,到武昌高等师范教育系继续求学。在武昌,张一悟又与恽代英结识。1924年,张一悟加入中国共产党,随后,他就奉命回到兰州,在甘肃从事革命活动。1925年参加组建中共甘肃特支。1925年10月成立的中国共产党在甘肃的第一个组织——中国共产党甘肃省(兰州)特别支部,他担任书记,是第一任负责人,领导共产党和进步人士与国民党右派势力做斗争。1932年3月,由于叛徒的出卖,张一悟被捕,随即被关押在济南第一监狱。1938年后,长期在甘肃从事地下工作。新中国成立后,张一悟被中央人民政府任命为甘肃省人民委员会委员,但因积劳成疾,旧病复发,终因病情恶化,医治无效,于1951年1月3日,在兰州逝世。

马保子(生卒年不详),兰州牛肉拉面的历史已经有近百年,正宗的兰州牛肉拉面,是回族人马保子于1915年始创的,当时马保子家境贫寒,为生活所迫,他在家里制成了热锅牛肉面,肩挑着在城里沿街叫卖。后来,他又把煮过牛、羊肝的汤兑入牛肉面,其香扑鼻,大家都喜欢他的牛肉面,他突出一个"清"字。接着他开了自己的店,不用沿街叫卖了,就想着推出免费的"进店一碗汤",客人进得门来,伙计就马上端上一碗香热的牛肉汤请客人喝,既爽口又醒胃。马保子的清汤牛肉面名气大振,马保子经营到1925年,由其子马杰三接管经营,马杰三继续在"清"字上下工夫,不断改进牛肉拉面,直到后来名振各方,被赠予"闻香下马,知味停车"的称誉。到今天,兰州牛肉拉面已成为全国名吃、中华中餐第一品牌。

彭英甲(生卒年不详),字炳东,号铁函,河北承德人。清光绪三十二年(1906年)任兰州道道尹,兼甘肃农工商矿总局总办。宣统二年(1910年)12月,改兰州道为劝业道,仍以彭英甲总揽原农工商矿总局事权。在任期间,举办"洋务"、振兴实业。1906年,彭英甲接办官印书局,开办官报书局,开始了兰州的铅字印刷。1907年5月,在兰州举院创办兰州劝工局厂,先后设绸缎、织布、玻璃、裁绒、铜铁器、制革等6科(厂)。彭还利用左宗棠时织呢局封存的机器,添置短缺设备、招收工人,于1908年9月正式投产,日产毛呢50匹左右。1906年夏,彭又恢复兰州制造局,并于1907年8月,将其迁至小仓子,更名为兰州机器局。光绪三十二年(1906年)时,彭与德国泰米洋行签订修建黄河铁桥合同,他亲自监督施工,于1909年6月竣工,称为

"天下黄河第一桥",命名为"镇远桥"。

4.2 诗词曲赋

历代名人吟诵兰州的诗词曲赋可以列表的形式集中展示,也可将典型篇目用碑刻进行展现,也可以将其编印成册,也可以邀请省内外书法界知名人士书写重要篇目装裱后在展馆展出。初步遴选篇目为:

金城北楼

[唐]高适

北楼西望满晴空,积水连山胜画中。

湍上急流声若箭,城头残月势如弓。

垂杆已谢磻溪老,休道犹思塞上翁。

为问边庭更何事,至今羌笛怨无穷。

题金城临河驿楼

[唐]岑参

古戍依重险,高楼接五凉。

山根盘驿道,河水浸城墙。

庭树巢鹦鹉,园花隐麝香。

忽如江浦上,忆作捕鱼郎。

摩 云 岭

[北宋]刘宪

九月初秋到,千山雪已深。

石危妨去马,林晚怯栖禽。

草没平沙暗,云涵邃谷阴。

谁言边塞苦,今日属登临。

兴 隆 山

[南宋]秦致通

依山危阁贴重冈,细路萦迴玉磴长。

曲涧碧流疏宿雨,夹山红叶映斜阳。

望海潮·献张六太尉

[金]邓千江

云雷天堑,金汤地险,名藩自古皋兰。营屯绣错,山形米聚,襟喉百二秦关。鏖战血犹殷,见阵云冷落,时有雕盘。静塞楼头,晓月依旧玉弓弯。

看看定远西还,有元戎闻令,上将斋坛。瓯脱昼空,兜鍪夕解,甘泉又报平安。吹笛虎牙间,且宴陪朱履,歌按云鬟。招取英灵,毅魂常绕贺兰山。

五 泉 山

[明]黄谏

水绕禅林左右连,萧萧古木带寒烟。
共夸城外新兰若,自是人间小洞天。
僧住上方如卷画,雨余下土应丰年。
明朝再拟共来赏,竹里行厨引涧泉。

步韵五泉山

[明]陈质

梵宫高耸与云连,昼静僧焚宝鼎烟。
入钵龙收檐外雨,听经鹤隐洞中天。
岩廊幽阒那知暑,金碧交辉不计年。
丝缕锦囊游乐处,吟成珠玉思如泉。

五 泉 山

[明]段坚

又向城南觅故踪,嵯峨宫殿耸晴空。
水流东涧来西涧,坐倚南峰对北峰。
千尺松杉欺晚雪,一番桃李媚春风。
逢僧借问登高处,笑指云山有路通。

白塔寺二首

[明]李文

一

金城关外寺，殿宇枕岩阿。

地僻飞尘少，山高怪石多。

钟声闻紫塞，塔影浸黄河。

最爱谈禅处，何妨载酒过。

二

隔水红尘断，凌空宝刹幽。

龙归山月小，鹤唳海天秋。

白塔连云起，黄河带雨流。

倚栏凝望久，烟树晚悠悠。

游 五 泉

[明]李文

四面峰峦紫翠连，白云深处有人烟。

落花泛泛流双涧，古塔巍巍出半天。

福地近城三四里，名师卓溪几千年。

上人邀我烹新茗，水汲山中第五泉。

华林寺三首

[明]朱真淤

其 一

闲登杰阁倚危栏，多少轮蹄去复还。

篱落连绵秋色里，园林高下夕阳间。

雨余船系临沙柳，风顺钟闻隔岸山。

无限壮怀吟不尽，盛游到此暂开颜。

其 二

边关迢递对危栏，沙鸟栖禽任往还。

古渡驿楼迎送里，淡烟茅店画图间。

寺当孤屿盘幽径，河折洪流出众山。

安得忘怀遂栖隐，不辞终日醉屏颜。

其 三

秋容万里入凭栏,樵担渔舟任往还。
远树依稀烟草外,清笳呜咽戍楼间。
霜惊雁阵横遥塞,风徙云阴转北山。
四序递催人易老,朱颜不觉换苍颜。

满江红·九日游西园

[明]彭泽

行过前溪,抬望眼,满山红叶。便驱车,早上山楼,饱看秋色。携酒儿童呼不到,灌园老叟工初歇。更扶筇:走上醒心亭,观林樾。

将九日,黄花节。著野服,延佳客。忽水满方塘,小筵初设。随意杯盘花间酒,满畦佳菊黄兼白。算今生:寿享百年,兹难得。

望 河 楼

[明]朱识铉

寥寥寒天迥,人家落木间。
河流斜抱郭,驿道临险关。
曲岸侵平野,深岚识远山。
津楼凭槛立,伫看远人还。

摩 云 岭

[明]唐龙

渺渺云沙地,萧萧井径秋。
魔云难渡马,积石可浮舟。
月吐风先起,星飞野欲流。
披衣对明烛,谁识杞人忧。

还至庄浪

[明]杨一清

平沙落日路漫漫,千里风光一色看。
刚道雨来翻见雪,偶然热后忽生寒。

225

城非据险兵犹少,地屡经荒食更难。

稍喜沿边诸将吏,肯不清苦为凋残。

金 天 观

[明]光霁道人

道院人来少,烟霞紫翠重。

露鸣莎径鹤,月照石坛松。

一曲幽兰操,数声清夜钟。

碧空朝礼罢,独坐对危峰。

饮酒五泉寺大雨

[清]郝璧

旗亭南遇小桥来,一派阴浓对酒杯。

六月不知天外暑,山头飞雨片云催。

寄兰州司马赵紫垣

[清]宋琬

一

故人燕市别,万里赴边州。

我已辞朱绂,君应念白头。

关山明月夜,砂碛大河流。

驿使来西极,梅花寄陇邮。

二

城廓皋兰北,衙斋面翠微。

雪中千帐驻,树里五泉飞。

怀古频看帖,思乡易湿衣。

他时如问讯,海上有鱼矶。

望 海 潮

[清]杨应琚

　　百二秦关,三河五郡,金城历代岩疆。一时都会,往来冠盖,游览此地为常。五代散花场,剩危楼杰阁,金碧雕戕。长岭犹存,黄河如带抱城厢。

斜阳极目苍茫，有飞泉五道，千树青阳。南阡西陌，桃红梨白，春来仕女如狂。一径马蹄忙，曾记当元夕，来宿山房。城市万家，烟火烛对月光凉。

后 五 泉

[清]牛运震

岩谷殊堪入，清秋兴未阑。

水明天一色，峰峭月同寒。

野鹤闲相语，孤云空里看。

夕阳犹在地，依仗且盘桓。

水 车 园

[清]吴镇

置酒古城头，来看万里游。

阿谁闲似我？水鸟在沙州。

李江川雨中邀引五泉

[清]吴镇

翠微深处起楼台，天外黄河入酒杯。

看尽东川三百里，烟柳花雾绕蓬莱。

我忆兰州好

[清]江得符

一

我忆兰州好，当春果足夸。

灯繁三市火，彩散一城花。

碧树催歌板，香尘逐锦车。

青青芳草路，到处酒帘斜。

二

我忆兰州好，熏风入夏时。

踏花寻竹坞，醉月泛莲池。

泉石多清趣，园林尽古姿。

晚来水车下，凉意沁诗脾。

三

我忆兰州好，秋天景最多。

鹰鹞盘白塔，牛马辨黄河。

露艇摆孤苇，霜枫列万柯。

龙山重九日，菊酒艳金波。

四

我忆兰州好，三冬乐事齐。

风寒烹尺鲤，日暖荐霜梨。

桥稳冰连岸，滩长雪拥堤。

披裘看古渡，玉带接天西。

五

我忆兰州好，登楼望远情。

寻源来汉使，绝塞倚秦城。

自得金汤固，常留玉塞清。

风林遗垒在，千里暮云平。

六

我忆兰州好，长河足大观。

金山冲浊浪，青石锁狂澜。

槎白天边下，桥从镜里看。

中流遥指处，凫影落晴滩。

七

我忆兰州好，山川列画屏。

马衔遥积素，龙尾近拖青。

飞瀑双崖泻，清泉五处听。

应知枕流者，日日启云扃。

八

我忆兰州好，犹余太古风。

亭高曾候马，桥卧久垂虹。

洞有梁僧迹，泉因汉将通。

王孙山子石，叠叠仰晴空。

九

我忆兰州好，勋名壮昔年。

铸金秦守令,图阁汉屯田。

兰谷弹章著,南阳理学传。

桓桓青海迹,端不让前贤。

十

我忆兰州好,真称物产奇。

绒堪充雅服,牦可饰冠仪。

菜葴清明后,蘋婆白露期。

龙须还作菜,筐韭四方驰。

十一

我忆兰州好,般般品位新。

炮羔延座客,酪乳馈乡邻。

挟弹求芳雉,垂丝获锦鳞。

迩来黄酒酽,还醉瓮头春。

十二

我忆兰州好,平生爱雅游。

帘垂春洞古,雨滴夜岩幽。

琴韵金天观,棋声白雪楼。

何时登木塔,万里豁双眸。

金邑八景

[清]曾凤翔

寒山积雪

马寒直上插穹窿,万叠清光混太空。

银海波澜涵夏日,玉龙鳞甲老秋风。

雨余只见双尖净,夕照回看匹练红。

料得幽人高卧稳,此身疑在广寒宫。

隆山增秀

翘首烟鬟得钜观,榆城四望郁青峦。

野桥雨过花争发,古刹云深树欲寒。

时有高僧飞锡杖,偶逢仙叟话金丹。

生灵攻藉山灵护,一滴甘泉万井欢。

229

栖云仙阁

倚天高歌自何年？放佛云间笑语传。
丹灶已随烟草没，朱书犹带石苔藓。
曲溪流水逢渔夫，几树飞花识洞天。
我欲临风千仞上，一声鸾啸韵悠然。

烽火夕照

白日西飞转树腰，余晖想见赤城标。
悬云螺髻青岚晕，入镜娥眉黛色摇。
啤雀枝头栖未稳，牧童牛背兴偏饶。
独怜塞上争尘客，匹马斜阳路正遥。

峡河绕流

山城地僻接仙源，高峡悬流绕郭奔。
沙鸟夕阳芳草岸，人家烟雨绿杨村。
偶疏碧涧穿花径，时引寒流到石门。
更爱暮春童冠在，好将风俗寄濂溪。

五泉瀑布

[清]陈坦

谁导银河泻碧天，青崖怒劈走飞泉。
雷鸣峭壁四时雨，雪点危岩一柱烟。
仿佛虹断山外挂，分明锁链阁中悬。
登临无限徘徊意，活泼灵源悟道传。

九 州 台

[清]秦维岳

望远九州著，台原号九龙。
荷衣皱百道，芝盖耸千重。
雨浥每随愿，云层足荡胸。
巍然天比镇，锁钥更何庸。

金 城 关

[清]张澍

倚岩百尺峙雄关,西域咽喉在此间。
白马涛声喧日夜,青鸾幢影出岗峦。
轮蹄不断烽烟靖,风雨常愁草木衰。
回忆五泉泉味好,为寻旧日漱云湾。

兰州竹枝词(选四)

[清]叶礼

二

北枕河流面对山,金汤巩固翠微间。
尚书台是前王府,四面城墙三面关。

三

五泉佳胜最难求,千里山川一局收。
冠盖登临游客兴,万峰齐对望河楼。

八

天下黄河一道桥,排空船势扼中腰。
千寻铁索悬高岸,更系编茅缆几条。

九

水车旋转自轮回,倒雪翻银九曲隈。
始信青莲词句巧:"黄河之水天上来"。

留别海帆(选一)

[清]林则徐

节府高楼跨夹城,玉泉山色大河声。
开筵东阁图书满,剪烛西堂鼓色清。
慷慨论兵忠愤气,殷勤赠别解推情。
近闻江海销金革,休养资卫翊太平。

游白塔寺

[清]崔旸

白塔初游九月天,依栏回望足留连。
城垣河水明斜照,岭树山村起暮烟。

身到禅林心自静，耳闻佛磬俗缘捐。
平生洒脱真情性，自惜衣冠束晚年。

五泉山晚眺

[清]张和

缥缈楼台壮大观，雄心忽忽引无端。
筹边事业思充国，入望风沙接贺兰。
白雁南翔云淡淡，黄河东下水漫漫。
登临此日情何限，飒落泉声独倚栏。

黄　河

[清]马世焘

浑浑浩浩撼金城，势抱雄关便不平。
二万里馀虽遍绕，三千年后为谁清？
浪翻白马天瓢倒，波滚黄云地轴惊。
若使乘槎能得路，好凭机石卜前程。

兰州竹枝词（选五）

[清]马世焘

一

金钱再买乐如何，路转星桥灯火多。
的是人间春不夜，满城都唱太平歌。

二

长堤铁锁压虹腰，天下黄河第一桥。
二十四船联最稳，任他春水浪迢迢。

三

天桃秾李满城栽，梨苑花光入眼来。
别有动人春天好，碧桃开罢海棠开。

四

名山最爱五泉游，炎夏登临似早秋。
烟水茫茫看不尽，一层楼外一层楼。

五

南山惯种夏时禾，北山秋成大有歌。

232

东西柳沟三十里,家家门外绿杨多。

金城竹枝词

[清]陈炳奎

枯木生涯担一肩,纷纷鱼贯唤街前。
挑来同是黄河水,不要老翁要少年。

古刹晨钟

[清]吴可读

唤醒人多少,尘飞古刹纵。
不知何代寺,时叩晓天钟。
韵逐鸡声远,音催蝶梦浓。
敲回残月落,摆罢湿云封。
鸱瓦森无数,狮台上几重。
三千惊幻象,百八响从容。
塔院铃声续,城楼鼓角咚。
曙光犹隐约,透出马啣峰。

咏 兰 州

[清]左宗棠

昔岁来兰州,随槎想碧落。
黄河横节园,牛女看约略。
以槎名其亭,南对澄清园。
走笔题一系,乡心慰寂寞。

五泉竹枝词 (选二)

[清]魏椿

一

一春无雨四山晴,仕女拈香尽出城。
行到石桥天色早,大家先扑卖花棚。

二

满地野花色最鲜,折来斜插云鬟边。
阿娘只为求儿女,契伴同行摸子泉。

拂 云 楼 (二首)

[清] 崇保

一

如胶气味久相投,览胜同登百尺楼。
入画山川供眼底,淡怀富贵等云浮。
新诗且喜添生趣,浊酒偏能洗别愁。
凭眺移时开悟境,去来不碍道头头。

二

宦游十载历星霜,谁是登场想下场?
沃野于今多战垒,良谟自古重边防!
黄河九曲通佳气,白塔千寻镇朔方。
休息吾民何日事,奠安无策几彷徨!

月夜登兰州城楼望黄河隔岸诸山

[清] 俞明震

月中望黄河,满月金波碎。沙堤不受月,因水得明晦。城影落山腰,雁声出云背。三更天宇高,七月残暑退。树动风无声,久坐得秋态。

心知寒讯早,预作雪山对。暂与解烦忧,清露入肝肺。忽闻伊凉歌,河声助慷慨。河声去不回,明月年年在。斟酌古今情,几人临绝塞。

别 兰 州

[清] 谭嗣同

前度别皋兰,驱车今又还。
两行出塞柳,一带赴城山。
壮士事戎马,封侯入汉关。
十年独何似,转徙愧兵间。

和景秋坪侍郎甘肃总督署拂云楼诗二首

[清] 谭嗣同

一

作赋豪情脱愤投,不关王粲感登楼。
烟消大漠群山出,河入长天落日浮。

白塔无俦飞鸟回,苍梧有泪断碑愁。
惊心梁宛风流尽,欲把兴亡数到头。

二

金城置郡几星霜,汉代穷兵拓战场。
岂料一时雄武略,遂令千载重边防。
西人转饷疲东国,南仲何年罢朔方。
未必儒生解忧乐,登临偏易起旁皇。

题金城揽胜图

［清］成紫帆

二十年前感旧游,夜深有梦到兰州。
五泉顶上重题句,借问山灵许我不?

兰州怀古

［清］刘尔炘

开天地辟几多时,山自嶙峋水自奇。
秦汉以还辛庆忌,羲轩而后段容思。
累朝文献厚非足,继起人才未可知。
灵秀郁盘应发泄,家家诞有好男儿。

自题《兰州八景》

［清］何海楼

五泉飞瀑

苍崖百丈泻飞泉,可是骊龙乍吐涎。
误认光明一段锦,回波漩伏瀑珠穿。

兰山烟雨

山色空濛雨亦奇,浓烟漠漠更相宜。
峰峦遮处楼台隐,多少芳胜透沃时。

宝塔层峦

七级浮屠出岫巅,风摇铃语个个圆。
慈恩寺里炊烟动,惊起寒鸦拍暮天。

梨园花光

晴雪团花万朵攒,香生不断曙光寒。

满川玉误瀛洲雨,犹带华林日影看。

河楼远眺

晚来散步望河楼,两岸风光一览收。

言念贺兰山下客,忍将壮志付东流。

古刹晨钟

岩城依旧枕边关,万里黄河九曲湾。

白浪涛顷拖正练,谁留玉带控金山?

虹桥春涨

卧虹一道压西津,聚影成桥画里真。

三月风光桃浪暖,泛槎谁是武陵人?

莲池夜月

西湖十里好烟波,散作兰波漾一窝。

莲叶田田人对月,分明清影今宵多。

过兰州浮桥

[清]黄润勋

西到阳关万里遥,倦游归去话渔樵。

曾经立马天山顶,重过黄河第一桥。

铁桥晚眺

[近代]周应沣

白塔高凌十殿头,黄河遥挟五泉流。

题桥本是乘槎客,斜倚栏杆望斗牛。

兰州览古

[近代]王永清

控制甘凉此咽喉,西来形胜览兰州。

千重树暗浮云锁,万点烟横落照收。

紫塞尚余秦汉迹,黄河不洗古今愁。

惊心累代经营事,欲把兴旺数到头。

兰垣竹枝词（六首录一）

[近代]杨巨川

五泉新筑小蓬莱,烟雨楼台生面开。

堪美曲江风鉴远,山头又起阁三台。

水洞楼晚眺

[近代]慕寿祺

散步出东城,登楼野趣生。

卷帘看山色,隔岸听河声。

木叶无人扫,边墙纵客行。

倚栏凭俯仰,一雁暮云横。

碧血碑词

[近代]王烜

拂云楼,矗城北。下有碑,号碧血。碧不风吹尽,血不雨淋灭。缕缕留殷红,天阴乃赫赫。嗟乎顾与颜,千载犹芳烈。

越调·天净沙·谒成陵

[近代]于右任

兴隆山畔高歌,曾瞻无敌金戈。遗照焚香读过,大王问我:几时收复山河?

参加兰州国庆节大会

[近代]沈钧儒

十月一日参加兰州国庆大会,口占二十八字。

皋兰山下黄河边,旗帜缤纷鼓喧天。

十万同胞齐口唱,中华建国一周年。

后 五 泉

[近代]邓隆

初来不识泉,但闻声如雨。

237

崖高不见天，树密疑无土。

我来花已残，惆怅听杜宇。

兰州初春

[近代]高一涵

春断江南百万家，陇头风日转清华。

山间白草生新绿，天上黄云变彩霞。

十里平畴翻麦浪，满庭绿树吐琼花。

乡人别有幽闲趣，醒傍门前种醉瓜。

皋兰山远眺

[近代]高一涵

振衣直上三台阁，放眼回看镇远桥。

星宿河源悬碧落，崆峒剑气指青霄。

嫖姚故垒余衰草，扩廓荒营任采樵。

衡岳烽烟高烛汉，不堪南望楚云烧。

皋兰山远眺

[近代]续范亭

桃红柳绿近溪边，千树梨花万灶烟。

九曲黄河朝大海，长城万里出西天。

重抵兰州见红叶缤纷最饶秋意

[近代]罗家伦

燕子矶边五月榴，那如红叶带霜稠。

若聚名城品秋色，八分秾艳在兰州。

4.3 书画艺术

书法和绘画是中华民族的艺术瑰宝，也是世界文化遗产的重要组成部分。它既有鲜明的民族艺术特色，又有源远流长的历史文化传承，同时也凝聚了创作者的智慧，给人以艺术美的享受。原始绘画艺术的创作，早在石器时代和青铜时代的岩石、陶器等上已经出现。到了汉代，在画像、壁画上都可以找到岩画等原始艺术的痕迹。同时,绢帛与纸也逐渐成为书画创作的用材,极大地刺激了书画艺术的发展。后经汉魏之际的培育而发生了本质的转化,奠定了中国书画以纸绢为主体的表现形式,真正实现了书画作为艺术品而被人们收藏和传承。

历代文人墨客无不钟情于书画艺术,通过手中的画笔把自己的文化思考倾注于字里行间、山水之中,使文化成为艺术的灵魂。可以说,没有文化的书法,只是好看的字;而没有文化的画,也只是美观的画案与色彩。无论古金城还是今兰州,因其优越的地理位置和资源优势,吸引了众多书画名家聚集于此采风创作,留下了无数精美之作,尤其是明清以来,金城深厚的文化底蕴,昌明的艺术风气,更是造就了一批造诣非凡、功底深厚、画作鸣铭、人品俊修的画家墨客。他们深蕴于黄河古风、丝绸之路,为世人创作出了无数艺术精品。

绘画如清代唐琏的《墨石》《古木寒鸦图》,朱克敏的《黑菊图》、《松》、《桐》、《菊》、《荷》四条屏,温虚舟的《山水图》、《长河万木图》、马虎臣的《梧桐秋风图》等,书法有朱克敏、刘尔炘、魏振皆等一代书画名家的作品。尽量征集一些地方名家的原作,或者用原作拓片,必要时也可请书法家复制一部分历史名作,为兰山增添文化艺术气氛。

曹蓉江《岁寒三友图》　　　　温虚舟《山水图》

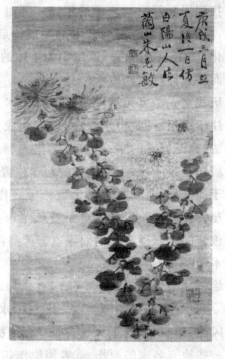

唐琏《墨石图》　　　　　　　朱克敏《墨菊图》

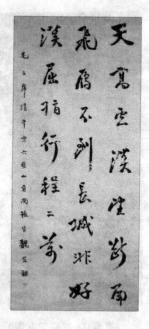

朱克敏隶书轴　　　　　　　魏振皆行书轴

吴可读行书联　　　　　　　　　　左宗棠行书联

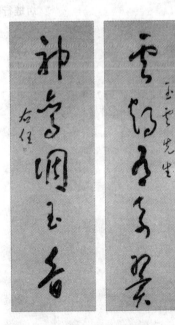

刘尔炘行草轴　　　　　　　　　　于右任草书联

唐琏行草四条屏

5. 民族风情

兰州是一个多民族的聚集地,虽以汉族为最多,但也有回、藏、蒙、满、东乡、保安、裕固等民族往来和居住,不同宗教信仰的人们在这里和谐相处,本土道教、汉传佛教、藏传佛教、伊斯兰教在这里安然并存。显然,民族文化是兰州地域文化特色中的重要内容。除阿昌族、基诺族、珞巴族、布朗族外,全市可识别的少数民族成分有51个。根据2008年的统计数据,全市少数民族人口12.7万人,其中信仰伊斯兰教10个少数民族的人口约11万人,超过500人的少数民族有8个,分别是回族、满族、藏族、东乡族、蒙古族、土族、维吾尔族和土家族,他们为兰州的开发建设做出了巨大的贡献,以反映各民族的歌舞、饮食、服饰、工艺制品等为主要内容的文化最能体现民族文化特色。

5.1 非物质文化遗产

兰州现有国家级非物质文化遗产4项,省级非物质文化遗产18项,市级非物质文化遗产55项。以兰州的国家级非物质文化遗产兰州太平鼓、兰州鼓子、兰州太平歌、永登高高跷、兰州黄河大水车制作技艺为重点,以兰州羊皮筏子、兰州刻葫芦、兰州水烟制作技艺、青城小调为次重点,对兰州地区的非物质文化遗产进行集中展现。

表 5-1 兰州的国家级非物质文化遗产

编 号	地 区	遗产名称	类 别
Ⅲ-15	甘肃·兰州	兰州太平鼓	民间舞蹈类
Ⅴ-24	甘肃·兰州	兰州鼓子	曲艺类
Ⅷ-48	甘肃·兰州	兰州黄河大水车制作技艺	传统(手工)技艺类
Ⅲ—9	甘肃·兰州·永登县	永登苦水高高跷	民间舞蹈类

兰州太平鼓　甘肃兰州太平鼓舞已有六百余年的历史,素有"天下第一鼓"之称,流传于兰州、永登、酒泉、张掖、靖远等地。兰州太平鼓呈圆筒形,鼓身高70至75厘米,鼓面径长45至50厘米,鼓重19至22公斤,双面蒙牛皮,绘有二龙戏珠等图案,鼓带较长,可挎在肩上,便于击打,同时又可将鼓抛向任何一个方向。兰州太平鼓舞是群舞,有"大轿迎宾"、"黄河儿女"、"擂台比武"等多种表演形式。鼓队有24至48人,多的达到108人。鼓手在领队的号令下击锣伴奏,队形不断变换,一会儿是"两军对垒"、"金龙交尾"、"双重突围",一会儿是"车轮旋战"、"跳打"、"蹲打"、"翻身打"、"岸打"等。兰州太平鼓经过几代民间艺人和艺术工作者的编排、加工和完善,逐渐形成了"低鼓"、"中鼓"、"高鼓"三种基本打法,在此基础上糅进戏剧架子功技法和武术技法,加强节奏的变化,单一的太平鼓击鼓节奏衍出轻、重、缓、急的不同打法,队形变化也更加流畅。鼓、锣、钹新技法的编排使兰州太平鼓更加音乐化、美术化、舞蹈化和性格化,在继承的基础上有了合理的发展。

兰州鼓子　兰州鼓子是形成并主要流行于甘肃兰州地区,用兰州方音表演的曲艺形式,相传甘肃农村流传的以唱打枣歌和切调为主的"送秧歌"形式流入兰州后以清唱方式表演,形成兰州鼓子,时在清代中晚期。清末民初兰州鼓子又受到北京传来的"单弦八角鼓"和陕西传来的"迷胡子"(眉户)等的影响,艺术上进一步定型。其表演形式为多人分持三弦、扬琴、琵琶、月琴、胡琴、箫、笛等坐唱,走上高台后由一人自击小月鼓站唱,另有多人用三弦、扬琴、琵琶、月琴、胡琴等伴奏。兰州鼓子唱腔的音乐结构属于曲牌联套体,常用的唱腔曲牌有坡儿下、罗江怨、边关调等四十余支。长期以来,兰州鼓子主要由业余爱好者演唱,职业艺人很少,王义道、曹月儒、唐江湖、马东把式、张国良、卢应魁等是早期比较有名的兰州鼓子唱家。其传统节目内容极为广泛,既有历史故事和民间传说题材的中长篇,也有咏赞景物和喜庆祝颂的短段。广受听众欢迎的节目有"闺情曲"和"英雄曲"两类,前者如《别后心伤》《拷红》《莺莺饯行》《独占花魁》等,后者如《武松打虎》《林冲夜奔》《延庆打擂》等。中华人民共和国成立后,兰州鼓子开始走上高台,出现了一些新节目,代表性的有《杨子荣降虎》《夺取杉岚站》《劫刑车》《韩英见娘》等,知名演员有段树堂、王子英、张麟玉、王雅录等。

兰州黄河大水车制作技艺　兰州水车又叫"天车"、"翻车"、"灌车"、"老虎车",自明嘉靖年间,即公元1556年由段续改进仿制了适合于本地使用的黄河水车,至今已有近500年的历史。兰州水车是一种利用黄河水流自然的冲击力的水利设施,水车轮辐直径达 16.5 米,辐条尽头装有刮板,刮板间安装有等距斜挂的长方形水斗。水车立于黄河南岸,旺水季利用自然水流助推转动;枯水季则以围堰分流聚水,通过堰间小渠,河水自流助推。当水流自然冲动车轮叶板时,推动水车转动,水斗便舀满河水,将水提升 20 米左右,等转至顶空后再倾入木槽,源源不断,流入园地,以利灌溉。这种通过水车转动,自动提水灌溉农田的水利设施,是古代的"自来水工程"。虽然兰州黄河水车的提灌能力很小,但因昼夜旋转不停,从每年三、四月间河水上涨时开始,到冬季水位下降时为止,一架水车,大的可浇六七百亩农田,小的也能浇地二三百亩,而且不需要其他能源,所以很受农民欢迎,在一个相当长的历史时期内,成为兰州黄河沿岸唯一的提灌工具。

永登高高跷 甘肃省永登县苦水街高高跷,起源于元末明初,到现在已有近七百年的历史。高高跷是当地一门祖辈相传的民间表演艺术,也是农历二月二龙抬头社火中一个传统的保留节目。高跷不惟苦水独有,它是兰州地区春节社火表演中的常规性节目,因其属于高危表演节目,大多集中在兰州地区地势较为平坦的河谷盆地的一些川区村镇。在兰州众多的春节社火中当推苦水的高跷最为著名,它的最大特色首先在于高,最高的可达 4米,民俗专家美之名曰高高跷;其次是规模盛大,一般为二十到三十多副跷子不等,跷子要装扮一台大戏的角色,角色多则跷子相应多,角色少则跷子少;其三,表演者还要穿上传统的戏剧服装,画上秦腔剧中人物的脸谱,拿上道具,踩上高高跷,排成长队,在太平鼓队强大阵容的引导下上街表演。

表 5-2 兰州的省级非物质文化遗产

地　区	遗产名称	类　别
兰州·榆中县	青城道台狮子	民间舞蹈
兰州·榆中县	马啣山秧歌	民间舞蹈
兰州·西固区	傩舞(西固军傩)	民间舞蹈
兰州·永登县	皮影戏(永登皮影戏)	传统戏剧
兰州·榆中县·和平镇	榆中太符灯舞	民间舞蹈
兰州	剪纸	民间美术
兰州	兰州刻葫芦	传统手工技艺
兰州·榆中县·青城镇	兰州青城水烟制作技艺	传统手工技艺
兰州·榆中县·青城镇	青城西厢小调	传统戏剧

地 区	遗产名称	类 别
兰州	兰州羊皮筏子	民俗
兰州·榆中县	榆中苑川七月官神	民俗
兰州	兰州清汤牛肉面制作技艺	民俗
兰州	铁芯子	传统手工技艺
兰州	兰州天把式技艺	民俗
兰州	兰州太平歌	曲艺
兰州	红古刺绣	民间美术
兰州	窑街福字灯会	民俗
兰州	窑街黑陶制作技艺	传统手工技艺

青城道台狮子　同治十一年,有一群山东籍艺人在省城院门(今兰州市委门前广场)搭起柴山玩狮子。他们身穿红色衣裤,头戴纸壳猴相面具,一不小心从柴山顶部跌到广场中央旗斗内,负责治安的官员恐其技艺高超惹出事非,便将这些演艺人逐出兰州。他们连夜乘竹筏,顺水而下流落到一条城,住在长寿巷,与该巷练武同行飞腿张三、铁臂刘元、铁爪李二以及滕万和等结为朋友,一来二去便将其玩狮技艺传给了他们,并把玩狮道具留在长寿巷,随后回了山东。事隔几年后,有位姓张的道台流落青城,对玩狮极为感兴趣,他听到人们的描述后就出资组织人员,深造技艺,依其套路创新规范,舞狮者技艺逐年提高,且代代相传。后人为了纪念张道台的功德,便将这种玩法的狮子称为"道台狮子"。"道台狮子"的角色有猴子、猩猩(俗称傻娃子)和狮子,猴子穿红上衣、红裤子,腰间系黄带子;猩猩反穿皮褂子,下穿绿裤子。猴子和猩猩所戴的面具用纸锦制成,造型别致、形态自如、天然成趣、栩栩如生。道台狮子有四种表演方式,包括柴山、一字大板桥、翻天印和五篡梅,其中柴山和一字大板桥,翻天印和五篡梅分别结合表演。柴山表演道具为长凳,将长凳搭起,每层一对,层数一般为奇数层,最高时达 21 层。翻天营表演道具为方桌,最下面九张,向上依次减少一张,到第九层后在上面再倒放一张,四腿朝天(也就是第十层)。翻天营地上的表演过程和动作与柴山大同小异,但上营时动作更为玄妙。道台狮子在表演时还搭配有锣、鼓、铙钹等乐器。2007 年,道台狮子被列入甘肃省级非物质文化遗产名录。

榆中太符灯舞　是流传于甘肃省榆中县和平镇马家山村的一种民间舞

蹈,一般用于民间社火表演。最早为清朝道光年间(1821—1850年),由当时祖籍河州的张文理(1821—1911年)传授。张文理因家境困难,流落到兰州打工度日,后略有积蓄,便在兰州东岗镇桃树坪以南的马家山(榆中和平镇马家山村)开垦种地,渐成村落。为了不受附近大户的欺负,张文理根据《封神演义》的故事,在社火鼓队里演绎、创编了"太符灯舞",以此来指挥鼓队表演,在当地名声大噪,以"六筒鼓能乱六十筒鼓阵角"的表演,被兰州人称为"皋兰山上的神鼓"。太符灯舞借用《封神演义》里的人物,借助由"虎符"演变而来的"太符"为象征,与当地春节社火里的"花灯"相融合,植入"驱除邪魔、保佑平安"的朴素愿望,张扬西部农民剽悍与淳朴的个性。舞蹈的情节、动作以"张扬威武凶猛、虎气十足的太符"以及精巧玲珑、婉约柔美的"花灯"相结合,刚柔并济,形成反差强烈、极为独特的艺术效果。

兰州羊皮筏子　羊皮筏子,旧称"革船","九曲黄河十八弯,筏子起身闯河关",宋元时期就有羊皮筏子漂流在兰州黄河段以西。兰州羊皮筏子从清光绪年间就已经兴起,距今有300多年的历史,之后这项古老的手工艺一直传承不断。皮筏在古代主要用于青海、兰州至包头之间的长途水上贩运。兰州出现羊皮筏子的明确记载是清康熙十四年(1675年)二月,西宁总兵王进宝奉命讨伐陕西提督王辅臣叛乱时,用羊皮筏夜渡黄河,收复被吴三桂死党王辅臣盘踞的兰州城,距今已有300多年的历史。筏子有大有小,最大的羊皮筏子由600多只羊皮袋扎成,长22米,宽7米,前后备置3把桨,每桨由2人操纵,载重可达20~30吨,晓行夜宿,日行200多公里从兰州顺流而下,十一、二天即可到达包头。小皮筏由十多只羊皮袋扎成,便于短途运输。牛皮筏一般由90个牛皮袋扎成,可载货四万斤。因筏子大如巨舟,在滔滔黄河上漂行,气势壮观,当地有"羊皮筏子赛军舰"之说。20世纪50年代之前,在铁路尚未开通、公路交通又不便利的黄河上游地区,皮筏一直是重要的运输工具。兰州的皮筏常用羊皮或牛皮做成,人们在屠宰时,剥下大个羊只的皮毛或整张牛皮,用盐水脱毛后以菜油涂抹四肢和脖项处,使之松软,再用细绳扎成袋状,留一小孔吹足气后封孔,以木板条将数个皮袋串绑起来,皮筏即告做成。因其制作简易、成本低廉,在河道上漂流时便于载运而在民间广为使用。

青城西厢小调　又称青城小曲、西厢调,流布于榆中青城镇黄河两岸。青城小调的创立源于金代董解元《西厢记》诸宫调,元代王实甫《西厢记》杂剧唱本,现在"西厢调"的名称更为流行。青城小调产生于清朝光绪年间,距今约一百二十多年,其演唱形式类似于西北广为流传的"眉户小曲",在调名

247

和唱腔上与眉户小曲和兰州鼓子有相近之处,但又不完全相同。在演唱时有唱腔、道白、动作表演,同时有文武乐队伴奏。文场以三弦为主,附乐为板胡、二胡、扬琴等;武场有板鼓、梆子、小锣、撞铃等。演唱时演员随着音乐的节奏不断扭动,唱腔采用青城方言,扭动以秧歌中的十字步为基准,是一种扭唱相附和形式的小型戏曲。

兰州刻葫芦　是兰州独具特色的传统雕刻工艺品,光绪年间,兰州五裁缝首创葫芦刻花草,清末兰州秀才李文斋将书法、绘画引入刻葫芦,他能在葫芦上刻山水、花鸟、人物、诗词歌赋,提升了刻葫芦的文化品位,到20世纪初成为上层社会礼品。到20世纪40年代,兰州刻葫芦的质量进一步提高,其中以李文斋的弟子王德山、王云山的作品最为出名。及至20世纪50年代,兰州刻葫芦空前繁荣,并在政府的支持下,于1954年成立了兰州市特种工艺美术社,专门从事刻葫芦的制作并出口海外,行销于英国、德国、匈牙利和苏联等国,年出口量达1 100多件。20世纪70年代,刻葫芦所用的葫芦经过改良培植出独特品种,大者如鸡蛋,小者如算盘珠,皮质细腻而光滑,略呈浅黄色。20世纪80年代以后,兰州葫芦艺术大家阮文辉以刀代针,并且创作出镂空刻葫芦、仿水墨画刻葫芦、彩画刻葫芦等。有的刻葫芦上端开口,配以盖,下端配以底座,有的可以悬空吊挂。进入20世纪90年代以后,兰州葫芦艺术界更是人才济济、高手如林。他们的刻葫芦,构图新颖,线条流畅,雕刻考究,技艺精湛,题材除中国古典诗词、歌、赋和山水、花草、动物外,还有创作西方图案、雕刻欧美文化和人物的,用英文刻的莎士比亚诗歌、用阿拉伯文刻的《古兰经》等,作品不但行销国内许多地方,有些作品还漂洋过海,被美国、英国、俄罗斯、法国、德国、澳大利亚等几十个国家的收藏家或博物馆收藏,兰州刻葫芦走向了世界。

兰州水烟制作技艺　水烟是我国传统的烟草制品,属黄花烟种。兰州地处黄河沿岸,背山临水,多为淡栗色粉砂质土壤,肥土层深厚,含有丰富的石灰质和钾元素,十分有利于烟草的生长,所产兰州水烟以"丝、色、味"三绝闻名全国,有"兰州水烟天下无"之誉。兰州水烟加工要经过五道工序:一是整理烟叶。烟叶进入烟坊后,先抽尽烟筋,按质分级,翻抖晾干,堆码备用,俗称撕筋;二是配料。将整理好的烟叶喷开水焖潮,再照标准配方,把胡麻油、绿沫子(白石粉、槐子、紫花、冰碱、白矾等用开水烫制而成)、盐碱、香料(由香草、薄荷等十来种中药配成)配好,捣拌均匀,称为焖烟;三是压捆。将焖烟后的烟叶,分层踏入箱内,挂石压榨成捆胚,再挂石压成坚实烟捆,切成方形,用烟轴、麻绳扎好,俗称压捆;四为推烟。由两个工人,一个掌握推刨,一个拉推刨,一推一拉,将烟捆推为烟丝,将烟丝装入烟匣,用绳扎紧,压成小方块,两边削齐,取出放在烟盘中;五是出风装箱。检验合格的产品是潮湿的,要摆垒在烟架上,经风吹晾干,装箱,之后进入市场。完成全部工序黄烟约需一个月,青烟约需三个月。兰州水烟做工精细,色泽清亮,丝细条显,气味芬芳,为烟中佳品。吸用兰州水烟,有耐寒、提神、顺气、防蚊等功效。

表5-3　兰州非物质文化遗产项目(其中含第一、第二批省级项目)

地　区	遗产名称	类　别
红古区	红古民间小调	民间音乐
红古区	窑街社火调	民间音乐
红古区	窑街陶瓷制作技艺	传统手工技艺
皋兰县	皋兰地卦子	民俗
皋兰县	兰州旱田压砂技术	民俗
榆中县、永登县	木偶戏	传统戏剧
榆中县	榆中小曲	民间音乐
榆中县	李氏皮鼓与挽具制作技艺	传统手工技艺
榆中县	榆中古建筑模型制作技艺	传统手工技艺
榆中县	榆中纸扎技艺	传统手工技艺
榆中县	榆中汉族人生礼仪	民俗
永登县	永登硬狮子舞	民间舞蹈
永登县	永登中堡何家营滚灯	民间舞蹈
永登县	苦水下二曲	传统戏剧
永登县	连城尕哒寺佛诞节	民俗
永登县	苦水二月二龙抬头	民俗
西固区	民间木雕彩绘	民间美术
城关区	秦腔耿家脸谱	民间美术

5.2　民族风习

　　民族民间文化是兰州地域文化特色中的重要内容,并经过一代代民众的坚持和守护而得以传承。可以选取婚俗、寿庆、葬俗等具有地方特色的民俗,采用雕塑、文字展板或图文并茂的 LED 显示屏等方式进行集中展示。

婚俗　兰州的婚俗包括订婚、下彩、结婚等内容。旧时订婚讲究门当户对。男女双方不见面,全凭媒妁之言、父母之命。一般男方托媒人寻访合适的女子,问其生辰八字,若与男方合婚,提单瓶酒去女方家说亲。女家若同意,将酒瓶打开喝酒;不同意,不开瓶口将酒退回。有的地方,女方若同意便招待一顿长面,否则就是不同意。一旦同意联姻,就选吉日订婚。订婚时媒人领求婚者,带上成双的衣服或布料、点心、连瓶酒(两瓶酒捆在一起)去女方家。女方家请来至亲盛情招待,喝完连瓶酒就算订了婚。男方回去时,女方家在空酒瓶中盛满粮食让男方带回去。如今,逐渐演变为由介绍人"引线搭桥",男女双方见面,互相了解,情投意合后,预定日期举行订婚仪式。俗称"提提合"或"下定礼"。

订婚后,男方逢年过节或平时都可去女方家。每去一次,必带一份薄礼。在结婚前一年或几个月要下彩礼,俗叫"下酒"。男方备好衣物、礼钱、酒肉等,请介绍人同去女方家,女方设宴款待,规模要比订婚时丰盛。彩礼钱根据双方家境而定,一般城市高于农村,水川地方高于山区。两家择日举行婚礼。男家俗叫"娶媳妇"。女家俗称"嫁丫头",出嫁日称"催妆"。女方家亲友恭喜俗称"添箱",多送首饰、衣物、器皿、钱等。女方家设宴招待比较简单,择选至亲若干人随姑娘去男方家做客,称"西客爷"。给姑娘陪嫁妆,据家境而定,一般是一对箱子、毡被、衣服及鞋袜、梳妆用具等。20 世纪 80年代以后,陪嫁彩电、洗衣机、组合柜等,其中不可或缺的是要陪嫁一对碗,叫"衣饭碗",意为去婆家后衣禄不断,女方还要给婆家公、婆、至亲长辈及兄嫂各带一件见面礼物,多为枕顶、鞋袜之类的东西,在婚礼上认亲见面时赠送,俗叫"抬礼"。

男方家结婚之日至少要备轿两顶,按所选吉时迎娶媳妇。到女家要带上"报恩索",即给女方父母送的礼物、布料,还要带上花馍馍、肉方子(4 根猪肋条肉)及酒等。此外,娶亲去的人数要单,其中要有妇女一人,谓之"娶亲奶奶",此人要选合属相的,父母、丈夫、儿女都齐全的,俗称"全焕人儿"。娶亲用轿忌用骡子,姑娘离开娘家时要哭,哭的越凶越好,否则会被人耻笑。出娘家门前,要手拿一把筷子,转身抛在地上,表示不带走娘家的钱财,同时,女方家的人要偷偷地把轿上的东西藏起,临走时让女婿出钱赎回。新娘上下轿要有合属相的亲人抱,最好是舅舅,俗叫"抱轿"。娶进门时放炮、打锣,用和着盐、五谷杂粮的彩色纸花打身,以示驱邪,这时不合属相的人要暂时回避。在新房炕上要有合属相的未婚男子守床,俗叫"压床"。新房窗户要用红纸糊,在新娘进房时由新娘拆破窗纸。炕头、被中藏有核桃、红枣,象征团圆、早生贵子之意。一般在举行婚礼时男左女右,行三叩首礼(拜天地、祖先、父母),然后夫妇互拜,最后拜来宾,这时主持人要说一些生财纳福、尊老爱幼、早生贵子之类的吉利话。尔后,新婚夫妇给父母及至亲长辈敬酒、磕头、馈赠礼品,这叫"抬礼认亲",有的女方陪嫁的东西这时让小姑开箱展示与众,叫"摆针织"。女方给新女婿做一身衣服或鞋袜、腰带,在婚礼上由新娘的弟妹或侄辈呈上让新郎试穿,这时新娘的同辈人用腰带将新郎束住紧勒,让他掏钱给呈盘的人,这叫"掏腰包",然后,由新娘家的"喜客"把家里带来的长面亲自下到锅里,给新娘、新郎每人盛上两碗,让他们坐在一起吃完,表示情深意长、白头到老。

婚礼结束,众人把门,新婚夫妇抢先进入洞房,认为谁先进入洞房,将来谁就当家。晚上闹新房,俗称"闹床"。闹新房甚为随便、开放,而且无论长幼,有"三天的新媳妇没大小"之说。新婚后第三天,娘家的父母或兄嫂来吃"三日酒"。来时带着护襟、护袖等物,让新娘戴着下厨房擀一顿"示手长面",谓之"试刀面",以鉴定、考核新娘"茶饭"技术的优劣和是否麻利干练。这一天,新娘由"全焕人"领到麦场上给石碌磕头上香,叫"回对爷",这些结束后,从此就可以出门了。第一次回娘家时要趁早出门,忌讳叫路人看见,并且在娘家住的时间不能超过在婆家待的时间。婚后月内,男方还要携带酒礼答谢媒人。到这时,一个完整的婚礼才算结束。

寿庆 《尚书·洪范》曰:"五福:一曰寿,二曰福,三曰康宁,四曰攸好德,五曰考终命。"寿居首位,康宁与寿有关,"考终命"是"皆生姣好以至老"的意思,亦跟寿有关,因此,兰州讲究寿庆。但是,人到六十岁一个花甲子时,才能称为寿,过生日时方称寿庆。一般人家,炒几个好菜,打一半斤酒,吃一顿长面,祝贺老人长寿。富有人家老人过寿庆,上房悬挂《麻姑献寿图》《八仙仰寿图》,中堂贴梅笺纸寿联,烘托喜庆气氛,儿孙跪拜祝寿,亲朋好友纷纷致贺,送寿桃等糕点、寿幛、衣料,甚至现金。仕宦人家还要自作或请人作寿序,自写祝寿诗,与朋友唱和。一定要摆几桌酒席,热情款待。

葬俗 自明代段坚大力倡导,兰州丧礼、葬俗遵循儒家之礼,只有个别礼数与之有所出入。兰州旧俗,人到老年,女儿要选闰年闰月(农历)为父母制办寿衣。一般为绸子衣料,红、青、蓝颜色,共做单、夹、棉衣7件。寿衣忌用缎子和毛衣、毛料。儿子为老人做寿材(即棺材),也叫"老房子"。棺材以柏木为上,松、杉次之,忌用柳、桑、槐等杂木;油漆颜色以大红为主,前蜂后鹤,云水潮底。人死后,为死者穿好寿衣,置于春凳上(有的用床板),停放于堂屋中央。头朝门,脚朝墙,用手巾或黄、白纸盖脸,双脚用红头绳捆扎在一起,请阴阳或年长者为死者开路(即用麸子或玉米面从死者头部撒至院外,意即将死者灵魂引向阴曹地府)。设灵堂、香案、献供品。在春凳周围铺草,供孝男孝女跪卧守灵。大门上贴上丧联。一般停丧3至4天(兰州人称之为前三后四),即子时前亡故的停三天,子时后亡故的停四天,不能延长,故有"亡人盼土如盼金"的说法。亲友吊唁,赠挽幛、童男女,搭赙金,点香,焚纸,磕头。期间,还要请阴阳,做法事,超荐亡灵。孝子披麻戴孝,孝女披发,亲属戴孝布。父母殁后,由孝女送铭旌和幡。铭旌,上书死者姓名,置于棺盖中央。幡作引"魂"之用,在灵前导引。出殡前一天,举行家祭。主祭人为有声望的长者。在祭礼上,由女婿灵前领羊,先用清水给羊净身,以羊浑身发抖为领讫。然后宰羊,以羊头献祭。殡葬的前一天,请土工打墓穴。墓穴深度为一人一举手,宽为举肘能自由转身,长约2.5米。打墓时,要求用撅头一刨到底,忌用铁锨踩挖,墓穴四壁宜毛不宜光。墓穴挖成后,土工要守候到灵柩到来。起丧前夕入殓。在棺材底部衬草灰或煤灰,放平七星板,摆7枚硬币成北斗七星状,再铺上长麻与褥子,缓缓将死者仰放棺内,枕莲花枕头,盖被子。周围用土块或土袋子垫稳,面部盖纸,虚掩棺盖。主事人验棺后,孝男孝女亲友向遗容告别,盖棺,然后,起灵出殡。长子背棺材头,花圈、纸扎前行,孝子头前拉纤,孝女两边扶棺,女婿打领魂幡,送葬人员随后缓行。到墓地后,抬棺材绕墓穴一周,然后下葬,壅土填埋成为坟丘,孝子献祭,焚烧纸扎纸钱,孝眷举哀,殡葬礼仪结束。灵柩出殡后,家中要打扫卫生,扯去丧联,将垃圾统统扫出焚烧。葬后三日内,每晚送水火(即烧一堆煤火,上置一瓦锅,内盛汤状食物),头一天送出村外,第二天送至半路,第三日送至坟前。从死者殁日计算,逢七日向死者烧一次纸钱,共7次,俗称"送七"。一百天要烧"百日纸"。头、二、三周年,烧纸祭奠,全成孝礼。三周年除去死者相片黑纱,或牌位上的红纸罩,民间称"除帱"。现今,城市推行火葬,葬俗有所改变。一般举行追悼会、遗体告别,然后火化。土葬多入公墓区,葬仪较前简化。

　　兰州也是一个多民族杂居的城市,反映各民族特色的歌舞、饮食、服饰、工艺制品等也是民俗风习的主要内容,民族歌舞主要有河州"花儿",藏族的锅庄,蒙古族的长调,马头琴等;民族工艺品主要有保安腰刀、河州雕葫芦、河州锁袋、藏传佛教的各种法器、藏刀、唐卡、蒙古族的酒器、蒙古刀、挂毯、牛皮画等。这些文化是最能体现民族文化特色的代表,民族习俗展区的建设可以根据空间大小来布展。

蒙古族长调　蒙古族长调是一种具有鲜明游牧文化和地域文化特征的独特演唱形式,它以草原人特有的语言述说着蒙古民族对历史文化、人文习俗、道德、哲学和艺术的感悟。蒙古族长调是蒙古族民歌的一种形式,蒙古族民歌分为长调和短调,在蒙古族形成时期,长调民歌就已存在,字少腔长是其一大特点。根据蒙古族音乐文化的历史渊源和音乐形态的现状,长调可界定为由北方草原游牧民族在畜牧业生产劳动中创造的、在野外放牧和传统节庆时演唱的一种民歌,一般为上、下各两句歌词,演唱者根据生活积累和对自然的感悟来发挥,演唱的节律各不相同;长调歌词绝大多数内容是描写草原、骏马、骆驼、牛羊、蓝天、白云、江河和湖泊。长调旋律悠长舒缓、意境开阔、声多词少、气息绵长,旋律极富装饰性(如前倚音、后倚音、滑音、回音等),尤以"诺古拉"(蒙古语音译,波折音或装饰音)演唱方式所形成的华彩唱法最具特色。

保安腰刀　保安腰刀是保安族传统的手工艺制品,主要产于甘肃省积石山保安族东乡族撒拉族自治县大河家镇、刘集乡及周边地区。长期以来,保安族腰刀锻制技艺一直是维系整个保安族生存的重要手段,也是保安族经济文化的命脉。保安腰刀与藏刀、蒙古刀齐名,且造型优美、线条明快、装潢考究、工艺精湛。它不仅是生活用具,也是别致的装饰品和馈亲赠友的上乘礼品。

河州雕葫芦　河州雕刻葫芦大体有三种,一是小圆雕葫芦,最小的仅有算盘珠大,一般做装饰物和旅游纪念品,不仅可以观赏,而且还可当作健身球;二是单吊葫芦,通常装养蝈蝈和秋蝉、蚱蜢,这种葫芦讲究要圆润,不能有疤结,这样才聚音,顶上旋开个圆口,再刻上花边图案,腰部镂一"贯钱",蝈蝈装在里面,鼓翼振翅,嗡嗡之音,有一种金属碰撞的铿锵声。夏日里,玩家们揣于袖内,三三两两凑在一起,边品音边赏画,自有一番田园诗般的醉人情调;三是天然生成的疙瘩葫芦,浑身布满了奇形怪状的疙瘩,这是种子变异造成的,极为罕见,稍加雕琢修饰,用手越摸越亮,熠熠生辉,有一种天然的拙趣。河州雕刻葫芦多取材于传统戏剧、古典文学、神话故事、民间传说、山水花草虫鸟、名胜古迹以及民族风情,取材广泛、不拘一格。在表现形式上,有的一人一物或一个场景,采用特写的手法;有的则用连环的方式,人物形象众多、画面连贯。一枚精美的雕刻葫芦在手,会给人以美的享受和无穷的遐想。

唐卡　唐卡(Thang‐ga)也叫唐嘎、唐喀,系藏文音译,类似于汉族地区的卷轴画,多画于布或纸上,然后用绸缎缝制装裱,上端横轴有细绳便于悬

253

挂,下轴两端饰有精美轴头,画面上覆有薄丝绢及双条彩带。涉及佛教的唐卡画成装裱后,一般还要请喇嘛念经加持,并在背面盖上喇嘛的金汁或朱砂手印。也有极少量的缂丝、刺绣和珍珠唐卡。唐卡的绘制极为复杂,用料极其考究,颜料全为天然矿植物原料,色泽艳丽,经久不退,具有浓郁的雪域风格。唐卡在内容上多为西藏宗教、历史、文化艺术和科学技术等,凝聚着藏族人民的信仰和智慧,记载着西藏的文明、历史和发展,寄托着藏族人民对佛祖的无可比拟的情感和对雪域家乡的无限热爱。唐卡是在松赞干布时期兴起的一种新颖的绘画艺术,也是藏族文化中一种独具特色的绘画艺术形式,堪称藏民族的百科全书。

5.3 老兰州记忆

在漫长的历史变迁中,兰州形成了独具特色的民风民俗,通过多种形式展现底蕴深厚的民俗事象,能够进一步彰显兰州历史文化的价值和兰州人丰富的精神世界。可以用雕塑群的方式展示老兰州一些特有的民俗生活场景,也可采用品尝或现场售卖的方式,既能够彰显地方特色,又能吸引游客、增加收益。这些重要的民俗包括卖凉面的、卖凉粉酿皮子的、卖高担酿皮子的、卖油炒粉的、卖肥肠面的、卖腊肉的、卖卤肉的、卖枣儿水的、卖甜醅子的、卖灰豆子的、卖热冬果的、卖百合的以及游艺活动乒乓乒等。

5.4 生产生活技艺

在寒荒贫瘠的西部边陲,兰州人以他们的勤劳和智慧将干旱的黄河谷地变成了远近闻名的瓜果之乡。具有地方特色的生产与生活技艺是兰州的重要财富,如水车、水挂子等引水灌溉的技术,牛肉面制作技艺、果树吊枝技艺、旱田压砂技术等,可以图片或 LED 显示屏播放的形式进行生动形象的展示。

牛肉面制作技艺 兰州牛肉面俗名清汤牛肉面,由于它极具观赏性的制作抻面技艺,外地人又叫它兰州拉面。兰州牛肉面制作工艺十分讲究,正宗的牛肉面关键工序是面的制作和调汤。面要本地所产的上等的冬麦面和雪花粉,经和面、醒面、溜条、下剂等多道工序,保证面的延展性和柔韧度,流程的最后一道环节,就是拉面师傅根据客人不同的口味和需要,拉成毛细、二细、三细、韭叶、大宽、三棱子等不同形状的面条下到锅里。调汤也叫吊汤，主料是甘南所产的肥嫩的牦牛肉，其次是黄牛肉，将肉漂洗干净后，加入姜皮、草果、花椒、桂子、小茴香等三十余种佐料进行熬制，再加入辅料白萝卜取其异味。其调料的搭配、多少决定了牛肉面的独特风味，是牛肉面馆掌勺师傅的不传之秘。兰州牛肉面具有"一白（白萝卜）、二绿（蒜苗、香菜）、三红（油泼辣子）"的鲜明特征，总的来说有清香型和香辣型两种，清香型牛肉面肉汤清亮，口味鲜美，保持了清汤牛肉面的正宗口味；香辣型牛肉面汤味醇厚，麻辣鲜香。

水挂子　　在农田、菜园的井旁，常能见到戴眼罩的黄牛、驴、骡子，在农民的驱赶下，不断转圈，汩汩的清澈井水不断提出，淌入地里，这就是水挂子提灌的场景。它由两个木轮组成：井口上方水平放置一个木轮，直径六尺许，上面安装牲口的挽具。此木轮边缘安装一个垂直木轮，直径三尺多，两个木轮齿轮相啮。垂直木轮上安置空心圆柱体木轮，其上装有二十个木斗，形成环形链条状。牲口挽车转圈，带动装置，将水提出井面，倒入盛水木槽，再顺渠道流入农田。

兰州旱田压砂技术　　兰州旱田压砂技术是兰州及周边地区农业生产中普遍运用的一种抗旱、保墒增产的方法，是在干旱缺雨情况下产生的农田操作经验和特有的农业操作技术。据史料记载，兰州旱田压砂技术已经有300多年的历史。明清时期，因生态环境恶化，皋兰农民发明了铺压砂田技术。砂田的铺压方法是先将地基平整好，施肥、深耕、刮平，用石碌镇压，再将人背、畜驮、车拉来的砂石均匀铺压在地面上。压砂时间一般在农历九月至次年二月间。砂田的分类，按照砂石种类分为：井砂、洼砂、沟砂、河砂、岩砂；按铺砂薄厚程度分为大砂和小砂两种，大砂一般厚5~6寸，适合山坡旱地铺压，试用期为三、四十年。小砂砂层较薄，一般为3~4寸，试用期较短，主要适用于点播瓜类、蔬菜、棉花。砂田的功能主要是：减少蒸发，防旱抗旱；吸收阳光，增加地温；减少冲刷，保持肥力；抑制盐碱，改良土壤；增加产量，提高质量；节省劳力，便于耕作。

天把式技艺　　"天把式"技艺新中国成立前流传于兰州至靖远的黄河灌区，新中国成立后兴修水利，各地都开始栽种梨树，"天把式"技艺得到广泛发展。"天把式"的基本内容分为五个方面，首先是对梨树种植的严格界定，梨树与梨树之间有着明确的距离，一般行距要达到8米左右，株距约6米，每亩地种植梨树约12~13棵。其次，"天把式"技艺以通风透光，中空外扩为基本原则，以利于梨树整形修剪。第三，"天把式"的一项技艺叫吊枝，也叫盘树，将一直径约20公分的略高于梨树的笔直松木长竿立于树冠中心,高于树冠几米,紧紧捆绑在梨树树干上,长竿顶端系长度可达梨树任意枝节的细绳数十条,在梨树挂果时节,将细绳下端分别捆绑在挂果较多的树干上,起到稳固树枝的作用,防止梨树因挂果过多而造成枝断和因风大而造成果落。第四,"天把式"技艺还包括杀虫。第五,"天把式"技艺中最为主要的工具是云梯,即将三角形固定远离运用到梨园管护的独特技艺。

5.5 演艺厅

可在演艺厅内演唱兰州鼓子、太平歌或者印出曲谱现场教人们演唱花儿。

花儿 "花儿"是产生和流传在甘、青、宁、新部分地区的一种以爱情为主要内容的山歌,是这些地区的回、撒拉、东乡、汉、土、保安、藏、裕固等族人民用汉语歌唱,其格律和歌唱方式都相当独特的一种民歌。一般将"花儿"分为两大系统,一是洮岷花儿,泛指流行在甘肃洮河流域的花儿,又被分为两个分支,康乐、临洮等地称为北路,岷县一带称为南路;另外一个系统被称为河湟花儿,泛指流行于甘肃、青海、宁夏,即黄河湟水流域的花儿,按地区和民族的差异,又分成4个分支:青海互助土族花儿、循化撒拉族花儿、宁夏回族花儿及甘肃临夏花儿。"花儿"唱词的题材包罗万象,有爱情、道德、宗教、寓言、自然景色、天文气象、神话传说、历史故事、风土人情等。"花儿"不仅是恋歌,同时也是西北人民心灵深处对生活、人生、历史、未来的真切呼唤和由衷期盼,是他们人格精神的写照。一首"花儿"就是一部社会史料、一幅风俗画、一篇民俗学资料。

兰州鼓子 又名兰州曲子、兰州鼓子词,是流行于兰州地区的一种民间曲艺形式,中国曲艺的古老曲种之一。在兰州地区曾经是家喻户晓,人人皆知的文化娱乐形式,所以能弹会唱者甚多。兰州鼓子表演形式多样,有些段子只说不唱,有些段子则有说有唱。演唱时以三弦为主要伴奏乐器,还辅以扬琴、板胡、二胡、琵琶、月琴、箫、笛等,演唱者一般为一人。其唱腔清雅婉转,音域幽广,表白清晰,起伏平和,能将喜、怒、哀、乐等复杂思想情绪,表现得淋漓尽致。兰州鼓子曲牌丰富,唱腔优美,风格高雅,韵味悠长,且乡土气息浓厚。

太平歌 是兰州地区春节时以地方方言演唱的独具艺术特色的一种娱乐形式,20世纪50年代以前,兰州地区此风尤盛。人民群众高唱太平歌,求得太平吉利和欢乐昌盛。其曲调古朴,粗犷豪放,歌词动听,韵味浓厚,伴奏仅用鼓、锣、钹等打击乐器而已。歌手不拘形式的或坐或站引吭高歌,听众、路人则驻足聆听,先以擂鼓、锣、钹为前奏,招徕听众。当乐队奏完一通鼓、锣、钹后,即可听到人群中捷足先登者的歌声,当歌手演唱完头一句后就有一声鼓、钹,用拖腔唱完第二句时,就连敲三声鼓、钹,再就是一句一句唱下去。惟唱到最后则须两字,三字拖腔到两句节拍,这时伴奏者知道歌手的唱词要结束了。接着就是一阵鼓、钹,等鼓、钹一停,鼓、钹声又起,便会有人接着再唱。太平歌词内容广泛丰富,歌手唱家多在平时背词演练,正如兰州俗话说的"学一年、唱三天,靠蛇雏子踏烂砖"。太平歌词多为当地一些落第文人所编,唱起来朗朗上口,情节生动,而且歌词成套成段,有"三国"、"水浒"、"隋唐"、"说岳"、"二十四孝"等历史传统故事;以及诙谐幽默的"十三月"、"拙老婆"、"灰老鼠"等令人捧腹的段了;也有唱家、歌手们即兴现编互相戏谑逗乐的歌词。歌手多为独唱,亦可对唱,一曲唱毕继续击鼓、锣、钹来吸引唱家续唱,唱到高潮时一人高歌众人和的慷慨激昂场面不时涌现。

5.6 文化成果展销室

设置此室意在展示专题研究和撰述兰州历史和文化的各类书籍和音像制品。可搜集复制古代与兰州有关的志书陈列,并将已经出版的《兰州市志》《兰州具区志》《兰州文史资料选辑》《兰州年鉴》以专柜陈列;也可以把近年来的一些有关兰州历史和文化的著述陈列并出售,倘有存书,亦可专柜出售。同时可设小型兰州历史文化音像观览室。可播放并出售短小而又精彩的与兰州风景名胜、历史文化相关的光碟和专题片。

5－4 兰州历史文化相关书籍

作者姓名	书 名	出版社	出版年月
陈如稷	《兰州志》		康熙年间
黄建中	《皋兰县志》		乾隆年间
秦维岳	《皋兰县续志》		道光年间
陈士祯	《兰州府志》		道光年间
张国常	《重修皋兰县志》		光绪年间
张 维	《兰州古今注》		1943 年
兰州市文化局	《兰州鼓子》	甘肃人民出版社	1962 年

作者姓名	书　名	出版社	出版年月
《兰州历史文物》编写组	《兰州历史文物》	《兰州学刊》增刊	1982 年
兰州部队党史征集委员会办公室	《兰州战役》	甘肃人民出版社	1983 年
中国人民政治协商会议甘肃省委员会	《谢老在兰州》	甘肃人民出版社	1985 年
高葆泰	《兰州方言音系》	甘肃人民出版社	1985 年
兰州晚报社	《兰州风采》	甘肃人民出版社	1987 年
程兆生	《金城漫话》	甘肃人民出版社	1987 年
王正强	《兰州鼓子研究》	甘肃人民出版社	1987 年
中国城市百科丛书编委会	《中国城市百科丛书——兰州市》	光明日报出版社	1988 年
政协兰州市委员会文史资料研究委员会	《兰州风物集》	甘肃人民出版社	1988 年
肖兴吉	《名人笔下的兰州》	兰州大学出版社	1989 年
杨重琦	《兰州经济史》	兰州大学出版社	1991 年
卢金洲	《兰州古今诗词选》	甘肃人民出版社	1991 年
李荣棠等	《兰州人物选编》	兰州大学出版社	1993 年
兰州市博物馆	《兰州文物》	甘肃人民出版社	1996 年
王中兴	《烽火兰州——解放兰州纪实》	军事科学出版社	1997 年
侯精一	《兰州话音档》	上海教育出版社	1997 年
侯喜福	《玉质天章——兰州黄河奇石概说》	敦煌文艺出版社	1998 年
金钰铭	《兰州历史地理研究》	兰州大学出版社	1999 年
王振军 谢鹏	《风雨沧桑五十年——兰州纪事》	甘肃文化出版社	1999 年
中共兰州市委党史办公室	《中国共产党兰州历史大事记要》	甘肃人民出版社	2001 年
魏晋	《兰州春秋》	甘肃人民出版社	2002 年
流萤	《塔影河声》	敦煌文艺出版社	2002 年

兰州大学文库

作者姓名	书 名	出版社	出版年月
薛仰敬	《兰州古今碑刻》	兰州大学出版社	2002 年
兰州市旅游局	《游在兰州》	敦煌文艺出版社	2003 年
中共兰州市委党史办公室	《日暖金城满眼春——党和国家领导人在兰州》	兰州大学出版社	2003 年
杨兴普	《永登史话》	甘肃文化出版社	2004 年
魏荣邦	《皋兰史话》	甘肃文化出版社	2004 年
邓 明	《兰州史话》	甘肃文化出版社	2005 年
张文玲	《榆中史话》	甘肃文化出版社	2005 年
中共兰州市委党史办公室	《兰州革命历史人物传略》	甘肃人民出版社	2005 年
无聊子	《兰州白云观仙道文化概览》	宗教文化出版社	2005 年
张克复、马金山	《兰州南北两山之歌》	甘肃文化出版社	2006 年
程兆生	《兰州杂碎》	甘肃文化出版社	2007 年
刘立波	《决战兰州》	军事科学出版社	2007 年
张津梁	《兰州历史文化丛书》(十四本)	甘肃人民出版社	2007 年
张友乾	《兰州黄河奇石》	兰州大学出版社	2007 年
燕 兵	《与黄师傅谈兰州牛肉拉面》	甘肃人民出版社	2007 年
千同和	《兰州城关史话》	甘肃文化出版社	2008 年
兰州市文物局	《兰州工业遗产图录》	兰州市文物局	2008 年
甘肃省地图院	《兰州城区影像地图集》	甘肃人民出版社	2008 年
马金山、火荣贵张克复	《兰州南北两山史话》	甘肃文化出版社	2008 年
钱文昌	《中国城市大典·兰州卷》	华艺出版社	2009 年
王万鹏、俞诗源、钟芳	《兰州市南北两山植物动物资源》	甘肃科学技术出版社	2009 年
兰州市博物馆	《陇右翰墨选粹·兰州市博物馆馆藏书画集》	甘肃人民美术出版社	2009 年
甘肃省档案馆	《解放兰州》	中国档案出版社	2009 年

作者姓名	书　名	出版社	出版年月
兰州市非物质文化遗产保护中心	《兰州鼓子》《兰州太平鼓》《黄河大水车》《永登高高跷》	甘肃人民美术出版社	2009 年
周学海	《金崖史话》	甘肃文化出版社	2009 年
走近兰州编委会	《走进兰州》	甘肃人民出版社	2010 年
张文轩	《兰州方言词典》	中国社会科学出版社	2010 年
朵田礼	《苦水史话》	甘肃文化出版社	2010 年
薛文章	《红城史话》	甘肃文化出版社	2010 年
马琦明	《兰州笔记——城市建设与发展》	甘肃人民美术出版社	2011 年
刘立波	《血拼兰州》	长城出版社	2011 年
赵 文	《兰州声音》	中国书籍出版社	2011 年
孟宪刚、谢放、叶立润	《兰州拉面》	甘肃人民出版社	2011 年
兰州市人民政府	《兰州赋》	甘肃人民美术出版社	2011 年

参考文献

［1］张岱年、方克立.中国文化概论［M］.北京：北京师范大学出版社,2004.

［2］王永章.中国文化产业典型案例选编［M］.北京：北京出版社,2003.

［3］申维辰.文化资源评估与文化产业评价研究［M］.太原：山西教育出版社,2004.

［4］郝相礼.甘肃建设特色文化大省的资源和品牌研究［M］.西安：陕西旅游出版社,2004.

［5］李俊霞.甘肃文化产业发展纵览［M］.兰州：甘肃人民出版社,2004.

［6］丹　增.文化产业发展论［M］.北京：人民出版社,2005.

［7］辛刚国.甘肃地域文化与经济社会发展研究［M］.兰州：甘肃人民出版社,2006.

［8］鲍宗豪等.城市文化圈与文化精神研究［M］.上海：上海人民出版社,2007.

［9］程兆生.兰州杂碎［M］.兰州：甘肃文化出版社,2007.

［10］张晓明、胡惠林等.2008中国文化产业发展报告［R］.北京：社会科学文献出版社,2008.

［11］祁述裕.中国文化产业发展战略研究［M］.北京：社会科学文献出版社,2008.

［12］彭岚嘉、黄怀璞等.中国西部文化产业发展战略选择［M］.北京：中国社会科学出版社,2008.

［13］张瑞民、范鹏等.2007年甘肃省文化产业发展报告［R］.兰州：甘肃

人民出版社,2008.

[14]严三九、王虎.文化产业创意和策划[M].上海:复旦大学出版社,2008.

[15]兰州地方志办公室.兰州年鉴(2009)[R].兰州:兰州大学出版社,2009.

[16]兰州地方志办公室.兰州年鉴(2007)[R].兰州:兰州大学出版社,2008.

[17]兰州地方志办公室.兰州市志·广播电视志[R].兰州:兰州大学出版社,1999.

[18]兰州地方志办公室.兰州市志·文化事业志[R].兰州:兰州大学出版社,2004.

[19]兰州地方志办公室.兰州市志·文物志[R].兰州:兰州大学出版社,2006.

[20]邓　明.兰州史话[M].兰州:甘肃文化出版社,2004.

[21]杨兴普.永登史话[M].兰州:甘肃文化出版社,2004.

[22]魏荣邦.皋兰史话[M].兰州:甘肃文化出版社,2004.

[23]张文玲.榆中史话[M].兰州:甘肃文化出版社,2005.

[24]张津梁.兰州历史文化丛书[M].兰州:甘肃人民出版社,2007.

[25]肖兴吉.名人笔下的兰州[M].兰州:兰州大学出版社,1989.

[26]杨重琦.兰州经济史[M].兰州:兰州大学出版社,1991.

[27]卢金洲.兰州古今诗词选[M].兰州:甘肃人民出版社,1991.

[28]李荣棠等.兰州人物选编[M].兰州:兰州大学出版社,1993.

[29]兰州市博物馆.兰州文物[M].兰州:甘肃人民出版社,1996.

[30]王中兴.烽火兰州——解放兰州纪实[M].北京:军事科学出版社,1997.

[31]金钰铭.兰州历史地理研究[M].兰州:兰州大学出版社,1999.

[32]李培生、邓海弟.兰州市经济社会发展蓝皮书(2009-2010)[R].兰州:甘肃人民出版社,2009.

[33]孟慧英.文化圈学说与文化中心论[J].西北民族研究,2005(1).

[34]王文杰、胡雷.对中国经济圈发展的一点认识[J].经济研究导刊,2009(31).

[35]孙加凤等.国外都市圈的形成与发展研究以及对中国的借鉴[J].特区经济,2007(1).

[36] 兰州市政协课题组.加快构建兰州都市经济圈研究报告[R].兰州:2009.

[37] 中共兰州市委宣传部.关于"大兰州文化圈"建设有关情况的汇报[R].兰州:2009.

[38] 兰州市旅游局.发挥文化资源优势 打造优秀旅游品牌——兰州文化旅游发展现状及发展思路汇报[R].兰州:2009.

[39] 兰州市文化广播影视新闻出版局.兰州市文化广播影视新闻出版局关于"大兰州文化圈"建设情况汇报[R].兰州:2009.

[40] 白银市旅游局.白银市文化旅游资源开发利用情况调研汇报材料[R].白银:2009.

[41] 白银市广播电影电视局.白银市广播影视工作汇报材料[R].白银:2009.

[42] 定西市文化出版局.定西市文化工作发展情况汇报[R].定西:2009.

[43] 临夏州文化局、临夏州政协.临夏州文化工作情况汇报[R].临夏:2009.

[44] 临夏州发展和改革委员会.临夏州经济社会发展情况的汇报[R].临夏:2009.

大兰州文化圈建设研究

后　记

　　2010 年 3 月,接到兰州市政协赵泉富秘书长的电话,言称兰州市政协的年度重点调研课题定为大兰州文化圈建设研究,不知是否对这一项目有兴趣。这对近年来一直想在区域文化建设方面做一些具体研究工作的我们来说,当然是好事,于是就欣然接受下来。

　　由于时间比较紧,承接课题之后就编写了研究大纲,然后由政协相关领导带队分赴兰州市的三县六区、与课题相关的文化局、教育局、旅游局等相关单位以及白银市、定西市、临夏回族自治州等地调研,调研期间得到各相关单位领导的大力支持,在此深表谢意。对参与调研的调研组成员付出的辛勤劳动也表示感谢,尤其要感谢兰州市政协研究室主任邓海弟先生,他在调研报告修改过程中付出了很多的心血。在调研的基础上,撰写研究报告,期间大约花费了半年时间,数易其稿,到 10 月底将最终定稿提交。兰州市政协十二届常委会十九次会议审议通过了《关于推进大兰州文化圈建设的建议案》(以下简称《建议案》)。《建议案》提出未来 15 年大兰州文化圈建设的目标:建设成为西陇海兰新经济带上具有历史文化底蕴和现代文化内涵的文化中心,打造成西部文化新高地。省市多家媒体对课题研究成果进行了报道。随后报送兰州市委和兰州市政府,中共甘肃省委常委、兰州市委书记陆武成同志在《建议案》的批示中称赞道:"这次市政协常委会通过的《关于推进大兰州文化圈建设的建议案》,对推进大兰州文化圈建设提出了指导性、针对性和可操作性的对策建议,对我们从文化发展的角度深入实施'再造兰州'战略,发挥中心带动作用具有积极的借鉴价值。"中共兰州市委副书记、兰州市市长袁占亭也认为"市政协《关于推进大兰州文化圈建设的建议案》,从空间定位、主要功能、阶段性目标、重点项目等方面,提出了构建大兰州文化圈的思路和措施,是一个有理论、有分析、有见解、有分量的调研报告"。课题研究虽然得到了社会各界的认可和好评,但课题组还是在以后的一年多时间里对成果进行多次修改,以期能在课题研究小组的能力范围之内做得更好一些,本书的"理论篇"和"开发篇"便是最终的研究成果。成书时我们一并把兰州历史文化博览馆的创意方案作为大兰州文化圈建设的具体案例收入其中,作为全书的"案例篇",也是对大兰州文化圈建设具体工作的一些尝试。

作为课题负责人,彭岚嘉教授拟订了写作大纲和篇章结构。根据分工,各章节的编写者分别是:

理论篇:1.杨艳伶,王万鹏;2.彭岚嘉、杨艳伶;3.杨艳伶、王兴文;4.杨艳伶,王兴文;5.彭岚嘉、杨艳伶;

开发篇:6.王万鹏、王兴文;7.彭岚嘉、王万鹏;8.彭岚嘉、王万鹏;9.王万鹏、杨艳伶;10.王万鹏、王兴文。

案例篇:1.王万鹏,杨艳伶;2.彭岚嘉、王万鹏;3.王万鹏、王兴文;4.彭岚嘉、杨艳伶;5.杨艳伶、王兴文。

附件由杨艳伶整理。

最后的定稿由彭岚嘉统稿,重点在于核实数据,完善论述。文化建设在当下已被社会各界所重视,区域性的文化建设研究,不只是纯粹的学术研究,实际上更富有深广的实践意义。由于课题撰稿人识见有限,书中难免有缺漏之处,敬请各位有识者斫正。

编　者

2012 年 6 月